KB265300

카이사르의
내전기

옮긴이_ **김한영**

서울대 미학과를 졸업했고 서울예대에서 문예창작을 공부했다. 현재 전문 번역가로 활동 중이다.
옮긴 책으로는 『언어 본능』(공역), 『빈 서판』, 『본성과 양육』, 『에필로그』, 『사랑을 위한 과학』,
『디지털 생물학』, 『이머전스』, 『만화의 역사』, 『미국의 거짓말』,
알랭 드 보통의 『로맨스』, 『섹스 쇼핑 그리고 소설』, 카이사르의 『갈리아 전쟁기』 등이 있다.
『빈 서판』으로 45회 한국백상출판문화 번역상을 수상했다.

카이사르의 내전기
Commentarii De Bello Civili

1판 1쇄 인쇄_ 2005년 8월 31일
1판 12쇄 인쇄_ 2023년 8월 15일

지은이_ 가이우스 율리우스 카이사르
옮긴이_ 김한영
펴낸이_ 권선희

펴낸곳_ 사이
출판등록_ 제313-2004-00205호
주소_ 03938 서울시 마포구 월드컵로 36길 14 516호
전화_ 02-3143-3770
팩스_ 02-3143-3774

ⓒ 사이, 2005, Printed in Seoul, Korea

ISBN 89-956713-1-9 03900

* 잘못된 책은 바꿔드립니다.

카이사르의

내전기

가이우스 율리우스 카이사르 지음
김한영 옮김

사이

제3권

카이사르와 폼페이우스의 대격돌

일러두기 1

이 책의 서문과 본문은 『*Caesar: The Civil War*』(Harvard University Press)를 주 텍스트로 삼았습니다.

로마 역사상 최대의 위기,
카이사르와 폼페이우스의 내전

기원전 1세기 중반에 벌어진 로마의 내전 상황을

당사자인 카이사르가 직접 기록한 『내전기』는

카이사르 자신이 루비콘 강을 건너기 직전의 상황에서부터 글이 시작된다.

엄밀히 말하자면 『내전기』의 줄거리는

기원전 31년 옥타비아누스가 마르쿠스 안토니우스에게 승리를 거둠으로써

종료되는 약 100년에 걸친 로마사 대서사시 중

그 두 번째 이야기에 해당한다고 볼 수 있다.

따라서 이 책에서 다루고 있는 기원전 49년과 48년의 로마 역사는

〈가이우스 율리우스 카이사르〉와 〈그나이우스 폼페이우스〉라는

두 명의 걸출한 인물을 중심으로 전개된다.

위기의 로마, 누구에게 손을 내밀 것인가

내전의 기운이 점차 퍼지자 원로원은
카이사르 편과 폼페이우스 편으로 비등하게 갈라졌다.
기원전 50년 말 마르켈루스는 원로원으로 하여금
카이사르를 〈공공의 적〉으로 선언하게 하려다 실패하자
폼페이우스에게 칼을 넘겨준다.

기원전 1세기의 로마는 민중파(시민 개혁을 주창)와 원로원파(과두정치를 유지하려는 보수주의파)의 대립으로, 카이사르가 정치에 입문할 무렵부터 내전의 불씨가 싹트고 있었다.

카이사르가 기원전 69년 서른한 살의 나이에 재무관이 되어 정치에 발을 들여놓을 무렵, 폼페이우스는 이미 일련의 주요 군사 지휘권을 갖고 있었다. 폼페이우스는 20대 초반에 군대를 지휘하고 개선식까지 거행한 국민적 영웅이었다. 그러나 그는 공직에 전혀 발을 들이지 않은 채 기원전 77년부터 71년까지 군사 지휘권을 보유하면서 레피두스, 세르토리우스, 스파르타쿠스를 차례로 무찔렀다. 그는 또한 기원전 67년에 해적을 소탕한 일과, 이듬해부터 약 5년에 걸쳐 오리엔트를 평정한 일로 막대한 정치력과 군사력을 손에 넣을 수 있었다.

또한 세 번의 개선식으로 그의 업적의 위대함을 만천하에 알렸다. 이후 그는 10년간 이탈리아에서 줄곧 상승세를 누렸다. 그러나 이 상승세는 카이사르의 군사력이 성장해 가면서, 그의 명성이 높아지면서 위축되었다.

야심가 폼페이우스, 그는 왜 군대를 해산했을까?

기원전 62년 오리엔트를 제패하고 로마로 돌아온 폼페이우스는 놀랍게도 즉시 군대를 해산하고 사적 개인으로 돌아갔다. 그러나 이것은 〈폼페이우스다운 행동〉이 아니었다. 폼페이우스는 야심만만했고 명성과 환호를 끊임없이 갈망했다. 그는 놀라운 군사적 재능과 정치적 재능의 소유자였다. 그 재능 덕분에 막대한 권력을 손에 넣었고 마음만 먹었다면 두 번이나 절대 권력을 거머쥘 수 있었지만 그는 기회를 잡지 않았다. 그 이유에 대해 어떤 사람들은 그가 체질적으로 입헌주의자였기 때문이라고 설명한다. 그러나 폼페이우스는 로마 제국의 최고 권력을 행사하기 위해서는 재능 이상의 그 어떤 〈천재성〉이 필요하다는 것과, 그에게는 그런 천재성이 부족하다는 사실을 알고 있었을 가능성이 높다. 카이사르에겐 그런 천재성이 있었고 옥타비아누스에게도 있었다. 그래서 두 사람은 그 천재성에서 우러나오는 자신감을 바탕으로 공직자들로 구성된 일종의 고문단인 원로원의 권위에 도전하고, 더 나아가 원로원을 자신의 도구로 이용했던 것이다. 반면에 폼페이우스는 원로원의 그늘을 벗어나지 않았다. 〈입헌주의자〉라는 말은 부분적인 설명밖에 되지 못한다. 당시 로마에는 원로원의 권력에 이의를 제기할 사람들이 있었지만, 폼페이우스는 그 속에 포함되지 않았다. 결국 내전을 자극하는 상황이 만들어진 것도 기원전 50년대에 드러난 그의 불확실한 태도와 그 결과로 발생한 정책상의 동요 때문이었다.

로마 원로원이 소외시킨 세 사람, 폼페이우스 · 카이사르 · 크라수스

하지만 어쨌든 기원전 60년 로마에서 폼페이우스의 완강한 적은 원로원이었지, 크라수스나 카이사르가 아니었다. 그는 모든 계급의 사람들이 자신을 제1시민으로, 장차 국가에 더 큰 기여를 할 수 있는 인물로 인정해주기를 바랐을 뿐이다. 그는 세 번째 부인 무키아와 이혼하고 새로이 젊은 원로원 지도자 소小 카토의 정파에 혼인 동맹을 제안했다. 그러나 원로원은 그가 자신들의 대열에 들어오는 것을 막으려 했기 때문에 그의 제안은 거절당했다.

결과적으로 원로원은 카이사르, 폼페이우스, 크라수스라는 세 명의 야심가를 고립시키는 실수를 저질렀다.

폼페이우스는 군대를 해산한 후 곧바로 군사력과 함께 원로원에 대한 영향력도 잃어버렸음을 깨달았다. 오리엔트의 속주로 돌아가는 문제와 고참병들에게 토지를 나눠주는 문제도 갖가지 핑계로 지연되었다. 원로원은 고의로 폼페이우스의 요구들을 무시하며 시간을 끌었다. 크라수스에 대해서도 그가 아시아의 속주세 중에서 약정된 액수를 면제해 달라는 자영 농민들의 요구를 지지하자 즉시 퇴짜를 놓았고, 그럼으로써 기사 계급과 마찰을 빚었다.

카이사르는 먼 히스파니아의 총독 임기를 마치고 기원전 60년에 돌아왔는데, 그는 반항적인 히스파니아 부족들을 물리치고 승리했으므로 개선식을 요구했고 기원전 59년의 집정관이 되기를 원했다. 로마법에 따르면 집정관 입후보 등록을 하기 위해서는 본인이 직접 와서 후보 등록을 해야 했다. 그러나 군사 지휘권을 가진 자는 로마에 들어올 수 없도록 법으로 제정해 놓았으므로, 만일 카이사르가 로마에 들어오기 위해 군사 지휘권을 반납하고 군대를 해산한다면 그것은 개선식을 거행할 수 없다는 것을 의미했다. 카이사르는 부재자 후보 등록을 허락해 달라고 요구했으나 이 요구가 받아들여지지 않자 결국 개선식을 포기하고 선거에 출마해 기원전 59년 집정관에 당선되었다.

세 사람, 삼두 동맹으로 대응하다

그때부터 상황은 변하기 시작했다. 카이사르는 폼페이우스와 크라수스를 설득해 서로간의 오랜 불만을 해소하고 세 사람의 비공식적 연합인 이른바 〈삼두 동맹〉을 결성했다. 그것은 공식적인 동맹이 아니라 단지 보수적인 원로원파의 위협으로부터 스스로를 구하기 위한 개인간의 결속이었다. 카이사르로서는 장기 집권을 바라는 마음이 있었고, 카이사르의 딸 율리아와 결혼한 폼페이우스는 카이사르가 자신의 출세에 꼭 필요한 도구라고 보았다. 카이사르는 일단 집정관직에 오르자 그 신분을 이용해 폼페이우스와 크라수스의 긴급한 요구를 해결해 주었다. 또한 원로원의 반대를 무시하고 그 자신의 이익도 추구했다.

카이사르가 집정관으로서 로마에서 수행한 통치를 보고 그의 정적들은 그가 갈리아(지금의 서유럽 지역으로, 카이사르는 일 년 임기의 집정관직을 끝낸 후 갈리아 총독으로 부임한다.)에서 돌아온 후에 일어날 일을 염려했다. 카이사르는 필요할 때는 언제든 무력을 이용해 반대파를 협박할 수 있음을 보여주었기 때문이다.

카이사르는 삼두 중 두 명의 동지를 로마에 남겨 자신의 이익을 지키게 하고 원정을 위해 갈리아로 떠났다. (그는 이곳에서 8년 동안 치른 갈리아 전쟁을 자신이 직접 쓴 『갈리아 전쟁기』라는 책을 통해 상세히 들려주고 있다.) 그러나 기원전 56년에 삼두 동맹은 붕괴의 위기를 맞이했다. 폼페이우스는 전직 집정관 자격으로 5년에 걸쳐 로마의 식량 공급을 책임지게 됨으로써 세력을 더욱 확장시켜 나갔다. 그러나 폼페이우스와 크라수스의 관계는 누가 군사 지휘권을 가지고 이집트 왕을 복위시킬 것인가의 문제로 금이 가고 말았다. 심지어 폼페이우스는 크라수스가 자객을 보내 자신의 생명을 위협하고 있다고 주장했다. 한편 보수적인 원로파의 한 사람인 에노발부스는 자신이 기원전 55년의 집정관으로 선출되면 즉시 카이사르를 갈리아에서 소환하겠다고 선언하여 카이사르의 지위를 위협했다.

카이사르는 삼두 동맹을 구하기 위해 행동에 나서야 했다. 그는 기원전 56년 봄에 루카에서 폼페이우스와 크라수스를 만나 미래의 삼두 정치와 로마를 위한 계획을 수립했다. 이때 약 120명의 원로원 의원들이 세 거물의 비위를 맞추기 위해 루카로 따라왔다. 로마로 돌아온 폼페이우스와 크라수스는 회담 결과를 실행에 옮기기 시작했다. 두 사람은 기원전 55년에 공동 집정관으로 선출되었다.

위기의 로마, 원로원은 누구에게 손을 내밀 것인가

　그러나 로마도, 삼두 동맹도 오랜 안정을 구가하진 못했다. 폼페이우스와 카이사르를 묶어주던 하나의 끈은 폼페이우스의 아내이자 카이사르의 딸인 율리아였다. 그런데 그녀가 기원전 54년에 아이를 낳던 도중 세상을 떠난 것이다. 또 다른 예상 밖의 타격은 이듬해에 크라수스가 파르티아와의 전쟁에서 전사한 것이다. 그러는 동안 로마 시내는 민중파와 원로원파의 대립으로 폭동과 소란이 들끓었다. 끝없는 폭동에 휩싸인 로마는 기원전 53년 내내 집정관 선거를 치르지 못했다. 거리의 폭력사태로 선거를 치르는 것 자체가 불가능했다.

　로마의 성벽 바깥에 머물고 있던 폼페이우스는 로마의 무정부상태가 날이 갈수록 더 심해지는 것을 목격했다. 그러나 폼페이우스는 아무런 조치도 취하지 않았다. 그는 원로원이 자신과의 동맹이 불가피하다는 것을 깨달을 때까지 기다릴 심산이었다. 그래서 카이사르의 또 한 차례 혼인 동맹 제안도 거절했다. 로마에서는 원로원파와 민중파 양쪽 파벌의 충돌이 점점 더 큰 폭력 사태로 발전했다. 원로원 건물이 군중들에 의해 불살라지기도 했다. 급기야 원로원은 어쩔 수 없이 대중적 명성이 확고한 폼페이우스에게 손을 내밀었다. 원로원은 비상사태를 선포하는 한편, 폼페이우스에게 군대를 소집해 공공질서를 회복시킬 권한을 부여했다. 폼페이우스는 바로 이때를 기다렸다. 결국 폼페이우스는 기원전 52년 단독 집정관에 올라 질서 회복을 위한 조치들을 시행했다. 그러나 그가 제정한 법률들은 실질적으로 카이사르의 기대를 밑에서부터 허물어뜨린, 결과적으로 카이사르를 겨냥한 것이었다.

등 돌린 폼페이우스

비상사태가 해결되자 폼페이우스와 카이사르의 관계가 새로운 문제로 대두되기 시작했다. 폼페이우스를 믿는 사람들은 비록 그가 군사 지휘권과 정치적 권력을 동시에 거머쥐고 있지만 신중한 성품으로 보아 독재관이 되지는 않을 것이라고 생각했다. 그러나 다른 사람들은 폼페이우스가 집정관에 오르자마자 카이사르와의 형평성을 고려하지 않고 자신의 전직 집정관 임기를 5년이나 연장한 것에 불안을 느끼고 있었다.

폼페이우스의 성격이 중요한 요소로 작용한 때가 바로 이 순간이었다. 그는 동지인 카이사르에 대한 신뢰를 유지하는 길과, 보수적인 원로원으로 대변되는 세력에 동참하는 길, 그 갈림길 앞에 서 있었다. 폼페이우스가 카이사르와의 동맹을 원했던 것은 카이사르의 도움을 얻어 성공을 할 수 있었기 때문이다. 하지만 지금까지 적대적이었던 원로원이 그가 카이사르와의 신뢰를 저버려도 될 정도로 강력한 유혹을 제시하는 것이다. 그러나 설령 개인적인 명예를 저버린다 해도, 갈리아에 막강한 군대를 거느리고 있는 카이사르가 자신의 요구를 관철시키기 위해서는 전쟁을 일으킬 수도 있는 위치에 있다는 점을 고려한다면 폼페이우스로서는 카이사르와의 약속을 함부로 깨뜨리기가 어려웠을 것이다.

그러나 결국 폼페이우스는 카이사르에게 등을 돌리면서 그를 버리게 된다. 내전이 시작되는 것이다.

로마 안에서 불고 있는 내전의 조짐

　　기원전 50년, 갈리아 전쟁이 거의 끝나가고 있을 무렵 로마의 상황은 크게 악화되고 있었다. 파르티아가 시리아를 위협한다는 소식이 전해지자 원로원은 투표를 통해, 폼페이우스와 카이사르의 병력에서 파르티아 원정을 위해 각각 1개 군단씩을 차출하겠다고 결의했다. 폼페이우스는 기원전 52년에 카이사르에게 빌려준 자신의 군단을 돌려받아 그 군단을 파병하겠다고 통보했다. 이렇게 해서 카이사르는 2개 군단을 잃고 말았다. 그러나 파르티아의 위협은 소문에 불과했고 2개 군단은 출정하지 않고 폼페이우스 부하 병사들과 함께 이탈리아에 계속 주둔했다. 게다가 기원전 49년도 집정관으로 선출된 사람은 둘 다 강력한 카이사르 반대파였다. 그리고 폼페이우스도 더 이상 카이사르의 편을 들지 않았다.

　　악화일로를 치닫던 상황은 기원전 50년 12월 초 원로원 회의에서 최악의 사태를 맞이했다. 두 가지 의제가 표결에 붙여졌다. 첫째는 카이사르를 대신할 갈리아 총독 후임자를 파견할 것인가였고, 두 번째는 카이사르에게 군사 지휘권을 포기하도록 요구할 것인가였다. 첫 번째 의제는 찬성으로 결정되었고 두 번째 의제는 부결되었다. 이에 카이사르 편인 호민관 쿠리오가 즉시 의결안을 제출했다. 즉 카이사르와 폼페이우스가 동시에 군사 지휘권을 포기하고 군대를 해산하자는 내용이었다. 그러자 여러 의원들이 임박한 내전을 피할 기회로 쿠리오의 제안을 열렬히 지지했다. 370명의 의원이 쿠리오의 제안에 동의하고 단 22명만이 반대했다. 그러나 쿠리오와 다수 의원의 노력은 물거품이 되었다. 당시의 집정관 마르켈루스가 자의로 비상사태를 선포한 것이다.

내전의 기운이 점차 퍼지자 원로원은 카이사르 편과 폼페이우스 편으로 비등하게 갈라졌다. 카이사르의 정적인 집정관들은 그래도 폼페이우스가 로마에 덜 해로울 것이라 보고 확실하게 폼페이우스 편을 들었다. 기원전 50년 말 집정관 마르켈루스는 원로원으로 하여금 카이사르를 〈공공의 적〉으로 선언하게 하려다 실패하자 폼페이우스를 방문하여 그의 손에 칼을 넘겨주었다. 그 뜻은 군대를 소집하여 카이사르로부터 이탈리아를 수호해 달라는 것이었고, 폼페이우스는 이에 응했다.

카이사르의 지지자들은 즉시 이 소식을 카이사르에게 알렸고, 쿠리오는 동영지에 머물고 있는 카이사르에게 합류했다. 그러자 카이사르는 타협안을 제시했다. 폼페이우스는 기꺼이 이 제안을 받아들이고 전쟁을 피할 것처럼 보였으나 두 집정관이 반대하고 나섰다. 카이사르는 다시 한 번 타협을 시도하기로 결심하고 쿠리오를 통해 『내전기』 첫머리에 등장하는 급보를 원로원에 보냈다. 이 급보에서 카이사르는 폼페이우스가 군사 지휘권을 포기한다면 자신도 군사 지휘권을 포기하겠다고 제안한 후, 원로원이 이 제안을 받아들이지 않는다면 카이사르는 자신의 권리와 로마의 권리를 지키기 위해 군사적 행동에 나설 수밖에 없다고 선언했다.

카이사르가 직접 쓴 『내전기』는 바로 이 시점에서부터 시작된다.

반역자가 된 카이사르, 전쟁을 선포하다

"나아가자, 주사위는 던져졌다!"

카이사르는 쿠리오를 통해 전달한 자신의 제안이 받아들여지지 않았음을 알게 된다. 더군다나 군대를 해산하고 즉각 로마로 복귀하라는 원고원 최종 권고가 그에게 전달된다. 비상시에나 선포되는 원로원의 최종 권고는 그대로 따르지 않으면 〈반역자〉로 몰리게 된다. 그러나 카이사르는 무시한다. 그는 결국 군대를 해산하지 않고 13군단을 이끌고 로마로 진격하기로 결심한다. 이민족을 상대로 8년간 치른 갈리아 전쟁을 끝내자마자, 이젠 동족과 전쟁을 치러야 하는 운명인 것이다.

갈리아와 로마의 국경 지대인 〈루비콘 강〉 앞에 도착한 카이사르는 망설인다. 이대로 강을 건너면 반란의 주역이 된다. 그러나 군대를 해산하고 홀로 로마로 들어가면 군사력을 잃은 그에게 정적들이 어떻게 대응해 올지 너무나 뻔한 일이다.

기원전 49년 1월 12일 그는 결국 루비콘 강을 건넌다. 다음과 같은 말을 남기면서.

"이 강을 건너면 인간 세상이 비참해지고,
건너지 않으면 내가 파멸한다.
나아가자, 신들이 기다리는 곳으로.
주사위는 던져졌다."

반역자가 된 카이사르, 폼페이우스를 추격하다

카이사르가 루비콘 강을 건너기 전부터 로마 내에서는 카이사르가 군대를 이끌고 로마로 진군하고 있다는 소문이 돌았다. 이 소문을 믿은 폼페이우스와 원로원 의원들은 수도 로마를 탈출하여 그리스로 도피한다. 카이사르는 그들을 추격하여 남쪽으로 이동한다. 카이사르의 이동 경로는 폼페이우스의 이동 경로와는 달랐는데, 그는 남하하면서 당시 카이사르 후임으로 갈리아 총독에 지명된 에노발부스가 수비하고 있던 코르피니움에 무혈입성하면서 그의 항복을 받아낸다.

한편 폼페이우스는 해안 도시인 브룬디시움까지 도주하면서 선박이 마련되자 곧바로 이탈리아를 떠나 그리스로 향하고자 했다. 이에 카이사르는 폼페이우스가 그리스 함대로 전력을 보강하는 것을 막고 전쟁이 장기전으로 가는 것을 막기 위해 강행군으로 그를 계속 추격한다.

그 와중에도 그는 폼페이우스에게 휴전을 위한 협상을 수시로 제안하지만 폼페이우스는 끝내 거절한다. 그는 일단 이탈리아를 벗어나 그의 세력이 힘을 발휘하는 지중해와 히스파니아, 아프리카 등지에서 전투를 벌이고자 했다.

추격 도중 잠시 로마에 들어온 카이사르는 기원전 48년도 집정관에 취임하면서 로마의 내정을 돌본 후 급히 다시 폼페이우스를 뒤쫓는다. 로마를 뒤로 하고 다시 추격전을 벌이는 카이사르는 배후의 안전을 위해 우선 폼페이우스 휘하의 세 장수가 지키는 히스파니아(오늘날의 스페인) 평정을 위해 서쪽으로 향한다.

마실리아(오늘날의 마르세유) 주민의 저항을 손쉽게 물리친 카이사르는 히스파니아의 일레르다로 진격한다. 그곳에서는 6개 군단 2만 7천 명의 중무장 보병과 기병 2천을 거느린 카이사르 군대를, 폼페이우스 진영에서는 5개 군단 3만 명의 중무장 보병과 현지 병력 4만 8천 명, 도합 7만 8천 명의 보병과 기병 5천 기가 기다리고 있었다.

그곳에서 카이사르 군대가 적의 보급로를 차단하기 위해 적진 앞에서 참호 공사를 시작했을 때 때아닌 폭우가 쏟아지면서 강에는 탁류가 흘러넘쳤다. 이에 보급이 끊긴 카이사르의 병사들은 고립되어 굶주림에 시달리게 된다. 이것을 지켜보던 폼페이우스 진영은 환호성을 지르며, 자신들이 이겼다는 급보를 로마에 보낸다. 이 소문을 듣고 폼페이우스와 카이사르 중 어느 쪽에 가담할지 아직 결정하지 못하고 있던 원로원 의원들이 대부분 폼페이우스 쪽으로 마음을 결정한다. 키케로도 이때 폼페이우스 쪽으로 가담한다.

이에 카이사르는 자연에 맞서기보다 자연의 추세를 이용하는 작전으로, 운하를 만들어 강의 물길을 바꾸어 오히려 적진을 고립시켰다. 이 결과 오히려 폼페이우스 진영의 보급로가 차단되면서 위기감이 고조된다.

결국 폼페이우스 군대는 항복을 하게 되고 카이사르는 지중해 서쪽을 장악하게 된다.

카이사르는 내전을 치르면서 갈리아 전쟁에서처럼 승리의 연속을 구가하진 못한다. 북아프리카를 정복하기 위해 호민관 출신의 쿠리오를 파견하나 이제 갓 30대에 접어든 쿠리오는 쉽게 승리를 장담하다 결국 전사하게 되고, 그의 군대는 해산을 당하게 된다. 이것은 카이사르가 내전을 치르면서 겪게 되는 본격적인 패배의 시작이라 할 수 있다.

카이사르가 로마에 잠시 돌아와 있을 동안에도 폼페이우스는 그리스에서 전쟁 준비를 하나씩 해나가고 있었다. 그리스에 도착한 카이사르는 많은 병력을 잃었기 때문에 힘든 전투를 해야 했다. 그러나 수송선 부족으로 발이 묶여 있던 마르쿠스 안토니우스가 카이사르와 합류하는 것을 어떻게 해서든 막고자 했던 폼페이우스는 결국 그 둘의 합류를 막지 못하게 되면서 본격적인 대격돌이 시작된다.

그리스로 뒤따라간 카이사르는 폼페이우스보다 먼저 디라키움에 도착한다. 디라키움은 폼페이우스의 주요 보급 기지로, 카이사르는 수적 열세의 병력에도 불구하고 그곳에서 포위 작전을 펼치게 된다. 그러나 카이사르 측의 기수 장교 2명이 탈영하여 폼페이우스 측으로 전향하면서 다량의 군사 정보가 새나간다. 특히 카이사르 측의 남쪽 포위망이 허술하다는 정보가 그대로 노출되어 카이사르 군대는 적에게 포위되면서 무참히 죽게 된다. 이로 인해 기원전 48년 7월 6일, 단 하루 동안에 벌어진 전투로 카이사르는 960명의 병사와 32명의 군관과 백인대장을 잃었으며 33개의 부대기를 빼앗겼다. 디라키움 전투 중에서도 가장 규모가 크고 치열했던 이날의 전투는 명백히 폼페이우스의 승리로, 카이사르의 포위 작전은 실패로 돌아갔다.

이제 애초의 계획을 포기할 수밖에 없는 카이사르는 전체적인 전략을 수정하기로 결심한다. 서쪽에서 전쟁을 조기에 결정짓지 못한 탓에 카이사르는 동쪽으로 이동하여 그리스의 테살리아로 들어가야 했다. 이로써 그들의 내전은 장기전으로 돌입하게 된다. 폼페이우스는 그 뒤를 쫓아 스키피오 휘하의 군대와 합세함으로써 카이사르를 궁지에 몰아넣었다. 그러나 카이사르는 테살리아에서 들판의 곡식이 충분히 여물어가는 평원에 적당한 장소를 택한 후 폼페이우스가 도착하면 그곳에서 최후의 결전을 치르기로 결심했다. 이 평원이 바로 카이사르와 폼페이우스의 최대의 결전지가 되는 〈파르살루스 평원〉이다.

최대의 격전, 파르살루스 대전투

폼페이우스와 카이사르의 격돌을 앞두고 두 사람의 조건을 정리해 보면 우선 총사령관들의 나이는 폼페이우스 58세, 카이사르 52세로 서로 비슷했다. 그러나 양측의 육상 전력은 〈10 대 3〉이었고 해상 전력은 〈10 대 2〉로 폼페이우스 측이 모두 훨씬 유리했다. 더구나 자금력도 폼페이우스가 〈10 대 2〉 정도로 우세했다.

다만 병사들의 숙련도는 〈2 대 8〉로, 전투 경험이 많은 카이사르 군대가 크게 앞섰다. 폼페이우스는 오리엔트 제패 이후 8년여 가까이 전투를 치른 적이 없었고, 카이사르 군대는 8년간 갈리아에서 전쟁을 치른 병사들이다. 상급 지휘관은 〈8 대 2〉로 폼페이우스가 우세했지만 중하급 지휘관은 〈2 대 10〉으로, 카이사르 군대가 실전 병사 측면에서는 훨씬 앞섰다. 그러나 이러한 조건을 활용하는 〈총사령관의 역량의 차이〉가 결국 그리스의 평범하기 그지없는 파르살루스 평원에서 벌어진, 그 유명한 〈파르살루스 대전투〉의 승부를 결정지었다.

기원전 48년 파르살루스에서 맞붙은 폼페이우스군(보병 4만 7천, 기병 7천)과 카이사르군(보병 2만 2천, 기병 1천)은 외형 면에서는 비교도 되지 않았다. 폼페이우스는 작전회의 석상에서 전면전에 들어가기 전에 카이사르군을 궤멸시키겠다고 호언했다. 더구나 카이사르 휘하에서 뛰어난 부장이었다가 내전이 시작되면서 폼페이우스 측에 가담하며 변절한 티투스 라비에누스가 기병대의 지휘를 맡고 있는 만큼 승리는 보장된 거나 다름없다고 보았다. 카이사르는 수적으로 열세인 아군을 적진 가까이 접근시켜 아군의 패배감을 없애 주는 한편 적의 진용을 직접 관찰했다. 그리고 폼페이우스의 속셈을 간파했다.

기원전 48년 8월 9일의 이 전투는 카이사르 군대의 돌격으로 시작되었다. 수적 우세를 믿은 폼페이우스 군대는 전열을 무너뜨리지 않고 응전했다. 그와 동시에 라비에누스의 기병 7천 기가 총공격을 감행했다. 작전대로 카이사르 군대는 적군 기병을 인간 울타리에 몰아넣어 무력화시키는 데 성공했다. 이어 폼페이우스군의 좌익을 협공했다. 폼페이우스군의 중앙과 우익은 카이사르의 노련한 병사들이 교대로 공격에 가담하여 무너뜨렸다.

한낮의 그리스 태양 아래에서 폼페이우스 군대의 시체가 산을 이루었다. 전운에 먹구름이 끼는 것을 직감하고 말을 채찍질하여 라리사로 달아나는 폼페이우스를 따른 것은 몇 기의 기병뿐이었다. 카이사르 쪽 전사자는 200명에 불과했으나, 폼페이우스군의 전사자는 6천 명, 포로는 무려 2만 4천 명에 달했다. 이로써 살아 생전 두 사람의 마지막 전투는 카이사르의 완승으로 끝이 났다.

폼페이우스의 죽음, 그리고 클레오파트라와의 조우

파르살루스 대전투에서 패한 폼페이우스는 이집트의 알렉산드리아로 도피하여 그곳 왕에게 구원 요청을 할 참이었다. 이집트 왕은 겉보기에 그를 환영하는 태도로 해안까지 마중을 나왔다. 폼페이우스는 몇몇 수행원들을 데리고 이집트 왕이 보내온 작은 배에 올라타라는 음흉한 제안에 순순히 응했다. 그러나 그는 육지에 내리지도 못한 채 배 위에서 이집트 왕을 호위하는 자들의 불의의 습격을 받고 살해당했다. 이집트인들은 그 후 알렉산드리아에 입성한 카이사르에게 폼페이우스의 잘려나간 목을 전한다. 카이사르는 그 목을 받아 당시 폼페이우스의 아내인 코르넬리아에게 전해주었다. 이에 대해 카이사르는 폼페이우스에 관한 글을 쓸 때 분노보다 슬픔이 앞선다는 인상을 독자들에게 주고자 했다.

폼페이우스를 추격해 알렉산드리아로 들어온 카이사르는 이집트 왕위를 둘러싸고 클레오파트라와 그의 남동생 프톨레마이오스 13세가 벌이는 이집트 내전에 휩싸이게 되면서 그곳에서 알렉산드리아 전쟁을 치르게 된다. 이 전쟁에서의 승리로 클레오파트라를 왕위에 오르게 한다. 클레오파트라의 매력에 빠진 카이사르는 전쟁이 끝난 후에도 그곳에 계속 머무르며 『내전기』를 집필했다는 설도 있다.

폼페이우스의 죽음으로 〈카이사르와 폼페이우스의 대결〉은 끝이 나지만, 파르살루스 전투 이후 사방으로 도망친 폼페이우스파 잔당들과의 내전은 이후 3년을 더 치르게 된다.

카이사르, 내전에서의 승리 그리고 비극적 죽음

내전 이후의 알렉산드리아 전쟁, 아프리카 전쟁, 히스파니아 전쟁은 비록 다른 사람들의 손으로 기록되긴 했지만 카이사르의 대서사시는 기원전 45년 히스파니아에서 폼페이우스의 잔당을 격파하는 것으로 마감된다. 로마로 돌아와 독재관이 된 카이사르는 1년도 채 넘기지 못하고 비극적 죽음을 맞는다. 그러나 그 짧은 기간 동안에 그는 아프리카 원정과 히스파니아 원정의 중간인 기원전 46년에 로마에 잠깐 들렀을 때 시작해 놓은 재정적, 사회적 개혁 프로그램을 줄기차게 수행했다. 카이사르가 통치한 기간에는 피비린내 나는 복수극이나 재산 몰수 같은 참사는 전혀 없었다. 카이사르는 단지 로마 시민과 속주민의 삶을 똑같이 개선하고, 정치의 효율성과 투명성을 높이고, 속주의 로마화를 가속화하기 위한 일련의 계획들을 시행했다. 성급한 개혁을 시도하다 때로는 원로원의 의결 구조를 무시하는 경우도 있었고 그로 인해 정적들로부터 독재 권력자라는 비난을 사기도 했다. 카이사르의 적들은 로마가 왕의 시대로 후퇴하고 있다고 불평했고, 10년 임기였던 카이사르의 독재관 직위가 기원전 44년 2월에 종신 독재관으로 바뀌자 죽음만이 카이사르와 그의 권력을 분리시킬 수 있음을 깨달았다. 결국 그들은 살해를 모의하고 기원전 44년 3월 15일 원로원 회의장에서 카이사르를 암살했다.

  암살자들에겐 유감스런 일이었지만 카이사르의 죽음으로 어떤 문제도 해결되진 않았다. 헌법의 권위는 추락할 대로 추락했으며 그에 따라 공공 질서와 통치의 효율성이 완전히 붕괴되었다. 로마는 복종을 강요하는 막강한 권력을 필요로 하고 있었다. 그로부터 13년이 흐르고 그 사이에 또 한 번의 내전을 겪은 후에야 로마는 옥타비아누스 사람에게 절대 권력을 허락했다. 그가 바로 로마의 초대 황제인 아우구스투스였다.

카이사르의 『내전기』

  카이사르가 기록한 『내전기』는 기원전 48년 가을 알렉산드리아 전쟁이 시작되는 시점에서 끝난다. 그리고 그 이후의 이야기는 기원전 45년 문다 전투로 종료되는 세 번의 원정이 끝난 후 카이사르 휘하의 각기 다른 부하 세 명이 쓴 세 권의 책 『알렉산드리아 전쟁』, 『아프리카 전쟁』, 『히스파니아 전쟁』에 기록되어 있다.

  『내전기』의 제3권은 가령 폼페이우스의 죽음이나 카이사르의 로마 귀환과 같은 자연스러운 결말로 끝나지 않는다. 오히려 이집트의 내전 상황을 기록하면서 〈이것이 알렉산드리아 전쟁의 시작이었다.〉로 끝을 맺는다. 이것으로 보아 카이사르는 이 책을 미완성으로 여기고 있었으리라 추측할 수 있다. 그는 아마도 이후의 상황을 더 기록하려 했을지도 모른다. 그러나 이 사실만으로 카이사르가 『내전기』를 쓴 시기를 추정하기는 불가능하다. 예를 들어 어떤 학자들은 카이사르가 암살되기 전까지 계속 글을 썼을 것이라 추정한다. 그러나 『내전기』 속에는 새 정권에 반대하는 세력 중 보다 평화적인 성향을 지닌 사람들을 설득하기 위한 징표가 발견되기도 한다. 그 필요성은 카이사르가 자신의 권력을 확고히 한 기원전 44년 이후보다는 내전의 전투가 한창일 때에 더욱 컸을 것이다. 따라서 카이사르가 내전을 치르는 중에 『내전기』를 썼을 것으로 보는 것이 타당하지만, 이것은 어디까지나 추측에 불과하다. 역사는 『내전기』가 작성된 시기와 날짜를 정확히 알지 못한다.

카이사르 글에 대한 문학적 평가

자신의 입장을 설명하는 카이사르의 진술들은 놀라울 정도로 차분하고 감정이 절제되어 있다. 루비콘 강을 건너는 그 유명한 순간에도 아피아, 루카, 플루타르코스 등의 흥미진진한 묘사와는 달리 담담하게 묘사한다.

카이사르의 『내전기』는 그의 전작 『갈리아 전쟁기』와 함께 문학적으로 탁월한 작품으로 평가받고 있다. 특히 『갈리아 전쟁기』는 고대의 위대한 장군이 자신의 출정을 직접 들려주는 유일한 책으로, 세계 전쟁 문학의 고전으로 꼽히면서 2천 년이 지난 지금까지도 널리 읽히고 있다. 두 권의 책에서 보여준 그의 문체는 명료하고 간결하고 절제되어 있으면서도 단조롭거나 따분하지 않다. 특히 그는 두 권의 책에서 자신을 〈카이사르가, 카이사르는…〉과 같은 3인칭으로 표현하여 글의 객관성을 유지하려 했다.

하지만 『내전기』 후속편의 저자들은 카이사르의 문학성을 넘어서지 못했다. 『알렉산드리아 전쟁』, 『아프리카 전쟁』, 『히스파니아 전쟁』의 저자가 밝혀진 것은 서기 2세기에 들어서였다. 그때까지는 『갈리아 전쟁기』의 제8권을 썼다고 알려진 히르티우스와 카이사르의 또 다른 지지자인 오피우스가 세 권의 저자일 것이라고 추측했다. 현대의 학자들은 저자를 확인하려는 시도로써 어휘와 문체를 분석해 내적인 증거를 찾고 있다. 분명한 증거는 발견되지 않았지만, 다수의 학자들은 『알렉산드리아 전쟁』이 히르티우스의 작품이라는 견해에 동의한다. 카이사르의 글과 같은 생동감은 부족하지만 세 권 중 문체가 카이사르와 가장 비슷하다는 것이다.

　『아프리카 전쟁』과 『히스파니아 전쟁』의 저자에 대해서는 다양한 인물들이 지목을 받아왔다. 그러나 두 작품 모두 문학적 소양을 갖추지 않은 사람의 작품인 것이 분명하다. 생략과 변조가 심하고 기형적인 표현들이 그대로 노출되어 있고 문장력도 떨어지기 때문이다.

　전쟁터에서도 붓을 놓지 않는 집필가로서도 뛰어난 능력을 보여주었던 카이사르는 여러 권의 저서와 글들을 남겼으나 모두 유실되고, 유일하게 『갈리아 전쟁기』와 『내전기』 두 권만이 현재까지 전해져 내려온다. 뛰어난 무사이면서 동시에 탁월한 문장력을 지닌 문사로서 카이사르가 남긴 저술들은 후세에 그의 삶의 궤적을 엿볼 수 있는 귀중한 역사적 가치를 갖게 된다.

카이사르, 그의 삶과 죽음
(기원전 100년 7월 12일-기원전 44년 3월 15일)

돈과 사랑에 있어 보여주는 사고의 자유로움,
마흔이 넘어 성공가도에 진입하는 중년의 힘,
부하들을 감복시키는 매력,
적은 군사로도 갈리아의 수차례 반란을 진압한 판단력,
전쟁의 와중에도 집필을 멈추지 않는 문사로서의 자세,
루비콘 강을 건널 때의 결단력과 비극적인 죽음까지,
그의 삶은 2천 년이 지나도 생생하게 다가온다.

카이사르의 삶과 영광은 크게 세 부분으로 나뉜다.

마흔이 되어서야 비로소 로마의 권력에 오른 것, 8년이란 세월 동안 전쟁을 통해 갈리아 지역을 정복한 것, 그후 5년 동안 로마를 지배한 것. 그의 56년 삶은 이렇게 정리될 수 있다.

카이사르가 로마에서 부각되기 시작하는 시기는 비교적 늦었다. 그는 40대에 들어선 뒤에야 왕성한 활동을 시작한 대기만성형 인물이다. 그 이전의 정치적 활동이나 명성은 같은 시기에 활동했던 폼페이우스나 키케로에 비하면 한참 뒤처졌다. 훗날 그의 최대 라이벌이 되는 폼페이우스는 카이사르보다 고작 여섯 살 많았지만 당시 이례적일 정도의 성공가도를 달리며 20대에 이미 개선식을 치르고, 나이 서른에 총사령관이 되는 등 조숙한 천재의 모습을 보이면서 국민적 영웅으로 부각되고 있었다. 또한 키케로는 30대에 로마 제일의 변호사로 명성을 날리고 있었다. 그들에 비해 카이사르는 뚜렷한 정치적 역량도, 군사적 재능도 보이지 못하고 있었다.

30대, 아직 빛을 보지 못하다

카이사르는 기원전 100년 7월 12일, 귀족 가문인 율리우스 가문의 외아들로 태어났다. 7월을 의미하는 JULY는 그의 이름에서 유래되었다. 그의 가문은 로마 건국자의 후손 집안으로 명문 귀족에 속하지만, 카이사르가 태어날 즈음에는 집정관은 고사하고 법무관을 배출한 지도 오래된 빈약한 가문에 불과했다.

로마는 그가 태어난 때를 전후로 해서 30여 년간 마리우스와 술라의 대결이 극을 달리고 있었다. 그의 고모부이기도 한 마리우스는 민중파를 대표하고, 마리우스 휘하에 있던 술라가 원로원파를 대표하면서 카이사르는 마리우스와 술라, 즉 민중파와 원로원파의 피 냄새 가득한 권력 싸움을 지켜보며 성장하게 된다.

그의 가문은 민중파로 분류되었고, 그 덕분에 당시 로마의 실권을 장악하고 있던 원로원파(옵티마테스optimates, 즉 〈최선의 사람들〉이라고 불렸다.)의 의심을 그림자처럼 달고 다녀야 했다. 더구나 그는 민중파 집정관이었던 킨나의 딸과 결혼함으로써 그 역시 민중파라는 의심을 받아 목숨이 위태롭게 되면서 국외로 탈출해 가까스로 위기를 넘긴다.

술라가 죽고 나자 로마로 다시 돌아온 카이사르는 23세에 변호사로 개업했으나 키케로와 맞붙어 참패를 당하면서 변호사로서도 실패를 하게 된다. 그러다 27세에 드디어 제사장으로 선출되고, 31세에 재무관(회계감사관)으로 선출되면서 정치 경력의 첫발을 내딛는다. 35세에 안찰관, 37세에 법무관 및 최고 제사장에 오른다. 30대 초반에 화려한 사회적 성공을 거둔 당대 인사들에 비해 뛰어난 경력은 아니지만, 민중과 가까운 위치에서 실제 정책 운영 면에서 착실한 성과를 쌓아가며 대정치가가 되기 위한 기반을 구축한다.

마흔, 정점을 향해 가다

제1차 삼두 동맹

기원전 60년, 카이사르는 나이 마흔 살에 폼페이우스, 크라수스(카이사르보다 열네 살 많다.)와 〈제1차 삼두 동맹〉을 맺게 된다. 이 동맹을 배경으로 카이사르는 기원전 59년 마흔한 살의 나이로 로마의 최고 관직인 집정관에 취임하게 된다.

제1차 삼두 동맹에서는 폼페이우스가 최고 권력자로 비쳐질 수 있지만, 조용하게 로마를 움직이는 진정한 실권자는 카이사르였다. 폼페이우스는 오리엔트 원정에서 혁혁한 전과를 올렸는데 폼페이우스가 돌아오기 전부터 카이사르는, 권력에 오를 유일한 길은 제국을 확장할 새로운 정복 사업에 있음을 깨달았을 것이다. 폼페이우스는 동쪽으로 진출했으므로 카이사르는 서쪽에서, 즉 갈리아 지역에서 기회를 찾았다. 카이사르는 그곳에서 피할 수 없는 의무와 기회를 보았다. 그리하여 그는 기원전 58년부터 8년 동안 갈리아 속주 총독으로 갈리아 전쟁을 치르게 된다.

8년의 전쟁, 갈리아 전쟁

카이사르는 그 자신에게 있는 개인적 능력과 마리우스 이후 본격적으

로 자리 잡힌 로마 군단의 능력을 유감없이 발휘하여 적은 병력으로 엄청
난 수의 갈리아인들을 이길 수 있었다. 전쟁 기간 동안 갈리아 지역의 평
정뿐만 아니라 라인 강을 건너 게르만인의 땅으로 침공하기를 두 차례, 도
버 해협을 건너 브리타니아(지금의 영국) 섬으로 침공하기를 두 차례나 하
였다. 기원전 52년에는 갈리아인들의 총연합으로 대반란이 일어났으나
이것도 진압하여 전쟁은 종지부를 찍고 갈리아는 평온을 되찾았다.

오랜 기간에 걸친 갈리아 전쟁은 로마의 재정을 부유하게 했으며, 로마
의 국경을 라인 강까지 확장시켜 도시 국가 로마에서 벗어나 넓은 시야를
키우게 해준 동시에, 유럽 내륙에 처음으로 그리스—로마 문화가 전파됨
으로써 서유럽 문화권의 기초가 형성되는 계기가 되었다. 또한 카이사르
의 경제적 실권과 정치적 영향력을 증대시키는 결정적 계기가 되어 이후
내전에서 승리할 수 있었던 밑거름도 이곳에서 닦았다고 할 수 있다.

로마의 불길한 조짐, 주사위는 던져졌다!

갈리아 전쟁을 마치자 로마 원로원은 카이사르에게, 군대를 해산하고
로마로 복귀하라는 최종 권고를 내린다. 기원전 56년에 재개된 삼두 동맹
은 기원전 53년 크라수스의 죽음과 함께 막을 내렸다. 게다가 폼페이우스
에게 시집 간 카이사르의 딸 율리아가 기원전 54년에 죽게 됨으로써 폼페
이우스와 카이사르의 결속마저 약화되었다. 그 사이 폼페이우스는 원로
원의 지지를 얻으면서 카이사르와 마찰을 빚기 시작한다.

갈리아 전쟁에서의 승리로 대중적 명성을 크게 얻은 카이사르, 원로원
은 그를 저지하기 위해 폼페이우스를 끌어들인다. 원로원 주도의 공화정

체제를 유지하길 원하는 원로원파와 현 체제를 무너뜨리려는 카이사르의 대립은, 결국 폭발한다. 원로원파는 카이사르를 총사령관에서 해임하여 본국으로 소환하자는 원로원 최종 권고를 내리게 되고, 이를 어길 시에는 반역자로 간주하겠다고 카이사르에게 통보한다. 또한 폼페이우스에게 군 최고 지휘권을 주어 카이사르를 향해 진군하도록 부추겼다.

공화정 로마법에 의하면 원로원의 허가가 없으면 국경인 북쪽의 루비콘 강과 남쪽의 브린디시에서 휘하 군대를 이끌고 국내로 들어갈 수 없다. 수도 로마에서 열릴 개선식에서 다시 만나기로 약속하고 일단 군대를 해산해야 한다. 또한 사령관은 개선식을 거행하는 날까지 국경은 물론 로마 안으로 들어가는 것조차 법으로 금지되어 있었다.

그러나 카이사르는 이 모든 것을 어기고 기원전 49년 1월 12일 "나아가자, 주사위는 던져졌다!"라는 말과 함께 갈리아와 이탈리아의 국경인 루비콘 강을 건너 자신의 조국 로마에 반기를 든다. 이민족을 상대로 기나긴 전쟁을 이제 막 끝낸 카이사르에게, 이제 또 다른 전쟁이 기다리고 있는 것이다. 그러나 다가올 전쟁은 같은 민족을 상대로 한 내전이었다.

이제 무대 위에는 두 명의 경쟁자가 남겨졌다. 카이사르와 폼페이우스. 누가 살아남아 로마를 지배할 것인지는 진검 승부만이 말해 줄 수 있었다.

로마의 최고 지배자가 되어

내전에서의 승리

루비콘 강을 건너 로마로 진격함으로써 폼페이우스를 비롯한 원로원파와의 내전이 시작되었다. 상대파에 비해 턱없이 부족한 병력으로 내전을 치르게 된 카이사르는 갈리아 전쟁 때와는 달리 승리의 연속을 구가하진 못한다.

그러나 카이사르는 이탈리아를 장악한 뒤 폼페이우스의 근거지인 히스파니아를 점령하고 이집트로 도주한 그를 쫓아 알렉산드리아로 건너간다. 폼페이우스는 그곳에서 살해당했으며, 카이사르는 이집트 왕위 계승 전쟁에 말려들게 되면서 알렉산드리아 전쟁을 치르게 된다. 이 전쟁에서 승리를 거두어 클레오파트라를 왕위에 오르게 한 그는 그녀와의 사이에서 아들 카이사리온을 낳는다.

그 뒤 기원전 47년 소아시아의 젤라에서 미트라다테스 대왕의 아들 파르나케스를 격파함으로써 소아시아의 패권을 잡으면서 "왔노라, 보았노라, 이겼노라Veni, Vidi, Vici!"라는 세 마디 보고를 원로원에 보낸다. 기원전 45년 3월 히스파니아 문다에서 폼페이우스의 두 아들과 싸워 승리함으로써 5년간의 내전을 마침내 종결시킨다. 카이사르는 내전을 치르는 동안 『내전기』를 집필한 것으로 추측된다.

현명한 개혁가, 노련한 정치가

기원전 44년에 종신 독재관이 된 카이사르는 각종 사회 정책 사업과 개혁 사업을 추진했다. 빈민 구제 사업, 식민지 건설, 역법曆法 개혁, 통화 개혁, 행정 개편 등을 실시하는 한편, 아시아와 그밖의 지역에서 폐해가 많았던 징세 청부 제도를 폐지, 세금을 경감하였다. 또한 로마 시민권을 확대하여 공직 등용의 폭을 넓혔고 대규모 토목 사업으로 도시를 정비하는 등

수도 재개발 정책도 병행하였다. 그는 또한 자신의 정적들에게 어떠한 탄압도 가하지 않고 오히려 그들을 등용하여 쓰는 관용 정치를 펴기도 했다.

그는 실전의 영웅일 뿐만 아니라 군사 전략을 짜내는 장군으로도 탁월한 재능을 보였고, 또 한편으로는 민심의 향방을 정확하게 파악할 줄 아는 민중파 정치가로서 사회 개혁의 실효를 거두었다. 그 후 각종 개혁 사업을 추진하며 독재 체제를 구축하였으나 왕위를 탐내는 자로 의심을 받게 되어 원로원 회의장에서 암살자들의 칼에 23군데가 찔리면서 죽음을 맞는다. 이때가 기원전 44년 3월 15일이었다.

비극적 죽음

카이사르는 기원전 44년 2월에 종신 독재를 선언했다. 카이사르가 그의 권력을 영속화하려 했던 것은 분명한 사실이다. 종신 독재관이란 직함을 받아들인 것이 그 충분한 증거이다. 그러나 그는 자신의 권력을 왕권으로 전환하려 하지 않았다. 카이사르는 로마 시민의 투표를 통해 독재 권력을 부여받았으며, 로마 시민들은 합법적인 주권 소유자로서 언제든 그의 권력을 철회할 수 있었다. 따라서 그가 왕권에 집착했는지에 대해서는 아직도 논란이 분분하다.

카이사르는 내전이 끝난 지 불과 1년도 안 되어 살해되었다. 카이사르 암살 공모를 꾸민 자들은 카이사르의 독재와 낡은 정치에 대한 탄압에 분개했고, 그의 지지 세력 중 어떤 자들은 기대했던 지위를 얻지 못한 것에 불만을 품었다. 또한 몇몇 이상주의자들은 부정부패와 사리사욕을 몰아내고 공익과 공공질서와 효율적 정치를 실현하기 위한 기회를 찾았다.

암살 주모자 중에는 카이사르와 함께 갈리아 전쟁을 치르고 내전 중에도 그와 함께했던 고급 장교인 마르쿠스 브루투스, 가이우스 트레보니우스, 술피키우스 갈바, 미누카우스 바실루스, 데키우스 브루투스도 포함되어 있었다. 카이사르는 "브루투스, 너마저Et tu, Brute!"라는 말을 남기며 죽는다. 이때의 브루투스가 마르쿠스 브루투스인지, 데키우스 브루투스인지에 대해서는 다양한 해석의 여지가 있다.

위대한 군인이며 집필가이고, 정치가이자 독재관인 카이사르는 이렇게 56세의 나이로 생을 마감하게 된다.

후세 사람들의 그에 대한 평가는 왕정王政을 궁극적인 목표로 삼은 공화정의 파괴자라는 설과, 제정帝政의 기틀을 다진 인물이라는 설로 대립된다. 지금의 많은 역사가들은 "로마가 공화정에 머물렀으면 제국을 제대로 다스리지 못했을 것"이라고 효율성의 문제를 들어 카이사르의 손을 들어주기도 한다.

인간 카이사르

돈과 사랑에 있어 보여주는 사고의 자유로움, 마흔이 넘어 성공가도에 진입하는 중년의 힘, 부하들을 감복시키는 매력, 적은 군사로도 갈리아의 수차례 반란을 진압한 판단력, 전쟁의 와중에도 집필을 멈추지 않는 문사로서의 자세, 루비콘 강을 건널 때의 결단력과 비극적인 죽음까지, 그의 삶은 2천 년이 지나도 생생하게 다가온다.

죽음을 맞는 카이사르의 최후

1 _ 기원전 44년 3월 15일 원로원 회의장에서 카이사르의 암살이 자행된다.
2 _ 카이사르와 갈리아 전쟁과 내전을 함께 치른 그의 부하들이 암살에 가담한다. 카이사르는 무려 23군데가 찔렸고,
  그 중 가슴에 받은 두 번째 상처가 치명적이었다.
3 _ 죽음을 깨달은 카이사르는 토가 자락을 몸에 감으면서 쓰러진다. 오랜 정적이었던 폼페이우스의 입상 바로 밑에 그의 시신이
  널부러져 있다. 암살자들은 환호하고 있다.
4 _ 카이사르의 심복이었던 노예 세 명이 그의 유해를 원로원 회의장에서 들고 나온다.

일러두기 2

1. 이 책 본문 중 나오는 "카이사르는, 카이사르가, 카이사르에게……." 등등의 표현에서 〈카이사르〉는 이 책의 저자 카이사르가 자신을 칭하는 3인칭 표현이다.

2. 이 책에 나오는 지명, 인명, 부족명 등은 라틴어 표기 원칙에 따라 표기하였다.
   단 도시 이름은 카이사르가 전쟁을 치르던 기원전 당시의 이름을 그대로 살려 표기했으며, 각주에 현재 지명과 함께 추가 설명을 달았다. 강, 산, 산맥 등의 이름은 가급적 현재 통용되는 지명에 맞춰 표기 원칙에 따라 표기했다.

3. 각주에서 〈1-30 참조〉 등으로 표기한 것은 〈제1권 30장〉을 참조하라는 의미이다.

4. 『내전기』 라틴어 원문에는 길이, 높이 등의 단위가 로만마일Roman mile로 표기되어 있으나, 이 책에서는 단위를 환산하여 킬로미터, 미터 등으로 표기하여 독자들의 이해를 돕고자 했다.

내전의 시작

로마 안에서의 음모, 카이사르의 반격

로마 안에서의 음모

1
가이우스 율리우스 카이사르의 급보[1]가 집정관에게 전달되었
으나 두 집정관은 호민관들이 강하게 항의한 후에야 마지못해
원로들 앞에서 그 내용을 공개하도록 허락했다.[2] 그러나 카이사르가
보낸 급보의 내용을 공개한 후에도 집정관들은 그 내용을 토론에 붙이
는 대신 〈로마의 문제〉에 대한 토론을 시작했다. 먼저 집정관 루키우
스 렌툴루스가 발언을 시작했다. 렌툴루스는 만일 원로원이 용감하고
확실하게 자신들의 견해를 표명한다면 그는 국가에 대한 의무를 성실
히 이행하겠지만, 그렇지 않고 이전처럼 카이사르의 행동을 지켜보면

서 그의 비위를 맞추려 한다면 자신은 원로원의 견해에 따르지 않고 독자적인 행동을 취할 것이라고 선언한 다음, "나 역시 카이사르에 대한 호의와 친분을 피난처 삼아 그 속에 안주할 수도 있다."고 지적했다. 스키피오도 같은 맥락으로 연설을 했다. 그는 만일 원로원이 폼페이우스를 지지한다면 폼페이우스는 로마에 대한 의무를 충실히 수행할 준비가 되어 있지만, 원로원 의원들이 망설이고 나약한 모습을 보인다면 나중에는 그에게 도움을 청해도 소용이 없을 것이라고 말했다.

2   원로원 회의는 로마에서 열렸고 폼페이우스는 회의장 밖에 있었으므로[3] 스키피오의 연설은 폼페이우스 본인의 입에서 나온 것으로 보아도 된다.

몇 명의 원로가 보다 온건한 견해를 밝혔다. 먼저 마르쿠스 마르켈루스[4]는, 이탈리아 전역에서 군대를 소집해 원로원이 군대의 보호 아래

---

1. 이 책에 앞서 카이사르가 쓴 『갈리아 전쟁기』 마지막 페이지는 〈그는…… 라고 적었다.〉로 끝난다. 마지막 문장에서 몇 단어가 유실되었는데, 카이사르가 원로원에 보내는 급보의 내용을 적었음을 암시한다. 그렇게 해석하면 이 책 『내전기』의 첫 문장과 자연스럽게 이어진다. 그 급보는 총독 주재지인 라벤나에 있던 카이사르가 호민관 쿠리오를 통해 보낸 급보였다. 만일 폼페이우스가 군대 지휘권을 포기하면 자신도 지휘권을 포기하겠다는 제안과 함께, 원로원이 그 제안을 거부하더라도 카이사르는 그 자신의 권리와 로마의 권리를 지킬 수밖에 없다는 입장이 담겨 있었다.
2. 기원전 49년도의 신임 집정관 루키우스 렌툴루스와 가이우스 마르켈루스의 임기 첫날인 기원전 49년 1월 1일에 신임 집정관 취임식이 끝나자마자 일어난 상황이다. 렌툴루스와 마르켈루스는 둘 다 강경한 카이사르 반대파이다.
3. 법률에 따라 군사 지휘권을 가진 전직 집정관(속주 총독)은 수도 로마의 성문 안으로 들어갈 수 없었다. 플루타르코스에 따르면 폼페이우스는 전직 집정관 자격으로 당시 히스파니아(오늘날의 스페인)의 총독이었기 때문에 로마 남서쪽에 있는 자신의 저택에 머물렀다고 한다.
4. 신임 집정관 가이우스 마르켈루스의 사촌이자 기원전 51년도의 집정관이었다. 연설 내용은 온건했을지 모르나 그 역시 강력한 카이사르 반대파였다. 그가 갈리아 전쟁은 이미 끝났으니 카이사르를 총사령관에서 해임하여 본국으로 소환하자는 의견을 내놓았다. 하지만 그의 제안은 원로원과 폼페이우스의 지지를 얻어내진 못했다.

무사히 원로원 포고를 통과시킬 수 있을 때까지 이 의제[5]를 연기하자는 취지의 연설을 했다. 마르쿠스 칼리디우스는 폼페이우스가 그의 속주로 돌아가면 전쟁이 일어날 이유가 없으므로 그가 속주로 돌아가는 것이 바람직하다고 주장했다. 카이사르가 우려하는 것은 폼페이우스가 카이사르를 해치기 위해 그에게서 빼앗은 2개 군단[6]을 로마 근처에 주둔시키고 있는 것이라고 주장했다.[7] 마르쿠스 루푸스도 그와 비슷한 취지의 연설을 했다.

루키우스 렌툴루스는 이 모든 연설자를 격렬한 어조로 비난했다. 그는 칼리디우스의 제안을 노골적으로 거부한 다음 마르켈루스까지 격렬히 비난하여 그 역시 제안을 철회할 수밖에 없도록 했다. 집정관의 장광설이 더해지고, 군대도 가까이 있고, 폼페이우스 지지자들이 협박을 가하는 상황에서 대다수의 원로원 의원들은 마지못해 스키피오의 제안에 동의했다. 그 제안은 다음과 같았다.

"카이사르는 정해진 날짜 이전에 군대를 해산해야 한다. 만약 군대를 해산하지 않으면 반역을 꾀하는 것으로 간주할 수밖에 없다."[8]

그러자 두 호민관, 마르쿠스 안토니우스[9]와 퀸투스 카시우스가 거부권을 행사했다. 그러나 원로원은 호민관의 거부권을 무시하고 더 가혹한 방법들을 제안했다. 앙심을 품은 잔인한 연설이 거듭될수록 카이사르의 적들은 더욱 크게 환호했다.

3 저녁 무렵 원로원 회의가 끝나자 폼페이우스는 모든 원로원 의원을 도시 밖으로 불러 모았다. 그는 자신에게 자발적으로 복

종하는 자들에게는 칭찬과 격려를 해주고, 동료들의 눈치를 보는 자들에게는 자신의 뜻에 따를 것을 촉구하며 훈계를 했다. 그는 또한 휘하의 많은 고참병들에게 보상과 승진을 약속으로 내걸어 로마 주변으로 불러 모았고, 카이사르에게서 넘겨받은 2개 군단 중에서도 많은 병사를 소집해 놓았다. 로마 시내에는 군관, 백인대장, 고참병들이 민회 광장을 가득 메웠다. 또한 두 집정관의 측근과 폼페이우스의 지지자, 그리고 카이사르에게 오래전부터 앙심을 품어온 자들이 모두 원로원에 소집되었다. 그들의 압도적인 수와 소란은 마음 약한 자들에게는 겁을 주었고, 동요하는 자들에게는 그들 편으로 합류하게끔 했으며, 다수의 자유로운 결정권은 짓밟아 버렸다.

이 와중에 감찰관인 루키우스 피소와 법무관인 루키우스 로스키우스는 자신들에게 6일간[10]의 말미를 주면 카이사르를 찾아가 현재의 상황을 알리겠노라고 제안했다. 더 나아가 몇몇 사람들은 카이사르에게 대표단을 보내 원로원의 견해를 통보해 줘야 한다고 주장했다.

5. 카이사르가 급보를 통해 제안한, 카이사르와 폼페이우스 모두 군대를 해산하자는 제안을 말한다.
6. 원로원은 시리아 속주를 방어하기 위해, 카이사르와 폼페이우스의 병력 가운데 1개 군단씩 차출하여 파병하라고 명령했다. 이에 폼페이우스는 기원전 53년에 카이사르에게 빌려준 1개 군단을 돌려받아 시리아로 보내겠다는 뜻을 전해 왔다. 결국 카이사르는 폼페이우스에게 빌린 1개 군단과 자신의 의무인 1개 군단을 합하여 2개 군단의 병력을 삭감당하는 셈이다. 이 명령은 갈리아 전쟁을 치르면서 점점 영향력과 대중적 인지도가 높아지는 카이사르의 군사력을 약화시키고자 하는 것임이 분명했다.
7. 카이사르는 원로원의 뜻에 따라 15군단을 폼페이우스에게 돌려보내고 자신은 14군단을 보냈으나, 그 두 군단은 시리아로 파병되지 않고 폼페이우스의 옛 부하들이 모여 사는 이탈리아 남부의 카푸아에 있었다.
8. 이른바 〈원로원 최종 권고안〉이 제출된 것이다.
9. 쿠리오에 이어 호민관이 된 마르쿠스 안토니우스는 카이사르파로, 카이사르에게만 군대 해산을 명령한 스키피오의 제안에 호민관 거부권을 행사하여 표결을 연기시켰다.
10. 로마와 카이사르가 있는 라벤나 사이를 왕복하는 데 걸리는 시간이다.

4 그러나 이 모든 제안은 두 집정관인 렌툴루스와 마르켈루스, 그리고 스키피오와 카토의 연설 속에 파묻혀 버렸다. 그들에겐 나름대로 이유가 있었다. 카토는 카이사르의 오랜 정적인 데다 선거에서 패한 것에 앙심을 품고 있었다. 엄청난 빚을 지고 있는 렌툴루스는 군사 지휘권을 가진 속주 총독이 되어 속주 통치자들로부터 왕권을 인정해 주는 대가로 막대한 뇌물을 받겠다는 희망에 부풀어 있었다. 그는 측근들에게 자신이 제2의 술라가 되어 최고 지휘권을 쥐고 로마를 지배하겠노라고 떠벌렸다. 스키피오도 속주와 군대를 욕심내고 있었다. 스키피오는 혼인으로 친척이 된 폼페이우스와의 관계[11]를 등에 업고 그와 함께 군대를 지휘하겠다는 기대를 품고 있었다. 게다가 그는 재판을 몹시 두려워하는 터라 영향력이 큰 정치가들과 법무관들의 입김에 민감했을 뿐 아니라, 그 자신과 그들의 과시욕에도 쉽게 흔들렸다.

폼페이우스 본인으로 말하자면 어느 누구도 자신과 동등한 지위에 오르는 것을 원하지 않았다. 이밖에도 그는 카이사르의 적들에게 둘러싸인 탓에 카이사르와의 우호적인 관계를 완전히 끊고 말았다. 폼페이우스가 타협한 대부분의 적들은 그가 카이사르와 혼인으로 동맹을 맺을 당시 카이사르의 힘을 빌려 그와 대적했던 자들이었다. 게다가 그는 아시아와 시리아에 파견할 2개 군단을 빼돌려 자신의 권력 기반으로 삼은 후로는 자신의 이런 불명예스런 행동 때문에 불안감을 느끼고 있었다. 결국 폼페이우스는 어떻게든 전쟁이 일어나기를 고대하고 있었다.

5 이런 이유로 그들의 모든 행동은 성급하고 혼란스러웠다. 카이사르의 지지자들에게는 이런 상황을 카이사르에게 보고할 시간조차 허락되지 않았으며, 호민관들은 거부권을 행사할 기회는 물론

이고 생명의 위협 앞에 항의할 기회조차 갖지 못했다. 호민관의 거부권은 루키우스 술라조차도 빼앗지 않았던 호민관의 가장 기본적인 권리다. 더구나 과거에는 고집스럽기로 유명했던 호민관들이 몇 개월 동안이나 거부권을 행사하곤 했지만, 이번에 호민관들은 불과 6일 만에 목숨을 위협받았다.[12] 원로원은 원로원 최종 권고를 발동했다. 비상 사태를 위한 원로원 최종 권고는 로마가 몰락의 위기에 처했거나, 전 로마인이 악랄한 입법자들의 술수로 위태로워졌을 때를 제외하고는 한 번도 발동된 적이 없었다. 이번 원로원 최종 권고는 "로마 근처에 있는 모든 집정관, 법무관, 호민관, 전직 집정관은 공화국이 피해를 입지 않도록 만반의 조치를 취해야 한다."고 명령했는데, 1월 7일자로 기록되어 있었다. 그러므로 원로원은 이틀의 취임일을 제외하고 렌툴루스가 업무를 시작한 날부터 고작 5일 동안 회의를 열어 카이사르의 군사 지휘권에 대해, 그리고 뛰어난 부장들과 호민관들에 대해 가혹하기 짝이 없는 결정을 내린 것이다. 호민관들은 즉시 로마를 탈출해 카이사르가 머물고 있는 라벤나로 향했다. 그때까지도 카이사르는 자신의 지극히 온당한 요구에 대해 원로원이 공정한 판단을 내려 모든 문제가 평화롭게 해결되기를 바라면서 원로원의 답변을 기다리고 있었다.

6   그 후 며칠 동안 원로원은 로마 밖에서 모임을 열었다. 이 자

---

11. 폼페이우스는 카이사르의 딸 율리아와 결혼했는데, 율리아는 기원전 54년에 사망했다. 이듬해에 카이사르는 자신의 조카의 딸인 옥타비아를 아내로 주겠다고 제안했으나 폼페이우스는 이 제안을 거절하고 스키피오의 딸이자 크라수스의 미망인 며느리 코르넬리아와 재혼했다.

12. 원로원의 최종 권고가 통과됨으로써 카이사르는 물론이고 그를 지지했던 호민관들마저도 반역자로 몰릴 수 있었다.

리에서 폼페이우스는 스키피오를 통해 제안했던 대책을 재차 강조했다. 그는 원로원의 용기와 일관성을 칭찬한 다음, 그에게는 10개 군단이 준비되어 있다고 발표하여[13]망각한 군사력을 과시했다. 게다가 그는 카이사르의 군대를 분열시켜 그들이 카이사르를 방어하지도 따르지도 않게 할 수 있는 정보를 갖고 있다고 주장했다. 원로원은 지체 없이 후속 조치에 들어가 이탈리아 전역에서 군대를 모집하고 폼페이우스에게 자금을 지원하기로 결정했다. 또한 유바 왕[14]에게 〈로마의 동맹이자 친구〉라는 호칭을 부여하자는 제안이 나왔으나 마르켈루스는 그에 대한 논의는 차후로 미뤄야 한다고 주장했다. 또한 파우스투스 술라를 신속히 마우레타니아로[15] 파견하자는 제안도 있었으나 호민관 필리푸스가 거부권을 행사했다. 원로원은 그밖의 문제에 대해서는 포고문에 적힌 바와 같이 공표했다.

원로원은 총독 관할의 2개 속주와 법무관 관할의 나머지 속주들을 개개인들에게 배정했다. 시리아는 스키피오에게, 갈리아는 에노발부스에게 배정하는 한편, 필리푸스와 코타[16]는 개개인적인 동의하에 카이사르 편에 넘겨주고 그들의 운명에 간섭하지 않기로 했다. 나머지 속주에는

로마군 총사령관

법무관들을 파견했다. 신임 총독들에게는 군사 지휘권에 대한 민회의 승인을 기다리지 않고 즉시 총사령관 예복[17]을 걸치고 총독 서약을 한 다음 로마를 떠날 수 있도록 허락했다. 집정관들은 로마를 떠나기 전에 개인 자격으로 수행원들[18]을 거느리고 로마 시내와 유피테르 신전을 다녔다. 집정관이 로마를 떠나는 것이나 개인이 수행원을 거느리는 것은 모두 전례가 없는 일이었다. 원로원은 이탈리아 전역에서 군대를 소집하고 무기를 징발했다. 또한 모든 도시에서 자금을 거둬들였을 뿐 아니라 신과 인간의 차이를 무시하고 많은 신전의 자금도 빼앗았다.[19]

카이사르의 반격

7 　이 모든 소식을 전해들은 카이사르는 병사들을 집합시켜 그의 적들이 수차례에 걸쳐 그에게 저지른 부당 행위들을 낱낱이 설명했다.

---

13. 카이사르에게 빼앗은 2개 군단과 히스파니아의 7개 군단, 그리고 에노발부스가 지휘하는 1개 군단일 것으로 추정된다.

14. 북아프리카에 위치한 누미디아 왕국(오늘날의 알제리)의 유바 1세로, 당시에 폼페이우스를 지지했다.

15. 현재의 모로코와 알제리 지방으로, 당시에는 누미디아의 속령이었다.

16. 온건파 출신의 전직 집정관이다.

17. 총사령관이 입는 진홍색 망토를 말한다.

18. 릭토르lictor. 막대기 다발 사이에 양날 도끼를 끼운 권위 표지(속간束桿)를 들고 집정관이나 전직 집정관(속주 총독)을 따라다니던 호위대를 의미한다.

19. 카이사르가 이미 로마를 향해 남하하고 있다는 소문이 퍼졌기 때문에 폼페이우스파는 로마를 탈출하고자 시도했다. 그들은 기원전 49년 1월 17일 로마를 버리고 도피했다. 카이사르는 기원전 49년 1월 12일 원로원 최종 권고를 무시하고 루비콘 강을 건넜다.

로마 시내의 유피테르 신전

"그들은 나의 위신을 질투하고 비하하여 폼페이우스를 그들 편으로 끌어들였다. 그러나 본인은 변함없이 폼페이우스를 지지했으며, 그가 출세하고 명성을 높이도록 도움을 주었다. 그들은 지금 로마 역사에 새로운 전례를 만들었다. 지금까지는 호민관의 거부권을 되살리기 위해 군사력을 이용했다. 그러나 이제는 거꾸로 군사력이 호민관의 거부권을 억압하고 유린하고 있다. 술라는 호민관의 모든 특권을 박탈할 때에도 그들이 자유롭게 거부권을 행사할 권리만큼은 남겨두었다. 폼페이우스는 호민관의 권리를 되살린 공로는 인정받고 있지만, 정작 그들이 한 번도 빼앗기지 않았던 권리, 즉 거부권을 박탈하고 말았다. 총독들에게 로마를 구할 대책을 촉구하는 원로원 최종 권고는 로마인들에게 무장할 것을 요구하는 포고로, 악법이 제정되거나 호민관들이 난동을 일으키거나, 혹은 군중이 반란을 일으켜 로마를 지배하는 신전과 산들을 점령했던 때를 제외하고는 결코 선포된 적이 없었다. 그리고 이전 시대의 원로원 최종 권고들은 사투르니누스나 그라쿠스 형제의 몰락[20]을 가져왔다는 점에서 의미가 있었다. 그러나 현재는 결코 위태로운 상황이 아니며, 그런 일을 기도하는 사람조차 없다. 어떤 법안이 제출된 것도 아니며 민중을 선동하거나 폭동을 일으키는 자도 없다.

본인은 9년 동안 그대들의 총사령관이었다. 로마를 위한 그대들의 노고는 본인의 지휘와 하늘의 도움으로 빛나는 전과를 만들어냈다. 그대들은 수많은 전투를 승리로 이끌었고 갈리아와 게르마니아 전 지역을 평정했다. 이제 나는 그대들에게 카이사르의 명성을 지켜주고 적들의 공격을 물리쳐 줄 것을 요구하는 바이다."

13군단 병사들[21]은 우렁찬 함성을 지르며 그들의 총사령관과 호민관들이 겪고 있는 부당한 대우에 언제라도 복수할 준비가 되어 있다고 외쳤다. 병사들의 충성을 확인한 카이사르는 13군단을 이끌고 아리미눔[22]으로 향하면서 나머지 군단들에게도 동영지를 떠나 그와 합류하라고 명령했다.[23]

8 카이사르는 아리미눔에서 로마를 탈출한 호민관들[24]을 만난 후 폼페이우스 측의 어느 부장의 아들인 젊은 루키우스 카이사르[25]를 만났다. 루키우스는 먼저 카이사르와 인사를 나눈 다음, 폼페이우스와 카이사르의 개인적 관계에 대해 폼페이우스가 보낸 서한을 카이사르에게 전달했다. 폼페이우스는 카이사르에게 자신의 결백을 호소하면서, 그가 로마를 위해 취한 조치들을 개인적인 모욕으로 받아들

---

20. 기원전 121년, 그라쿠스 형제 중 동생인 가이우스 그라쿠스가 원로원 최종 권고 때문에 역적으로 몰려 목숨을 잃었고, 형제가 추진해 온 개혁도 중단되었다. 또한 기원전 100년, 마리우스의 명성을 이용하여 하층민 우대정책을 실행에 옮기려 한 호민관 사투르니누스도 원고원 최종 권고에 의해 역적으로 몰려 죽었다.

21. 카이사르는 내전 초기에 13군단을 소환했다. 나머지 군단들은 아직 도착하지 않았다. 따라서 폼페이우스는 2개 군단을 거느리고 있는데, 카이사르 곁에는 1개 군단밖에 없었다.

22. 오늘날의 리미니로, 이탈리아 북동부 루비콘 강 앞에 있다.

23. 연대의 전후 관계에 모호한 점이 있는데 의도적인 냄새가 난다. 사실 카이사르는 원로원 최종 권고가 발표되기 이미 3주 전에 갈리아 벨기카와 하이두이족 영토의 동영지로부터 나머지 군단들을 불러들인 것이 분명하다. 그러나 그는 무장을 꺼려하는 모습을 보이고자 고심하고 있으며, 전쟁을 미리 생각하거나 준비하고 있다는 인상을 주지 않기 위해 노력하고 있다.
한편, 카이사르가 머물고 있던 라벤나에서 아리미눔까지의 거리는 50킬로미터다. 라벤나에서 아리미눔으로 가는 도중 30킬로미터쯤 왔을 때 루비콘 강이 앞을 막는다. 카이사르는 13군단과 함께 한밤중에 출발하여 상징적인 국경인 루비콘 강을 다음 날 아침, 그러니까 기원전 49년 1월 12일 아침에 건넜다. 〈루비콘 강 도하〉를 시도하는 이 역사적 상황을 그는 1-7과 1-8로 이어지는 〈아리미눔 도착 사실〉로만 서술하고 있다.

24. 원로원 최종 권고가 포고되면서 로마를 탈출했던 호민관 안토니우스와 카시우스가 아리미눔에서 기다리고 있었다. 쿠리오는 원로원 의원이 되어 자유롭게 국경을 이동할 수 있었기 때문에 라벤나로 가 카이사르와 합류했을 것이다.

25. 카이사르와는 먼 친척뻘 되는 청년이다.

이지 말라고 간청했다. 그는 항상 개인적인 친분보다 국가의 이익을 우선시했으며, 카이사르 역시 그의 지위에 맞게 로마의 이익을 생각하여 개인적인 야심과 불만을 자제해야 할 것이며, 개인적인 적들에 대한 분노와 복수심으로 인해 로마에 피해를 입히는 일이 없어야 할 것이라고 전해 왔다. 루키우스는 여기에 몇 마디 말을 덧붙이며 폼페이우스의 행동에 대해 이해를 구했다. 법무관 로스키우스도 비슷한 주장과 비슷한 말로 카이사르에게 간청을 하면서 그것이 폼페이우스의 말을 그대로 전하는 것임을 분명히 밝혔다.

9 그러나 폼페이우스 서한 그 어디에도 부당한 행위를 바로잡겠다는 언급은 없었다. 그럼에도 자신의 뜻을 폼페이우스에게 전달할 전령들이 생긴 셈이므로 카이사르는 두 사람에게 그들이 폼페이우스의 전갈을 가져왔으니 이번에는 그의 전갈을 폼페이우스에게 전해주길 바란다고 말했다. 카이사르는 이렇게 말했다.

"폼페이우스 당신이 조금만 노력을 기울인다면 중대한 분쟁을 끝내고 전 이탈리아를 공포에서 해방시킬 수 있소. 나에겐 언제나 명성이 목숨보다 중요했으며, 그것은 지금도 마찬가지오. 로마인이 나에게 부여한 특권을 나의 적들이 모욕적으로 박탈하고, 나의 지휘권을 6개월이나 빼앗으려는 것[26]을 지켜보자니 더없이 고통스럽소. 더구나 부재자 후보 등록을 인정한 로마 시민의 뜻을 어기고 나를 로마로 소환하려 하고 있다니……. 그러나 로마의 이익을 위해 본인은 그 모든 결정을 너그럽게 받아들였오. 본인은 양쪽 군대 모두의 해산을 제안했으나 원로원은 그것마저도 허락하지 않았소. 그들은 이탈리아 전역에서 군대를 소집하고 있으며, 파르티아 원정에 파견한다는 명목으로 나에게서 뺏은 2개 군단을 로마 근처에 주둔시키고 있을 뿐 아니라 전 로마인에게 무장을 촉구하고 있오. 이 모든 조치의 목적이 나를 파멸시키는 것이 아니면 대체 무엇이란 말이오? 그러나 본인은 로마를 위한 결정이라면 무엇이든 참고 복종할 준비가 되어 있소. 이에 카이사르의 조건은 다음과 같소. 〈폼페이우스는 그의 속주로 돌아가야 한다. 폼페이우스와 카이사르는 동시에 군대를 해산하고, 이탈리아에 있는 모든 군대도 해체해야 한다. 또한 폭압적인 공포 정치를 중단해야 한다. 자유로운 선거를 실시하여 국가의 모든 권한을 원로원과 로마 시민에게 넘겨야 한다.〉 이 모든 일을 보다 쉽게 추진하고 분명한 조건하에 반드시 수행할 것을 맹세하기 위해 본인은 폼페이우스가 나를 만나러 오든지 아니면 내가 그를 찾아가 만나도록 허락할 것을 제안하는 바이오. 회담을 통해 합의점을

26. 가이우스 그라쿠스의 셈프로니우스 법에 의해 원로원은 매년 집정관 선거가 치러지는 여름 이전에 차기 집정관이 될 사람이 맡을 속주를 배정해야 했다. 그러나 기원전 55년 폼페이우스-리키니우스 법에 의해 카이사르의 지휘권은 기원전 50년까지 5년 연장되었다. 이 법의 정확한 내용은 불확실하지만 추정하는 바로는, 카이사르의 속주를 기원전 50년 3월 1일 이전까지는 다른 누구에게도 배정하지 않도록 한 것으로 보인다. 이제 카이사르의 5년 임기가 끝났으므로 그의 속주는 기원전 49년의 두 집정관 중 한 명에게 배정될 수 있었다. 그 집정관은 기원전 49년 여름에 실시되는 기원전 48년도 집정관 선거가 끝난 후에 로마를 떠나 속주를 넘겨받을 수 있었다. (기원전 49년 여름까지의 기간이 카이사르가 말하는 6개월이다.) 카이사르는 이미 집정관 선거에 부재자 후보 등록을 해도 된다는 승인을 받았다. 그러므로 카이사르는 최소한 자신이 집정관으로 선출되기 전까지는 셈프로니우스 법에 따라 그의 속주와 군대 지휘권을 유지하기를 바라고 있었다.
기원전 52년에 폼페이우스는 전년도의 원로원 포고를 토대로 집정관이나 법무관의 임기가 끝나고 속주 총독이 되려면 5년을 기다려야 한다는 법을 제정했다. 이 법은 셈프로니우스 법을 백지화하는 효과가 있었다. 5년 이상 동안 속주를 배정받지 못한 전직 집정관과 법무관들에게 즉시 속주를 배정해 줄 수 있었기 때문이다. (웅변가로 유명한 키케로도 그들 중 한 명이었다.) 카이사르가 보기에 그들은 자격이 없는 개인에 불과했다. 카이사르의 지지자들은 폼페이우스의 도움을 받아 기원전 50년 3월 1일에 카이사르의 속주들을 재분배하는 문제를 유보시켰다. 그러나 기원전 49년 1월에 속주를 포기하라는 원로원 최종 권고가 카이사르에게 떨어졌다. 카이사르는 이전의 법들과 부재자 후보 등록의 특권으로 이후 6개월간 군사 지휘권을 유지할 수 있었으나 원로원 최종 권고로 인해 그 시간을 빼앗기게 되었다고 항변하고 있다.

찾으면 모든 문제가 해결될 것이라 믿소."

10 로스키우스는 카이사르의 명에 따라 젊은 루키우스를 데리고 카푸아로 돌아가[27] 폼페이우스와 두 집정관에게 카이사르의 요구를 전달했다. 그들은 논의를 한 후 똑같은 전령을 통해 카이사르에게 아리미눔을 떠나 갈리아로 돌아가 군대를 해산할 것과, 그가 그렇게 하면 폼페이우스도 히스파니아의 속주로 돌아갈 것이라는 골자의 명령서를 보냈다. 그리고 카이사르가 약속을 이행하겠다는 서약을 보내기 전에는 군대 소집을 중단하지 않겠다는 말도 덧붙였다.

11 폼페이우스 자신은 속주들을 유지하고 있으며 더구나 다른 사람의 군단까지 가로챈 마당에 카이사르에게는 아리미눔을 떠나 갈리아로 돌아갈 것을 요구하는 것은 부당하기 이를 데가 없었다. 더구나 폼페이우스 자신은 군대를 소집하고 있는 상황에서 카이사르에게는 군대를 해산하라고 요구하고 있으며, 폼페이우스 자신도 속주로 돌아가겠다고 약속은 하면서도 구체적인 날짜를 정하지 않음으로써 카이사르의 임기가 만료된 후에도 폼페이우스는 속주로 돌아가지 않아도 서약을 어겼다는 비난을 면할 수 있었다. 게다가 카이사르와 면담할 기회를 마련하지 않는다는 사실로 보아 폼페이우스는 평화로운 해결을 원하지 않는 것이 분명했다. 따라서 카이사르는 아리미눔에서 마르쿠스 안토니우스와 5개 대대를 아레티움[28]으로 파병하고 그 자신은 2개 대대와 함께 아리미눔에 남아 군대를 소집하는 한편 피사우룸, 파눔, 안코나[29]에 각각 1개 대대를 출동시켰다.

12 한편 법무관 테르무스가 이끄는 5개 대대가 이구비움[30]을 점
거하고 도시를 요새화하고 있으나 이구비움의 주민들은 모두
카이사르를 강력히 지지하고 있다는 소식이 들려왔다. 카이사르는 쿠
리오에게 피사우룸과 아리미눔에 주둔해 있던 3개 대대를 주고 이구비
움으로 출동시켰다. 테르무스는 주민들의 분위기가 수상쩍다고 생각하
던 차에 쿠리오가 온다는 소식이 들리자 즉시 군대를 이끌고 도시를 탈
출했다. 퇴각하는 도중에 병사들은 테르무스를 버리고 고향으로 돌아
갔다. 쿠리오는 주민들의 대대적인 환영 속에 이구비움을 접수했다.[31]
이 소식을 들은 카이사르는 이탈리아 도시들의 지원을 믿을 수 있다고
판단하여 요새에 주둔해 있던 13군단의 대대들을 이끌고 아욱시뭄[32]으
로 이동했다. 아티우스 바루스는 이 도시에 몇 개 대대를 주둔시켜 놓
고 그 지방의 판관들을 사방으로 파견해 피케눔[33] 전역에서 군대를 소
집하고 있었다.

13 카이사르가 진군한다는 소식에 도시의 판관들은 모두 아티우
스에게 몰려가 그들로서는 감히 이 문제를 결정할 수 없다는

27. 폼페이우스는 카이사르가 루비콘 강을 건넜다는 소문을 듣고 무방비 상태에 있는 로마를 탈출해, 카
   이사르에게서 빼앗은 2개 군단이 머물고 있는 카푸아로 도피를 했다. 집정관과 원로원 의원들 대다수
   도 급히 수도 로마를 버리고 탈출했다. 따라서 이 사실을 모르고 있던 젊은 루키우스는 로마로 갔다가
   도망간 폼페이우스와 원로원 의원들을 찾아 카푸아까지 가야 했다.
28. 오늘날의 아레초이다.
29. 각각 오늘날의 페자로, 파노, 안코나를 말하며, 쿠리오에게 3개 대대를 맡겨 이 지역들을 공격하게 하
   여 모두 승리하였다.
30. 이탈리아 중부에 있는 오늘날의 구비오를 말한다.
31. 이제 수도 로마까지는 이틀 정도의 행군이면 가능한 거리였다.
32. 오늘날의 오시모로, 폼페이우스의 개인 영지가 꽤 있는 곳으로 폼페이우스의 본거지이다.
33. 이탈리아 동부 지역에 해당한다.

입장을 밝혔다. 그리고 그들이나 도시의 주민들은 로마군의 총사령관으로서 지금까지 수없이 많은 전쟁을 빛나는 승리로 이끌면서 로마에 공헌한 카이사르를 도시 안으로 받아들이지 않을 권한이 없다고 선언했다. 판관들은 아티우스에게 앞으로 닥칠 위험을 생각해 보라고 경고했다. 이 말에 위급함을 느낀 아티우스는 즉시 진지를 거두고 군대를 철수했다. 카이사르가 출동시킨 소규모 부대가 아티우스를 추격해 길을 가로막자 아티우스의 병사들은 형식적으로 저항하는 시늉만 하다가 지휘관을 버리고 뿔뿔이 흩어졌다. 많은 자들이 고향으로 돌아갔고 나머지 병사들은 수석 백인대장인 루키우스 푸피우스를 붙잡아 카이사르에게 투항했다. 푸피우스는 폼페이우스의 군대에서 수석 백인대장을 지낸 자였다. 카이사르는 투항한 병사들을 치하하고 포로로 잡힌 푸피우스를 석방했으며[34] 아욱시뭄 주민들에게는 감사를 표하고 그들의 충성을 잊지 않겠다고 약속했다.

14 이 소식이 알려지자 로마는 공포에 휩싸였다. 결국 집정관 렌툴루스는 원로원 포고에 따라 폼페이우스에게 자금을 내주기 위해 국고[35]를 열어주고는 즉시 로마를 탈출했다. 카이사르가 기병을 이끌고 다가오는 중인데 당장이라도 로마에 도착할 것이라는 소문이 나돌았기 때문이다. 이것은 헛소문이었지만 마르켈루스마저도 렌툴루스의 뒤를 이어 대부분의 관리들과 함께 로마를 탈출했다. 로마 근처에 머물고 있던 폼페이우스도 그 전날 동영지인 아풀리아로 돌아가 카이사르에게서 빼앗은 2개 군단과 합류했다. 로마 인근에서 실시하던 징집은 중단되었다. 로마에서 카푸아에 이르는 지역은 어느 곳도 믿을 수가 없다는 생각에서였다. 카이사르가 맨 처음 군사를 모집해 사기를 드

높인 곳이 카푸아였고, 율리우스 법에 따라 그곳에 정착한 퇴역 군인들을 다시 소집해 군대를 조직한 곳도 카푸아였다.[36] 렌툴루스는 카이사르의 검투사들을 광장에 모아놓고 자유를 주겠다는 약속과 함께 그들에게 말을 지급하여 그를 따르도록 명했다. 그러나 후에 그러한 행동이 만인의 비난을 받고 있다는 지지자들의 충고에 따라 카푸아 지역의 치안을 위해 검투사들을 자신의 지지자들에게 분배했다.

15

아욱시뭄을 떠난 카이사르는 서둘러 피케눔 지방을 통과했다. 그 지역의 모든 도읍[37]이 카이사르와 그의 군대를 열렬히 환영하고 필요한 물자를 기꺼이 제공했다. 심지어 라비에누스가[38] 자비를 들여 건설한 도시 킹굴룸[39]에서도 사절단을 보내 카이사르가 어떤 명령을 내리든 기꺼이 따르겠노라고 맹세했다. 그들은 카이사르의 요청에 따라 병력을 지원했다. 그 사이 12군단이 합류했다. 카이사르는 기존의 13군단과 새로 합류한 12군단을 이끌고 아스쿨룸으로 이동했

---

34. 루키우스 푸피우스는 폼페이우스와 오리엔트 원정을 함께 치른 자로, 폼페이우스의 심복이었으므로 석방 후 그에게 돌아갔다.

35. 노예에게 자유를 주는 대가로 거둔 세금의 5퍼센트를 적립한 돈으로 비상시에만 사용할 수 있었다. 다른 몇몇 출처에는 이 국고가 카이사르에 의해 열렸다고 기록되어 있다.

36. 카이사르가 집정관이던 해(기원전 59년)에 통과된 이 법에 따라 비옥한 캄파니아 지방을 중심으로 사람이 살지 않던 땅이 가난한 시민들에게 분배되었다.

37. prefecture: 도시로서의 독립된 권한을 갖지 않고 행정 장관이 로마의 이름으로 통치하던 도시와 부락을 말한다.

38. 카이사르의 옛 부장인 티투스 라비에누스로, 평민 출신이며 카이사르와 동갑이었다. 카이사르와 13년을 동고동락했으며 갈리아 전쟁도 함께 치른 그는 카이사르가 가장 신임한 부하였다. 그러나 폼페이우스와 원로원파가 그에게 접근하자 결국 그는 카이사르에게 등을 돌리고 폼페이우스파에 합류한다. 이로써 이 두 남자는 내전 기간 동안 적대적 관계가 된다.

39. 티투스 라비에누스의 고향으로, 카이사르는 라비에누스의 배신에 대한 보복 차원에서 그 지역의 병력을 요구했다.

라벤나
루비콘 강
아리미눔
피사우룸
파눔
안코나
루카
아욱시뭄
아레티움
피르뭄
이구비움
카메리눔
아스쿨룸
마루키니
코사
알바
코르피니움
술모
이길리움 호수
로마
라리눔
루케리아
타라키나
카실리눔
카누시움
카푸아
아풀리아
나폴리
브룬디시움
타렌툼
루카니아
투리움
브루티움
메사나
레기움
릴리바에움
시칠리아

내전 초기의 이탈리아

다. 아스쿨룸에는 스핀테르와 10개 군단이 주둔하고 있었다.[40] 카이사르가 진군한다는 소식에 스핀테르는 군대를 이끌고 도시를 탈출했지만 대부분의 병사들이 탈영을 해 소수의 병력만이 스핀테르를 따라 탈출을 계속했다. 도중에 스핀테르는 폼페이우스가 피케눔 주민들의 충성을 확인하기 위해 파견한 비불리우스 루푸스를 만났다. 스핀테르의 입을 통해 피케눔의 상황을 전해들은 루푸스는 군대를 넘겨받고 그 자리에서 스핀테르를 해임했다. 그런 다음 그는 폼페이우스의 명에 따라 대기하고 있던 모든 병력을 소집하고, 카메리눔에 주둔하고 있다가 도시를 탈출하던 6개 대대를 루킬리우스 히루스로부터 넘겨받아 총 13개 대대를 편성했다. 루푸스는 이 군대를 이끌고 강행군으로 코르피니움에 주둔하고 있는 에노발부스[41]에게 달려가 카이사르가 2개 군단을 이끌고 이동하는 중이라고 보고했다. 에노발부스는 즉시 알바, 마르시족 영토, 파엘리그니족 영토와 그 주변 지역에서 약 12개 대대의 병력을 끌어모았다.

코르피니움 정복

16
  카이사르는 피르뭄의 항복을 받아들였다. 카이사르는 또한

---

40. 아스쿨룸은 폼페이우스 사유지의 중심 도시로, 기원전 57년도 집정관인 렌툴루스 스핀테르가 10개 대대를 이끌고 수비를 맡고 있었다.
41. 카이사르 후임으로 갈리아 속주 총독에 임명된 자이다.

렌툴루스 스핀테르가 해임된 후에 흩어진 병사들을 수색할 것과 새로운 군대를 소집할 것을 명령했다. 그는 피르뭄에 하루 동안 머물면서 군량을 확보한 다음 즉시 코르피니움으로 진군했다. 코르피니움에서 약 4.3킬로미터 떨어진 곳에 이르자 에노발부스가 파견한 5개 대대가 강[42] 위에 놓인 다리를 파괴하고 있었다. 에노발부스의 병사들은 카이사르의 선발대와 교전을 벌였지만 아군의 공격을 견디지 못하고 도시 안으로 퇴각했다. 카이사르는 군대를 이끌고 강을 건너 성벽까지 접근한 다음 진지를 구축했다.

17   이 사실을 보고받은 에노발부스는 막대한 보상금을 내걸고 아풀리아 지방을 잘 아는 사람들을 고용해 폼페이우스에게 지원을 요청하는 급보를 보냈다. 그는 폼페이우스에게, 두 군대가 좁은 통로에서 양동 작전을 펼치면 카이사르의 식량 공급을 쉽게 차단할 수 있다고 보고했다. 만일 폼페이우스가 나서지 않는다면 수많은 로마 기사들과 원로원 의원들은 물론이고 폼페이우스 자신과 30여 개의 대대까지 위기에 처할 것이라고 경고했다. 에노발부스는 폼페이우스의 회답을 기다리면서 병사들을 독려하고 성벽의 여러 지점에 투척기를 설치했으며, 병사들 각자에게 도시 방어를 위한 임무를 구체적으로 지시했다. 그는 병사들을 모아놓고 자신의 토지에서 일인당 25에이커의 땅을 나눠주고 백인대장과 고참병들에게는 더 큰 상을 내리겠노라고 약속하면서 병사들을 북돋웠다.

18   한편 코르피니움에서 10킬로미터 떨어진 도시인 술모의 주민들은 카이사르를 지원하길 간절히 원하고 있지만, 7개 대대

를 이끌고 도시를 장악하고 있는 원로원 의원 퀸투스 루크레티우스와 파엘리그니 사람인 아티우스 때문에 나서지 못하고 있다는 정보가 도착했다. 카이사르는 마르쿠스 안토니우스에게 13군단의 5개 대대를 주어 술모로 출동시켰다. 술모의 주민과 병사들은 아군의 군기를 보자마자 성문을 열고 뛰쳐나와 안토니우스를 반갑게 맞이했다. 루크레티우스와 아티우스는 성벽에서 뛰어내려 도망쳤으나 아티우스는 생포되어 안토니우스 앞으로 끌려와 카이사르를 직접 만나게 해달라고 요청했다. 안토니우스는 그날로 아티우스와 그의 대대들을 이끌고 카이사르가 있는 곳으로 돌아왔다. 카이사르는 술모의 대대들을 그의 군대에 편입시키고 아티우스를 무사히 풀어주었다. 그 후 며칠 동안 카이사르는 진영陣營 둘레에 거대한 방어 시설을 만들고 주변의 도시들에서 식량을 징발하면서 나머지 군단들이 도착하기를 기다렸다. 이틀 후 갈리아에서 방금 모집한 22개 대대와 노리쿰의 왕이 지원한 3천의 기병과 함께 8군단이 도착했다. 카이사르는 즉시 도시 반대편에 제2진지를 구축하고 쿠리오에게 지휘를 맡겼다.[43] 그 후 며칠 동안 카이사르는 토루를 쌓고 보루들을 세워 코르피니움을 포위했다.

19 　폼페이우스의 회신을 본 에노발부스는 지휘관 회의를 소집한 다음 회신의 내용은 숨긴 채 폼페이우스가 곧 도착해 지원할 것이라고 발표했다. 에노발부스는 지휘관들에게 사기를 잃지 말고 코

---

42. 아테르누스 강을 말한다.
43. 카이사르가 안토니우스보다 쿠리오를 더 신임했음을 보여준다.

르피니움 방어에 필요한 준비를 철저히 하라고 격려했다. 그런 다음 그는 몇 명의 측근들과 함께 은밀한 모임을 갖고 도시를 탈출하기로 결정했다. 그러나 에노발부스의 모든 행동이 평소보다 훨씬 조급하고 근심스러워 보였기에 병사들은 곧 그의 말이 거짓임을 알아챘다. 더구나 평소와 달리 그는 오랫동안 사석에서 측근들과 무엇인가를 논의하며 계획을 세웠고, 지휘관 회의나 병사들의 모임에는 나타나지 않았기 때문에 진실은 곧 백일하에 드러나고 말았다. 사실 그가 받은 회신에는 폼페이우스가 결코 상황을 위태롭게 만들지 않을 것이라는 내용과, 에노발부스가 그의 충고나 동의를 구하지 않고 코르피니움에 왔으므로 기회가 온다면 즉시 전 병력을 이끌고 폼페이우스 쪽으로 합류하는 것이 더 마땅하다는 내용이 적혀 있었다. 그러나 도시를 둘러싼 카이사르의 포위망 때문에 이미 폼페이우스의 지시를 따르기는 불가능했다.

20 에노발부스의 계획이 입에서 입으로 퍼져나가자 코르피니움의 병사들은 군관이나 백인대장 또는 존경받는 병사들의 주도하에 이른 저녁 곳곳에 모여 당면한 문제를 논의하기 시작했다. 병사들 사이에는 다음과 같은 말이 오갔다.

"우리는 카이사르에게 포위를 당했으며, 도시를 포위하고 있는 그들의 공성 시설은 거의 다 완성되었다. 우리는 지금까지 에노발부스를 믿고 따르면서 변함없이 충성을 바쳤지만 지금 에노발부스는 우리를 버리고 달아나려 하고 있다. 따라서 이제는 우리 스스로 안전을 도모하는 것이 최선의 방책이다."

처음에 마르시족은 에노발부스의 탈출 계획을 몰랐기 때문에 이 제안에 반대했다. 그러면서 적의 침입을 막기에 가장 좋은 곳을 점거하고 나섰다. 심지어 어떤 자들은 무기를 들고 난동을 부리는 것도 불사할 정도로 강력하게 반대했다. 그러나 양쪽 집단[44]이 서로 전령을 교환한 끝에 마르시족도 진실을 알게 되었다. 결국 전체 군대가 만장일치로 에노발부스를 붙잡아 감시병을 붙이기로 합의하고, 그들 스스로 사절단을 구성해 카이사르에게 보냈다. 사절단은 카이사르가 명령을 내리면 언제든 성문을 열 준비가 되어 있으며 에노발부스를 산 채로 카이사르의 손에 넘기겠다고 전했다.

21 카이사르는 병사들이 뇌물이나 선동, 혹은 잘못된 소문으로 인해 마음을 바꾸기 전에 가급적 신속하게 도시를 접수하고 도시의 대대들을 그의 진영으로 받아들이는 것이 중요하다는 것을 잘 알고 있었다. 〈전쟁에서는 사소한 일들이 종종 크게 확대되어 엉뚱하고 심각한 결과를 낳는 법이다.〉 그러나 카이사르는 어둠이 깔리면 그의 병사들이 약탈의 유혹에 빠질 수 있다고 보고, 사절단의 전갈을 받자마자 그들에게

로마군 백인대장

---

44. 에노발부스의 로마군과 마르시족 주민을 가리킨다.

성벽과 성문의 경계를 계속 강화하라는 명령을 내린 후 사절을 즉시 도시로 돌려보내고 계속 토루 주변에 머물면서 공사를 감독했다. 토루는 일정한 간격을 두고 드문드문 완공되었던 며칠 전과는 달리, 이제는 초소와 초병들이 좁은 간격을 두고 한 줄을 이룰 정도로 거의 전체가 완성되었다. 그는 외인군 대장들과 군관들[45]을 초소 주변에 배치하고 도시 안에서 돌격을 감행하는 것뿐 아니라 병사들이 몰래 성 밖으로 탈출하는 것도 주의 깊게 감시하라고 명령했다. 실제로 그날 밤 카이사르의 군대에는 그의 명령을 잊고 게으름을 피우거나 휴식을 취한 자가 단 한 명도 없었다. 병사들은 저마다 현재의 상황이 어떻게 끝날 것인가에 신경을 곤두세우면서 여러 문제를 골똘히 생각했다. "코르피니움의 주민들은 어떻게 될까? 에노발부스와 렌툴루스 스핀테르, 그리고 그밖의 사람들은 어떻게 될까? 그들 각자는 어떤 대우를 받을까?"

22　　그날 밤이 다 지날 무렵 렌툴루스 스핀테르[46]는 성벽 위에 서서 아군의 초병들을 향해 카이사르와 면담을 하게 해달라고 외쳤다. 카이사르의 허락을 얻은 그는 병사들의 호위를 받으며 성 밖으로 나왔다. 에노발부스의 병사들은 렌툴루스 스핀테르가 카이사르의 막사로 들어갈 때까지 그의 곁을 떠나지 않았다. 카이사르를 만난 렌툴루스 스핀테르는 두 사람의 오랜 우정과 카이사르가 그에게 베풀었던 온갖 은전을 상기시키며 목숨만은 살려달라고 애원했다. 실제로 그는 카이사르에게 막대한 은혜를 입었다. 카이사르의 후원 덕분에 제사장이 될 수 있었고, 법무관 임기가 끝난 후에는 히스파니아 총독이 되었으며, 집정관 선거에 출마할 때에도 카이사르의 도움을 받았다. 카이사르가 그의 말을 가로막았다.

"내가 나의 속주를 떠난 것은 누군가를 해치기 위함이 아니다. 나는 단지 적들의 중상모략으로부터 나 자신을 보호하고, 나의 일에 관여했다는 이유로 로마에서 쫓겨난 호민관들의 지위를 회복시키고, 나 자신과 로마 시민을 과두정치로부터 해방시키기를 원할 뿐이다."

렌툴루스는 카이사르의 말에 크게 안심하여 도시로 돌아가게 해달라고 요청했다. "카이사르가 나의 목숨을 살려주었다는 사실이 다른 자들에게 큰 안도와 희망을 줄 것입니다. 어떤 자들은 겁에 질린 나머지 스스로 목숨을 끊을 생각도 하고 있습니다." 그는 카이사르의 허락을 받고 도시로 돌아갔다.

23　　카이사르는 동이 틀 무렵 모든 원로원 의원과 그들의 아들들 그리고 군관과 기사들에게 한자리로 모이라고 명령했다. 그러자 다섯 명의 원로원 의원인 에노발부스, 렌툴루스 스핀테르, 루키우스 카에킬리우스 루푸스, 재무관 섹스투스 퀸틸리우스 바루스, 루키우스 루브리우스, 그리고 에노발부스의 아들과 몇 명의 젊은이들, 또 여러 명의 로마 기사와 그 지방의 도시에서 에노발부스가 소집해 놓은 유력자들이 모였다. 이들이 모이자 카이사르는 아군 병사들의 모욕과 야유로부터 그들을 보호하면서 짤막한 연설을 통해 그들이 카이사르에게 막대한 은혜를 입고도 감사의 빛을 보인 적이 없다고 언급한 다음, 그

---

45. 외인군 대장은 기병대장을 가리킨다. 군관은 군단을 지휘하는 장교로 1개 군단에 6명이 배치되며 대개는 원로원에 들어가는 중간 직위로 이용되었다.
46. 1—15에서 언급된 인물로, 카이사르가 진군한다는 소식에 아스쿨룸을 탈출한 자이다.

들 모두를 석방했다.[47] 코르피니움의 판관들이 카이사르 앞으로 6백만 세스테르티우스를 가져왔다. 에노발부스가 가져와 코르피니움의 금고에 보관해 놓았던 돈이었다. 비록 폼페이우스가 병사들의 급료를 주기 위해 보낸 공금이었지만 카이사르는 그 돈을 에노발부스에게 돌려줌으로써 그 자신은 인명은 물론이고 금전에 대한 욕심도 없음을 분명히 했다. 카이사르는 에노발부스의 병사들에게 카이사르에 대한 충성을 맹세하게 한 다음 도착한 지 7일째 되는 그날 코르피니움을 떠났다. 그는 하루 종일 마루키니족, 프렌타니족, 라리나테스족의 영토를 차례로 통과하면서 아풀리아로 진군했다.

폼페이우스, 로마를 탈출하다

24　　코르피니움에서 일어난 일을 전해들은 폼페이우스는 루케리아를 떠나 먼저 카누시움으로 간 다음 다시 그곳에서 브룬디시움으로 떠났다. 그는 최근에 모집한 전 병력을 브룬디시움으로 집결시키는 한편, 노예들과 양치기들에게도 말과 무기를 지급하여 약 3백 기의 기병대를 조직했다. 알바에서 탈출한 법무관 루키우스 만리우스가 6개 대대와 함께 도착했고, 법무관 루틸리우스 루푸스가 3개 대대를 이끌고 타라키나에서 도착했다. 그러나 루푸스의 병사들은 멀리 비비우스 쿠리우스가 이끄는 카이사르의 기병대가 보이자 그들의 지휘관을 버리고 아군 쪽으로 달려와 군기를 쿠리우스에게 바쳤다. 뿐만 아니라 그 후에도 몇 개 대대가 행군 중인 카이사르의 보병 대열과 기병대에

합류했다.

폼페이우스 휘하의 부장으로 공병대를 지휘하던 크레모나 출신의 누메리우스 마기우스가 행군 도중에 생포되어 카이사르 앞에 끌려왔다. 카이사르는 그에게 전갈을 주어 폼페이우스에게 돌려보냈다. 지금까지는 회담을 열 기회가 없었으나 이제는 그가 브룬디시움에 도착할 예정이니 그와 폼페이우스가 대화를 나눈다면 로마와 만인에게 이익이 될 것이라고 카이사르는 전했다. 또한 두 사람이 멀리 떨어진 곳에서 전령을 통해 서로의 제안을 주고받을 때보다는, 직접 대면한 자리에서 모든 문제를 털어놓고 의논할 때 훨씬 더 큰 성과를 얻을 수 있지 않겠느냐고 제안했다.

25 카이사르는 이 전갈을 보낸 후 6개 군단을 이끌고 브룬디시움[48]에 도착했다. 3개 군단은 경험이 풍부한 병력이었고, 나머지 3개 군단은 최근에 모집하여 행군 중에 군단으로 편성한 병력이었다. 에노발부스의 대대들은 코르피니움에서 곧바로 시칠리아로 보냈다.[49] 카이사르는 집정관들이 대규모 군대를 이끌고 디라키움[50]으로 떠났으며 브룬디시움에는 폼페이우스와 20개 대대가 남아 있는 것을 알

----

47. 이들은 모두 폼페이우스파로 카이사르에게는 당면한 적들이다. 그런데 카이사르는 이들 모두를 풀어주었다. 이에 대해 키케로는 〈적을 용서하는 카이사르와 자기 편을 버리는 폼페이우스〉라는 표현으로 두 사람을 비교했다.

48. 이탈리아 동남쪽에 있으며 그리스를 마주보고 있는 오늘날의 브린디시를 말하며, 카이사르는 기원전 49년 3월 9일에 이곳에 도착했다.

49. 시칠리아에서 이 병력을 인도받은 쿠리오는 이들을 데리고 아프리카 원정에 나선다. (2-23 참조.)

50. 그리스 북부 아드리아 해의 항구 도시로, 오늘날의 두러스이다. 내전 기간 동안 폼페이우스의 주요 보급 기지가 된다.

카이사르의 브룬디시움 봉쇄 작전

진영
방파제
방파제
진영
브룬디시움 성채
아드리아 해

게 되었다.[51] 폼페이우스가 브룬디시움에 남은 이유가 그리스 해안과 이탈리아의 끝에서 아드리아 해 전체를 보다 쉽게 지배하면서 양쪽으로 작전을 펼치기 위해서인지, 아니면 단지 배가 부족했기 때문인지는 분명치 않았다. 그러나 카이사르는 폼페이우스가 이탈리아를 떠나지 않기로 결정했을지도 모른다는 생각에 브룬디시움 항을 봉쇄하고 항구로서의 기능을 마비시키기로 결정했다. 카이사르는 다음과 같이 공사를 진행시켰다. 우선 항구로 드나드는 통로 중 가장 좁은 길목 양쪽에서부터 흙으로 거대한 제방을 쌓았다. 공사를 시작한 곳은 수심이 얕았지만 더 깊은 곳은 흙으로 메우기가 불가능했기 때문에 카이사르는 사방 9미터의 뗏목 두 개를 각각 제방 끝에 설치하고 파도에 흔들리지 않도록 네 귀퉁이에 닻을 매달아 뗏목을 단단히 고정시켰다. 두 개의 뗏목이 자리를 잡자 이번에는 비슷한 크기의 다른 뗏목들을 연결시켜 다리를 만들고 그 위에 흙을 고르게 덮어 병사들이 방어를 위해 다리로 진입하는 것을 용이하게 했다. 또한 각 뗏목의 전면과 양면은 섶나무와 차단막으로 보호하고 네 번째 뗏목마다 2층 높이의 탑을 세워 군선의 공격과 화공火攻을 막아낼 수 있게 했다.

26　　　이에 대비해 폼페이우스는 브룬디시움 항에서 징발한 커다란 상선들을 개조하기 시작했다. 그는 갑판 위에 3층 높이의 탑을 세우고 여기에 온갖 종류의 발사기와 투척기를 장착한 다음 카이사르의 뗏목과 다리를 파괴하기 위해 선박들을 출동시켰다. 양쪽 군대는 일정한 거리를 두고 화살과 투척 무기를 쏟아부으며 매일같이 전투를 벌였다.

그러나 카이사르는 평화적 해결의 가능성을 열어두기 위해 신중을 기했다. 카이사르는 그의 전갈을 들려 폼페이우스에게 보냈던 마기우스가 돌아오지 않는 것에 놀라움을 금치 못했다. 사실, 협상을 위한 꾸준한 시도는 신속한 작전을 지연시키는 장애물로 작용하고 있었다. 그러나 카이사르는 가능한 모든 방법을 동원해야 한다는 생각에, 그의 부장이자 스크리보니우스 리보의 절친한 친구인 카니니우스 레빌루스를 리보에게 보냈다. 카이사르는 레빌루스에게, 리보를 통해 어떻게든 화해를 이끌어내고 특히 카이사르와 폼페이우스의 정상 회담을 주선하도록 리보를 설득하라고 지시했다. 카이사르는 리보에게, 만일 카이사르가 폼페이우스를 만나 정상 회담을 가지면 양군은 동등한 조건으로 적대 행위를 중단하게 될 것이 분명한데, 그 회담이 리보의 제안과 노력으로 성사된다면 누구보다 리보에게 커다란 명예가 돌아갈 것이라는 메시지를 보냈다. 카니니우스의 이야기를 들은 리보는 폼페이우스를 찾아갔으나 이내 부정적인 답변을 가지고 돌아왔다. 집정관들이 현재 브룬디시움에 없으므로 협상을 벌일 수 없다는 것이 폼페이우스의 설명이었다. 이 말을 전해들은 카이사르는 이제 헛된 노력을 중단하고 전쟁에 전념하기로 결심했다.

27　　카이사르가 9일에 걸쳐 공성 공사를 절반가량 끝마쳤을 때 집정관들과 첫 번째 병력을 싣고 디라키움에 당도했던 배들이 브룬디시움 항으로 되돌아왔다. 폼페이우스는 즉시 이탈리아를 떠

---

51. 브룬디시움에 도착한 폼페이우스와 두 명의 집정관, 그리고 원로원 의원들은 두 패로 나뉘어 본국 이탈리아까지 버리고 탈출하게 된다. 1차로 두 집정관이 30개 대대를 이끌고 그리스의 디라키움으로 떠났으며, 폼페이우스는 브룬디시움에 남아 수송선단이 1차 병력을 내려놓고 회항해 오기를 기다렸다.

날 준비를 했다. 카이사르의 공격 태세에 불안감을 느꼈거나 혹은 처음부터 이탈리아를 떠날 생각을 했는지도 모른다. 철수를 준비하는 동안 폼페이우스는 카이사르의 공격을 막고 그의 병력이 도시로 들어오는 것을 막기 위해 성문들을 봉쇄하고 모든 길목에 차단물을 설치했으며, 도로 곳곳에 호를 파고 그 속에 날카로운 말뚝과 잔가지들을 박은 후 표면을 흙으로 평평하게 덮었다. 뿐만 아니라 항구로 통하는 성벽 외곽의 두 도로에는 끝을 날카롭게 깎은 커다란 통나무들을 박아 울타리를 세웠다. 폼페이우스는 이 모든 준비를 마친 후 고참병들 중에서 선발한 경보병 부대 그리고 궁수와 투척병들을 성벽과 탑 위에 일정한 간격으로 배치하고 그 사이에 나머지 병력을 브룬디시움에서 조용히 철수시킬 계획이었다. 또한 모든 병력이 승선을 마치면 마지막에는 그의 경호 부대를 약속된 신호로 일제히 불러들여 가까운 곳에 대기시켜 놓은 몇 척의 빠른 범선에 태우고 떠날 예정이었다.

28   브룬디시움의 시민들은 그들을 버리고 떠난 폼페이우스 군대의 비겁한 행동과 폼페이우스 자신의 모욕적인 행동에 분노를 금치 못하고 카이사르 편으로 돌아섰다. 따라서 폼페이우스의 출발 계획을 눈치 챈 시민들은 병사들이 분주히 돌아다니며 출발 준비에 여념이 없는 것을 보고는 지붕으로 올라가 아군 쪽으로 신호를 보냈다. 카이사르는 공격 기회를 놓치지 않기 위해 공성용 사다리를 준비시키고 병사들에게 무장을 명했다. 폼페이우스는 해질녘에 출항했다.[52] 성벽에 배치된 경호 부대는 약속된 신호가 떨어지자 지체 없이 정해진 길을 따라 범선 쪽으로 달려갔다. 카이사르의 병사들은 사다리를 놓고 성벽을 올랐는데 시민들이 함정과 그 속에 박힌 말뚝을 조심하라고 일러

주었다. 그에 따라 병사들은 진격을 중단하고 주민들이 안내하는 길로 멀리 우회하여 항구에 도달했다. 아군은 소형 범선과 거룻배를 몰고 나가 제방에 충돌한 두 척의 배와 배에 타고 있던 병사들을 나포했다.

29 카이사르는 문제를 해결하기 위해서는 폼페이우스가 그리스 함대로 전력을 보강하기 전에 함대를 조직해 추격하는 것이 가장 좋은 방법이라고 생각했다. 그러나 폼페이우스가 모든 배를 징발했기 때문에 함대를 조직하려면 많은 시간이 경과할 수밖에 없었다. 차선책으로는 갈리아와 피케눔 그리고 시칠리아 해협과 같은 먼 지방에서 선박이 도착하기를 기다리는 방법이 있었으나, 이 역시 계절상의 이유로 위험하고 시간도 오래 걸릴 것 같았다. 한편 카이사르는 1개 상비부대와 히스파니아의 두 속주가 폼페이우스에 대한 충성을 재확인하도록 놔두어서는 안 된다고 생각했다. 더구나 히스파니아의 한 속주는 폼페이우스에게 막대한 은혜를 입었기 때문에[53] 카이사르가 자리를 비우면 그곳에서 외인군과 기병을 모집해 이탈리아와 갈리아를 괴롭힐 수도 있었다.

---

52. 결국 카이사르는 폼페이우스가 브룬디시움을 떠나 그리스로 가는 것을 막지 못했다. 기원전 49년 3월 17일 밤에 일어난 일이다. 이로써 내전은 이탈리아를 벗어나 장기전으로 돌입하게 된다. 전쟁 지역이 이탈리아 반도를 벗어나 지중해 전역으로 확장되면 폼페이우스에게 절대적으로 유리하기 때문이다. 내전의 제2막이 시작되는 셈이다.
53. 폼페이우스는 기원전 72년 〈가까운 히스파니아(Near Hispania)〉에서 세르토리우스를 꺾고 승리한 후에 많은 히스파니아 사람들에게 로마 시민권을 주었다.

로마, 무혈입성하다

30 그에 따라 카이사르는 당분간 폼페이우스를 뒤쫓는 작전은 포기하고 대신 히스파니아로 진군하기로 결정했다. 카이사르는 이탈리아 모든 도시의 최고 판관들에게 선박을 모아 브룬디시움으로 보내라고 명령했다. 그리고 발레리우스 부장에게 1개 군단을 주어 사르디니아로 파병하고, 쿠리오에게 2개 군단을 주어 시칠리아를 장악하게 했으며 시칠리아를 확보한 후에는 병력을 이끌고 아프리카로 진군하라는 특별 명령을 내렸다. 사르디니아는 마르쿠스 코타의 속주였고, 시칠리아는 마르쿠스 카토의 속주였으며, 아프리카는 투베로에게 돌아가기로 내정되어 있었다. 사르디니아의 카랄리스 주민들은 발레리우스가 아직 이탈리아를 출발하진 않았지만 조만간 그곳으로 파견될 것이라는 소식을 듣고 즉시 코타를 도시 밖으로 추방해 버렸다. 속주민 전체가 적대감에 사로잡혀 있다는 사실에 두려움을 느낀 코타는 즉시 사르디니아를 떠나 아프리카로 도망쳤다. 한편 카토는 시칠리아에서 낡은 배들을 수리하고 각 도시로부터 새 선박을 공급받기 위해 온 힘을 쏟고 있었다. 그는 자신의 부장들을 루카니아와 브루티움으로 파견해 로마 시민들을 징집하는 한편, 시칠리아의 여러 도시에서 기병과 보병을 모집하고 있었다. 이러한 계획이 거의 마무리될 무렵 쿠리오가 진군하고 있다는 소식이 들려오자 카토는 공개적인 자리에서 자신이 폼페이우스에게 배신당하고 버림을 받았다는 불만을 토로했다. "폼페이우스는 전혀 준비가 되어 있지 않은 때에 불필요한 전쟁을 시작했고, 나를 비롯한 원로원의 여러 의원들이 이의를 제기하는 데도 전쟁 준비가 모두 끝났다고 선언했다." 카토는 이렇게 공개적으로 항변한 후 곧바

로 속주를 탈출했다.

31   이렇게 해서 발레리우스와 쿠리오는 총독이 없는 속주에 군대를 이끌고 들어가 손쉽게 임무를 완수했다. 투베로는 아프리카에 도착했으나 여기에는 아티우스 바루스가 버티고 있었다. 앞서 말한 대로 아티우스는 아욱시뭄에서 군대를 잃은 후 즉시 아프리카로 도주했다. 그리고 총독이 없는 속주에 스스로 총독으로 취임했다. 아티우스는 몇 해 전 법무관을 지낸 후 북아프리카 총독을 지낸 바 있으므로 이때 쌓았던 경험과 속주 주민들과의 친밀한 관계를 바탕으로 병사를 소집하여 2개 군단을 편성했다. 투베로가 군선을 이끌고 우티카로 접근하자 아티우스는 도시와 항구로 접근하는 길목을 차단하고 심지어 병이 든 투베로의 아들이 상륙하는 것마저 허락하지 않았기 때문에 투베로는 할 수 없이 닻을 올리고 그곳을 떠나야 했다.

32   카이사르는 모든 작전을 완료한 후 주변 도시들에 군대를 배치해 남은 기간 동안 휴식을 취하게 하고 그 자신은 로마로 향했다. 카이사르는 원로원 회의를 소집하고[54] 그의 적들이 저지른 부당한 행위를 하나하나 설명했다. 그는 어떤 특권도 요구한 적이 없으며, 차기 집정관 선거에 출마하기까지 법으로 정해진 기간에[55] 모든 시민에게 주어진 정당한 권리를 행사하려 했을 뿐이라고 선언했다. 10명

---

54. 기원전 49년 4월 1일에 소집된 원로원 회의이다. 카이사르는 루비콘 강을 건넌 지 두 달 만에 무혈 입성으로 폼페이우스와 두 집정관, 그리고 상당수의 원로원 의원들이 떠난 로마를 제패하게 된 것이다.
55. 술라가 제정한 법에 따라, 전직 집정관이 다음에 다시 집정관에 출마하기 위해서는 10년이 지나야 했다.

의 호민관이 카이사르에게 집정관 출마를 위한 부재자 후보 등록을 허
용해야 한다는 법안을 제출했고 그 법안은 이미 통과된 상태였다. 그
당시 카이사르의 적들은 한목소리로 법안에 반대했는데, 특히 카토는
자신이 즐겨 쓰는 방법을 동원해 며칠 동안이나 토론을 끌면서 격렬히
반대했다. 카이사르는 이렇게 말했다.

"당시의 집정관은 폼페이우스였다.[56] 폼페이우스가 반대했다면 왜 그
법안이 통과되도록 놔두었겠는가? 그가 찬성했다면 왜 나로 하여금 로
마 시민들의 관대함을 누릴 수 없게 가로막는가?[57] 나는 모든 권위와 지
위를 잃어버리는 것도 마다하지 않고 극도의 인내심을 발휘해 양측 군
대의 해산을 제안했다. 그러나 적들이 내게 품고 있는 앙심은 다른 자에
게는 요구하는 바를 정작 그들 자신은 따르길 거부하는 행위에서, 그리
고 군사 지휘권을 포기하는 대신 로마 전체를 혼란에 빠뜨리려는 행위
에서 똑똑히 볼 수 있다. 카이사르는 두 군단을 빼앗기는 부당한 일을
당했다. 본인은 또한 호민관들의 거부권이 박탈당하는 것을 보고 모욕
과 분노를 느꼈음에도 타협안을 제시하고 회담을 제안했다. 그러나 그
들은 이 모두를 거부했다. 따라서 본인은 이 자리에 참석한 의원들에게
이제 나와 힘을 합쳐 로마의 통치권을 넘겨받기를 진심으로 요청하는
바이다. 만일 두려움 때문에 이 일에서 손을 떼고 싶다면 말리지 않겠
다. 당신들이 나서지 않는다면 본인이 직접 지배할 것이다. 우리는 문제
를 논의하기 위해 폼페이우스에게 사절을 파견해야 한다. 폼페이우스는
최근에 원로원에서, 사절을 파견하는 것은 단지 상대방의 권위를 높이
고 파견하는 쪽의 두려움을 드러낼 뿐이라고 말했으나 본인은 그런 말
따위는 전혀 두렵지 않다. 그런 생각은 나약하고 소심한 영혼의 산물이

다. 카이사르는 지금까지 누구보다 뛰어난 업적을 이루었다. 그런 만큼 지금도 본인의 목적은 누구보다 공정하고 당당하게 행동하는 것이다."

33　　원로원은 사절단 파견에 동의했으나 보낼 사람이 마땅치가 않았다. 모두가 겁을 내고 뒤로 물러섰다. 폼페이우스가 로마를 떠나기 전 원로원 회의에서, 로마에 남는 자는 모두 카이사르의 편으로 간주할 것이라고 말한 것을 기억하고 있었다. 논의와 변명 속에 사흘이 지났다. 더구나 카이사르의 적들에게 매수당한 호민관 루키우스 메텔루스가 문제의 결정을 늦추고 카이사르의 다른 제안들마저 계속 반대하고 나섰다. 며칠이 지난 후에야 카이사르는 그들의 음모를 파악하고 더 이상 시간을 허비하지 않기 위해 모든 문제를 접어두고 갈리아 트란살피나[58]로 떠났다.

마실리아[59] 의 전운

34　　속주에 도착한 카이사르는 며칠 전에 그가 코르피니움에서 사로잡았다가 풀어준 비불리우스 루푸스가 폼페이우스의 명을 받고 히스파니아로 파견된 사실을 알게 되었다. 또한 에노발부스가

---

56. 폼페이우스가 집정관이던 기원전 52년을 말한다.
57. 법안이 통과될 때에는 찬성했으나 이제는 반대하는 견해로 돌아섰음을 지적하고 있다.
58. 알프스 너머 서쪽으로 프랑스 남부에 해당하는 로마 속주를 말한다.
59. 오늘날의 마르세유이다.

이길리움과 코사의 주변 지역에서 개인들에게서 징발한 일곱 척의 속도 빠른 선박에 그 자신의 노예와 해방 노예, 소작인들을 선원으로 배치해 마실리아로 건너가 도시를 장악했다는 사실도 알게 되었다. 게다가 마실리오테라는 귀족 가문의 젊은이들이 전령으로 미리 파견되었으며, 그들이 로마를 떠날 때 폼페이우스로부터 카이사르가 관대함을 베풀더라도 과거에 폼페이우스가 그들에게 베푼 관대함을 잊지 말라는 훈계를 들었음도 알게 되었다. 마실리오테의 젊은이들은 폼페이우스의 명에 복종하여 성문을 굳게 닫고 카이사르에게 저항했다. 그들은 마실리아 북부 산악 지방에 살면서 줄곧 마실리아에 충성을 바쳐온 야만인 부족인 알비키족에게 지원을 요청했다. 또한 인근 부락과 도시의 길목에 자리 잡은 모든 성채로부터 식량을 징발하고 성벽과 성문과 함대도 보강했다.

35　카이사르는 마실리오테 가문의 15인 위원회에 사자를 보내 가문의 젊은이들을 전범으로 만들지 말 것과, 그들이 한 사람의 의지에 복종하기보다 이탈리아 전체의 통치를 따르는 것이 마땅하다는 뜻을 전했다. 그리고 그들이 카이사르의 생각을 신중히 고려할 때 비로소 합리적인 결과에 이를 것임을 강조했다. 카이사르의 사자는 다음과 같은 공식 서한을 갖고 돌아왔다.

"우리는 로마인이 둘로 분열되었음을 알고 있다. 어느 쪽이 정의로운 편인가를 결정하는 것은 우리의 판단력을 벗어나는 일이다. 그러나 양쪽의 우두머리인 그나이우스 폼페이우스와 율리우스 카이사르는 둘 다 우리 부족의 은인이다. 한 명은 우리 부족에게 볼카이 아레코미키족과 헬비족의 땅을 공식적으로 양도해 주었고, 다른 한 명은 살리에스족을 정복한 후 그들을 속국[60]으로 주어 우리의 수입을 늘려 주었다. 따라서 우리 부족은 두 사람에게 똑같은 빚을 지고 있으므로 똑같은 호의를 보여야 하고, 어느 한쪽을 무시하여 다른 쪽을 일방적으로 돕거나 어느 한쪽만을 우리의 도시와 항구에 들여서는 안 된다고 생각한다."

36 이 협상이 진행되는 동안 에노발부스가 선단을 몰고 들어와 마실리아를 접수하고 군사 지휘권을 장악했다. 마실리아는 에노발부스의 명령에 따라 각지로 함대를 내보내 눈에 띄는 배는 상선까지 모두 나포해 항구로 끌고 왔다. 이렇게 탈취한 배들 중 못이나 목재 또는 삭구가 전투에 부적합한 배는 다른 배들을 수리하는 데 사용했다. 또한 도시가 포위될 것을 예상하고 모든 곡식을 징발해 배급제를 실시했으며 그밖의 물자와 식량도 남김없이 끌어모았다. 카이사르는 이러한 행위는 용납할 수 없다고 판단하여 3개 군단을 이끌고 마실리아에 당도했다.[61] 그는 포위 공격을 위해 공성탑과 엄호물들을 수송해 오고 아렐라테에 12척의 배를 건조하도록 지시했다. 목재를 자르기 시작한 지 30일 만에 모든 배가 완성되고 장비까지 갖춘 후 마실리아로 들어오자 카이사르는 데키우스 브루투스[62]에게 선단을 맡기고, 가이우스 트레보니우스에게는 마실리아 공격의 임무를 맡겼다.

---

60. 로마 속주의 각 도시는 주변의 광범위한 지역을 다스릴 책임이 있었다. 도시로서 완전한 권리를 갖기에 부적합하다고 간주되는 지역의 주민들은 각 도시에 예속되어 그 권위에 복종하고 재정적 의무 등을 부여받았다.
61. 기원전 49년 4월 7일 로마를 떠나 4월 19일에 마실리아에 도착했다.
62. 갈리아 전쟁을 치르면서 대서양 연안의 베네티족을 격파하여 로마 최고의 해전 전문가가 되었으며, 이후 카이사르 암살에 가담하게 된다.

일레르다, 카이사르를 고립시키다

37 카이사르는 마실리아 공성을 준비하는 동안 가이우스 파비우스에게 나르보 안팎에서 동영하고 있던 3개 군단을 주어 히스파니아로 출동시켰다.[63] 카이사르가 파비우스에게 내린 명령은 폼페이우스의 부장 루키우스 아프라니우스가 장악하고 있는 피레네 산맥의 고갯길들을 점령하라는 것이었다. 카이사르는 더 먼 곳에서 동영하고 있던 나머지 군단들에게도 파비우스를 뒤따르라고 명령했다. 파비우스는 카이사르의 지시대로 순식간에 고갯길들을 점령하고 경비대를 몰아낸 다음 강행군으로 이동해 아프라니우스의 군대와 전투를 벌였다.

38 아프라니우스는 3개 군단으로 〈가까운 히스파니아(Near Hispania)〉를 관할하고 있었다. 〈먼 히스파니아(Further Hispania)〉는 폼페이우스의 부장인 마르쿠스 바로[64]가 2개 군단을 지휘하며 카스툴로의 고갯길에서부터 아나스 강에 이르는 지역을 지켰고, 또 다른 부장인 페트레이우스가 역시 2개 군단으로 아나스 강에서 시작되는 루시타니아 지역을 지키고 있었다. 폼페이우스가 보낸 비불리우스 루푸스가 도착하자 그들은 관할 지역을 재조정하여, 페트레이우스는 자신의 전 병력을 이끌고 루시타니아를 출발해 베토네스족의 영토를 지나 아프라니우스와 합류하기로 하고, 바로는 자신이 지휘하는 2개 군단 병력으로 먼 히스파니아 전체를 관할하기로 결정했다. 이 결정을 실행에 옮기기 전에 페트레이우스는 루시타니아 전역에서, 아프라니우스는 켈티베리아 지방과 해안 지방에 거주하는 칸타브리아족과 그밖의 모든 야만인 부족들 사이에서 기병과 외인부대를 모집했다. 페트레이

우스는 계획대로 병력을 소집한 다음 신속하게 베토네스족 영토를 통과하여 아프라니우스에게 합류했다. 두 사람은 머리를 맞대고 협의한 끝에 지형상 가장 유리한 일레르다[65]에서 전투를 벌이기로 결정했다.

39 앞서 말한 대로 아프라니우스에겐 3개 군단, 페트레이우스에겐 2개 군단이 있었고 이밖에도 가까운 히스파니아에서 모집한 중무장 외인군[66]과 면 히스파니아에서 모집한 경무장 외인군이 약 80개 대대, 두 속주에서 온 기병이 약 5천 기에 이르렀다. 카이사르는 먼저 6개 군단을 히스파니아로 보냈다. 그에겐 외인군 보병이 없었지만 지금까지 모든 전쟁에서 그와 함께 싸운 약 3천의 기병과, 가장 용감하고 신분이 높은 갈리아의 최고 귀족들 중에서 그가 직접 선발한 비슷한 수의 기병이 있었다. 여기에 아퀴타니족과 갈리아 속주에 면한 산악 부족들 사이에서 선발한 소수의 정예 기병대가 있었다. 폼페이우스가 군단들을 이끌고 마우레타니아 지방을 가로질러 조만간 히스파니아에 당도할 것이란 정보가 들어왔다. 카이사르는 즉시 군관들과 백인대장들에게 돈을 빌려 병사들에게 나눠주었다. 이는 백인대장들의 충성과 병사들의 사기를 한꺼번에 확보하는 일석이조의 방책이었다.[67]

---

63. 카이사르보다 한 달 먼저 히스파니아로 들어갔다.

64. 당시 67세로, 2개 군단과 함께 히스파니아 남부를 지키고 있었다. 그러나 후에 카이사르에게 항복한다.

65. 스페인 카탈루냐 지방 레리다 주의 주도인 오늘날의 레리다를 말한다. 세그레 강 연안에 위치한다.

66. 긴 나무 방패인 스쿠툼scutum으로 무장한 부대이다. 『갈리아 전쟁기』에는 가볍고 둥근 가죽 방패인 켄트라centra가 자주 등장한다.

67. 즉 카이사르에게 돈을 빌려준 지휘관들은 전쟁에서 지게 되어 돈을 못 받는 사태가 벌어지지 않도록 하기 위해서라도 열심히 싸웠고, 일종의 격려금을 받은 병사들은 그에 보답하기 위해 최선을 다해 용감하게 싸우기 때문이다.

스쿠툼(사각형 방패)

클리페우스(원통형 방패)

40　　　파비우스는 편지와 사자를 통해 인근 부족들을 포섭하고 있
었다. 그는 슈리스 강[68] 위에 5킬로미터 간격으로 두 개의 다
리를 건설해 놓았다. 강 이쪽에는 군마의 먹이가 동이 난 상태였기 때
문에 그는 마초를 구하기 위해 다리 너머로 병사들을 보냈다. 폼페이우
스 군대의 지휘관들도 같은 이유로 강을 건넜기 때문에 양쪽 기병대는
자주 충돌을 일으켰다. 한 번은 파비우스의 2개 군단이 여느 때처럼 징
발 부대를 경호하기 위해 진지를 나섰다. 두 개의 다리 중 가까운 쪽의
다리로 군단들이 먼저 강을 건너고 수송대와 기병대가 그 뒤를 따라갈
때, 갑작스럽게 불어닥친 돌풍과 불어난 강물로 다리가 무너져 많은 수
의 기병이 강을 건너지 못하고 말았다. 페트레이우스와 아프라니우스
는 둘 다 강물에 떠내려 오는 토사와 다리의 잔해를 보고 사태를 파악
했다. 아프라니우스는 파비우스의 2개 군단을 공격하기 위해 즉시 4개
군단과 전 기병을 이끌고 자신의 진영 앞에 건설해 놓은 돌다리를 건넜
다. 아프라니우스가 출동했다는 소식에 2개 군단을 지휘하고 있던 루
키우스 플란쿠스는 긴박한 상황에 대응하여 먼저 고지대를 선점한 다
음 적의 기병에 포위당하지 않도록 2개 군단을 양 방향으로 배치했다.
적절한 대응 덕분에 플란쿠스는 비록 병력은 열세였지만 적의 군단과
기병이 퍼붓는 맹공을 적절히 막아낼 수 있게 되었다. 기병전이 벌어지
고 있을 때 멀지 않은 곳으로부터 2개 군단의 독수리 깃발들이 양쪽 병
사들의 시야에 들어왔다. 파비우스가 이런 일을 예상하고 아군을 지원
하기 위해 먼 쪽의 다리로 출동시킨 병력이었다. 파비우스는 적의 지휘

---

68. 세그레 강의 지류를 말한다.

관들이 이 기회를 이용해 아군을 제압하려 할지 모른다고 생각했던 것
이다. 지원군이 도착하자 양쪽 군대는 전투를 끝내고 각자의 진지로 돌
아갔다.

41　　이틀 후 카이사르가 자신의 호위대로 조직한 9백의 기병을
이끌고 도착했다. 폭풍에 부서졌던 다리는 거의 보수되었지
만 카이사르는 그날 밤 안에 새 다리를 완성하라고 지시했다.[69] 주변 지
역의 형세를 직접 확인한 카이사르는 다음 날 수송대 전부를 뒤에 남겨
두고 6개 대대로 하여금 다리와 진지를 방어하게 한 다음 전 병력을 3
열 종대로 이끌고 일레르다로 진군했다. 카이사르는 아프라니우스의
진영 가까운 곳에 이르러 잠시 동안 병사들에게 무장을 풀지 말 것을
명하고 평지에서 적에게 전투를 청했다. 그러자 아프라니우스도 군대
를 이끌고 진영 아래로 나와 언덕 중간에 자리를 잡았다. 아프라니우스
가 도전에 응할 뜻이 없음을 파악한 카이사르는 그 언덕의 기슭에서 반
마일도 채 안 되는 곳에 진지를 구축하기로 결정했다. 카이사르는 병사
들에게 방벽을 쌓지 말라고 명령했다. 방벽을 쌓으면 멀리서도 적의 눈
에 띌 것이고, 병사들이 진지 공사에 몰두하고 있을 때 적의 습격을 받
으면 공포와 혼란에 빠져 공사가 중단될 것이 분명했기 때문이다. 대신
병사들은 적과 마주한 전면으로 폭 4.5미터의 참호를 파기 시작했다.
제1열과 제2열의 병사들이 무장을 하고 정렬해 있는 동안 제3열 병사
들이 은밀히 공사를 진행했다. 결국 아군이 진지를 구축하고 있다는 것

---

69. 갈리아에서의 식량 보급을 위해서라도 다리를 새로 건설해야 했다.

일레르다 공성 배치도

을 아프라니우스가 알아챘을 때는 이미 모든 공사가 완료된 뒤였다. 카이사르는 저녁 무렵 참호 뒤로 군단들을 이동시킨 다음 동이 틀 때까지 무장한 채로 기다리게 했다.

42 카이사르는 이튿날에도 병사들을 참호 뒤에 대기시켰다. 방책을 만들 재료를 구해 올 곳이 상당히 멀리 떨어져 있어 카이사르는 당분간 전 병력을 투입시켜 방책을 완성하기로 결정했다. 그는 1개 군단을 진영 양쪽에 정렬시켜 첫 번째 참호와 똑같은 규모로 참호를 파라고 명령하고, 나머지 군단들은 군장을 풀고 경무장을 한 채로 적의 공격에 대비하게 했다. 아프라니우스와 페트레이우스는 아군 병사를 위협해 공사를 중단시킬 목적으로 대규모 병력을 이끌고 언덕 기슭까지 내려와 아군을 전투에 끌어들이려고 노력했다. 그러나 카이사르는 도전에 응하는 대신 전면에 완성된 참호와 3개 군단의 방비를 믿고 공사를 계속했다.[70] 적은 오래 머물지 않았다. 그들은 언덕 기슭에서 더 이상 전진하지 않고 진지로 철수했다. 사흘째에 방책과 함께 새 진지가 완성되자 카이사르는 예전의 진지에 남아 있던 병력과 군수품을 옮기라고 명령했다.

43 일레르다에서 페트레이우스와 아프라니우스의 진영이 있는 언덕까지는 폭이 약 450미터에 이르는 평지가 펼쳐져 있고 평지 중간에는 작은 언덕이 솟아 있었다. 카이사르는 이 언덕을 선점해 요새를 만들면 도시에서 아프라니우스 진영 앞에 놓여 있는 돌다리로 이어지는 길을 차단할 수 있다고 확신했다. 그 길은 적이 도시 안에 모아놓은 군수 물자를 아프라니우스의 진영으로 운반하는 보급로였

다. 카이사르는 3개 군단을 이끌고 진지를 빠져나와 적당한 위치에 전투대형을 갖췄다. 그런 다음 1개 군단의 제1열을 두 줄로 정렬시키고 진군을 명하여 그 언덕을 점령하게 했다. 이것을 본 아프라니우스는 고지를 선점하기 위해 진영 전면을 둥글게 감싸며 경비를 서고 있던 대대들을 서둘러 출동시켰다. 양군이 충돌하여 전투가 벌어졌지만 더 짧은 거리 덕분에 언덕을 선점한 아프라니우스의 군대가 우세를 보이기 시작했다. 더구나 적의 지원군까지 도착하자 아군은 전투를 중단하고 독수리 깃발 밑으로 후퇴했다.

44 폼페이우스 군대가 사용한 전투 방식은 초반에 맹렬한 공격으로 기선을 잡고 고지를 점령하는 것이었다. 병사들은 대오를 유지하는 데 특별한 주의를 기울이지 않고 산개 대형으로 싸웠다. 따라서 패배하게 되면 그들은 수치심 따위는 생각하지 않고 퇴각하기에 바빴다. 폼페이우스 병사들은 루시타니아족과 그밖의 야만인 부족들과 전쟁을 치르면서 이런 방식에 익숙해져 버렸다. 당연한 말이지만 병사들이 특정한 지역에서 오래 복무하면 그 지역 풍습에 영향을 받게 된다. 아군은 그들의 전투 방식을 전혀 몰랐기 때문에 당황하고 말았다. 아군 병사들은 적병들이 개별적으로 달려오는 것을 보고 아군의 노출된 측면[71]을 포위하기 위한 작전으로 생각하여 대오를 유지한 채 군기 주변을 떠나지 않았다. 심각한 이유가 아니면 절대로 자신의 위치에서 물러서지 말아야 한다고 생각한 것이다. 결국 전위 부대가 혼란에

---

70. 1개 군단이 참호를 파고 3개 군단이 방어를 맡았으므로 2개 군단이 방책 공사에 투입되었을 것이다.
71. 방패를 들지 않은 오른쪽 측면을 가리킨다.

빠지자 그쪽 날개에 배치되어 있던 군단은 적의 공격을 버티지 못하고 가까이에 있는 높은 지형으로 물러나고 말았다.

45 예상치 못한 사건이 벌어지자 거의 모든 아군 병사가 공포에 휩싸였다. 카이사르는 즉시 병사들을 독려하는 한편 9군단을 출동시켜 다른 군단들을 지원했다. 적은 아군 병사들을 맹렬히 추격해 오다가 지원군이 공격을 해오자 즉시 방향을 돌려 일레르다로 퇴각했다. 적은 성벽 아래에서 퇴각을 멈췄으나 9군단 병사들은 패배를 되갚 겠다는 열의에 사로잡혀 무모하게 적을 추격하다 성곽이 시작되는 산 기슭의 위험한 지역으로 들어서고 말았다. 병사들은 위험 지역을 벗어 나려 했지만 적은 즉시 높은 곳에서 아군에게 공격을 퍼붓기 시작했다. 아군은 좌우 측면이 매우 가파른 경사면에 있었는데 경사면의 폭은 3 개 대대가 전투대형을 갖출 정도밖에 되지 않았다. 따라서 양쪽 날개로 지원군을 보낼 수도 없었고 어려움에 처했을 때 기병을 보내 도울 수도 없었다. 도시 쪽으로 약 650미터까지는 완만한 내리막이 펼쳐져 있었 다. 무모한 열정에 사로잡혀 너무 멀리까지 전진한 것을 깨달은 아군 병사들은 이곳에서 전열을 재정비했다. 그러나 아군은 불리한 지형에 서 전투를 벌여야 했다. 공간이 워낙 좁은 데다 적의 위치가 훨씬 높았 기 때문에 적이 투척하는 무기는 모조리 아군에게 피해를 입혔다. 그러 나 병사들은 수많은 부상을 입으면서도 용기와 인내심을 잃지 않고 싸 웠다. 적은 진지에서 새로운 대대들을 계속 내려보내 병력을 늘리는 동 시에 지친 병사를 새 병사로 교체했다. 카이사르도 이에 맞서 지친 병 사들이 물러나 쉴 수 있도록 계속해서 새 대대를 출동시켰다.

46 　전투가 다섯 시간 동안 쉴 새 없이 계속되자 아군은 투척 무기가 바닥났고 병사들은 수적 열세를 절감하기 시작했다. 그러자 아군 병사들은 검을 뽑아 들고 적을 향해 언덕 위로 돌진하여 몇몇 병사를 쓰러뜨리고 나머지를 퇴각시켰다. 적은 성벽으로 물러났고 공포에 사로잡힌 일부 병사는 아예 도시 안으로 도망쳤기 때문에 아군은 마침내 퇴각할 여유를 갖게 되었다. 게다가 언덕 아래쪽에 대기하고 있던 아군 기병이 양쪽 경사면을 용감하게 타고 올라 두 군대 사이로 뛰어들었기 때문에 아군 병사들은 더욱 안전하고 쉽게 퇴각할 수 있었다. 이날의 전투는 승자와 패자를 가릴 수 없었다. 아군은 첫 번째 교전에서 약 70명이 전사했다. 그 중에는 14군단의 수석 백인대장[72]인 퀸투스 풀기니우스가 있었다. 풀기니우스는 사병 출신으로 6백여 차례나 부상을 당하면서도 뛰어난 용맹함을 보여 수석 백인대장까지 오른 자였다. 아프라니우스의 군대에서는 200명 이상의 사병과, 수석 백인대장인 티투스 카이킬리우스를 포함해 다섯 명의 백인대장이 전사했다.

47 　그러나 양쪽 군대는 모두 그날의 전투가 자신들의 승리였다고 생각했다. 아프라니우스의 병사들은 열세라는 평가에도 불구하고 그렇게 오랫동안 접근전을 펼치며 아군의 맹공을 막아냈고,

---

72. 카이사르 시대에 1개 군단은 10개 대대로 구성되었고, 각 대대는 6개의 백인대로 구성되어 있었다. 6개의 백인대는 3열 전투대형을 구성할 수 있도록 2개씩 3그룹으로 나뉘었다. 1개 군단의 대대는 병사들의 경력에 따라 1대대부터 10대대까지 순서가 정해졌는데 백인대장의 승진은 서열이 높은 대대로 배치되는 것이었다. 군단 전체의 수석 백인대장은 제1대대 제1열 백인대의 백인대장인 프리미필루스primipilus였다. 프리미필루스는 카이킬리우스라는 자였고, 풀기니우스의 계급은 프리무스 하스타투스primus hastatus였다. 이 시기에는 프린키페스(제2열)와 트리아리(제3열)가 하스타티(제1열)보다 우위였던 것 같다. 따라서 풀기니우스는 제1대대 소속 하스타티 선임중대의 백인대장이었을 것이다.

양군이 쟁탈전을 벌였던 언덕을 먼저 점령하여 첫 번째 교전에서 아군을 물리쳤다는 이유로 승리를 자축하며 만세를 불렀다. 반면 아군 병사들은 비록 불리한 지형에서 싸웠고 수적으로도 열세였지만 다섯 시간 동안이나 전투를 계속했기 때문에 자신들을 승자로 보았다. 아군 병사들은 검을 뽑아 들고 언덕을 오르며 돌격을 감행했고, 고지대에 자리 잡은 적을 퇴각시켜 도시 안으로 물러나게 만들었다. 아프라니우스의 병사들은 쟁탈전의 표적이었던 작은 언덕 위에 대규모 방어 시설을 짓고 경비대를 배치했다.

48　　　이틀 후 아군에게 예상치 못한 불운이 찾아왔다. 맹렬한 폭풍과 함께 그 지역에 한 번도 내리지 않았던 세찬 폭우가 쏟아져 산 위에 쌓여 있던 눈이 녹고 강물이 제방을 넘어 파비우스가 놓은 두 개의 다리를 하루 만에 삼켜버렸다. 카이사르의 군대는 큰 어려움에 빠졌다. 앞서 말한 대로[73] 아군의 진지는 약 50킬로미터 떨어져 있는 두 개의 강, 즉 슈리스 강과 세그레 강 사이에 있었는데 어느 강도 건너기가 불가능해졌으므로 병사들은 그야말로 꼼짝없이 감옥에 갇힌 꼴이 되고 말았다. 카이사르와 우호적인 관계를 맺었던 부족들로부터도 식량을 공급받을 수 없게 되었고, 먼 들판으로 나간 마초 징발대는 강 건너편에 고립되어 돌아오지 못하고 있으며, 이탈리아와 갈리아에서 보낸 대량의 군수품도 진지로 들어올 수가 없었다. 게다가 작년에 수확한 곡식은 바닥을 드러내고 올해의 곡식은 아직 여물지 않은, 한 해 중 가장 어려운 때였다. 카이사르가 도착하기 전에 아프라니우스가 거의 모든 곡식을 일레르다로 가져가 버렸을 뿐 아니라 그나마 남아 있던 식량마저 카이사르 군대가 모두 소비했기 때문에 주변 부족들에게도 식량

이 남아 있지 않았다. 궁핍한 대로 그 지역의 가축들을 식량으로 이용할 수밖에 없었다. 그러나 가축마저도 인근 부족들이 전투 때문에 먼 곳으로 대피시켜 놓은 상태였다. 식량과 가축의 먹이를 구하기 위해 출동한 부대들은 루시타니아족과 가까운 히스파니아 출신의 경보병 부대에게 습격을 당하곤 했다. 그들은 그 지역을 잘 알았을 뿐 아니라 원정에 나설 때는 언제나 짐승의 방광을 갖고 다녔기 때문에 헤엄을 쳐서 강을 쉽게 건너 다녔다.

49 반면에 아프라니우스의 부대는 모든 물자가 풍족했다. 아군보다 먼저 풍부한 식량을 거둬들였고 그 후에도 속주 전체에서 많은 곡식을 수송해 왔다. 마초 또한 풍부했다. 그들은 일레르다의 돌다리 덕분에 카이사르가 건너갈 수 없는 강 건너편 지역의 모든 물자를 수송해 올 수 있었다.

50 홍수는 며칠간 계속되었다. 카이사르는 다리를 수리하고자 했으나 강물이 높고 공사 현장이 강둑에 배치된 적의 대대들에게 훤히 보였기 때문에 공사를 진행하기도 어려웠다. 무엇보다 실질적인 장애물은 강 자체의 특성과 홍수의 위력이었다. 게다가 아군 병사들은 강둑 어디에서나 적의 투척 무기가 도달할 수 있는 한정된 공간에서 일을 해야 했다. 아군 병사들은 한편으로는 강한 물살에 맞서 싸우고 또 한편으로는 강둑에서 퍼붓는 무기를 피하면서 공사를 하느라 어

---

73. 저자인 카이사르의 실수이다. 이에 대해 앞에서 언급한 적이 없다.

려움을 겪었다.

51 한편 카이사르의 진지로 들어가는 대규모 행렬과 호송대가 강 앞에 도착해 있다는 정보가 아프라니우스의 귀에 들어갔다. 행렬은 루테니족 출신의 궁수 부대와 갈리아 출신의 기병이 갈리아 식으로 길게 도열한 마차와 짐을 호위하고 있었다. 또한 약 6천 명에 이르는 남자들과 하인, 어린이들이 따라오고 있었지만 그들 사이에는 어떤 조직이나 권위도 없는 듯 모두가 제각기 편하고 자유롭게 여행하고 있었다. 대열 중에는 원로원 의원이나 기사 계급처럼 높은 가문의 젊은이들도 있었고 여러 부족이 보낸 공식 사절단도 있었으며 카이사르의 부장도 몇 명 있었다. 이들 모두가 강물에 가로막혀 있다는 것이다. 아프라니우스는 이들을 제압하기 위해 한밤중에 전 기병과 3개 군단을 출동시켰다. 그는 먼저 기병대를 내보내 기습 공격을 가했지만 갈리아 기병대는 즉시 대형을 갖추고 방어에 나섰다. 아군 기병은 수적으로 크게 불리했지만 조금도 굴하지 않고 대등하게 싸웠다. 그러나 군단들의 깃발이 다가오고 약간의 전사자가 발생하자 갈리아 병사들은 가까운 언덕으로 물러났다. 이 전투에서는 갈리아 기병의 항전이 나머지 사람들의 생명을 구하는 데 결정적인 역할을 했다. 그들이 싸우는 동안 다른 사람들은 높은 지대로 물러날 수 있었기 때문이다. 그날 아군은 약 200명의 궁수와 몇 명의 기병 그리고 많지 않은 수의 종군자[74]와 가축을 잃었다.

52 그러나 이 모든 사정으로 곡물 가격이 치솟고 말았다. 이런 일에는 대개 현재의 부족함뿐 아니라 미래에 대한 걱정이 작

용하는 법이다. 곡물 가격은 이미 1펙 당 50데나리온[75]까지 치솟았다.[76] 식량 부족은 병사들의 체력까지 바닥나게 해 하루하루 어려움을 가중시켰다. 단 며칠 만에 상황이 완전히 변하고 전운의 명암이 뒤바뀌었다. 아군은 모든 필수품이 부족한 상태에서 괴로움을 겪는 반면, 적의 군대는 모든 것이 풍족했을 뿐 아니라 전력마저 우세하다고 여겨지기 시작했다. 식량이 바닥날 무렵 카이사르는 그의 편에 선 부족들에게 가축을 공급하도록 요청하고 종군자들을 보다 먼 부족들에게로 보내는 한편, 그 자신도 당면한 문제를 해결하기 위해 가능한 모든 수단을 동원했다.

53

아프라니우스와 페트레이우스와 그들의 측근들은 이 사실에 대해 로마에 있는 지지자들에게 편지를 써 보냈다. 모든 상황을 과장하고 사소한 것들까지 부풀린 내용이었다. 이 내용은 윤색과 과장을 거쳐 전쟁이 거의 끝났다는 소문으로 확대되었다. 급보를 가진 전령들이 로마에 도착하자 수많은 군중이 아프라니우스의 저택에 모여들어 축하의 말을 늘어놓았고, 많은 자들이 이탈리아를 떠나 폼페이우스 진영에 합류했다.[77] 어떤 자들은 승전보를 가장 먼저 전하는 영예를 얻으려고 서둘렀고, 또 어떤 자들은 전쟁의 결과를 기다리다 맨 마지막에 나타나는 것처럼 보이지 않기 위해 서둘렀다.

---

74. 종군 노예, 종군 상인 등의 민간인들을 가리킨다.
75. 1펙은 약 9리터, 1데나리온은 은 3.8그램에 해당한다.
76. 로마인의 주식은 밀이었다. 밀의 평균 가격은 보통 1펙 당 3.5 내지 4세스테르티우스였지만 이제 200세스테르티우스가 된 것이다. (1데나리온 = 4세스테르티우스.)
77. 이전까지 중립을 가장하고 있던 원로원 의원들이 카이사르가 패배했다는 소문을 듣고 폼페이우스 쪽으로 합류했다. 키케로도 이때 폼페이우스 측에 가담하기로 결정했다.

54 아프라니우스와 그의 군대가 모든 길목을 가로막은 데다가 다리를 보수할 기회마저 차단된 어려운 상황에서 카이사르는 몇 년 전 브리타니아에서 터득한 경험을 살려 병사들에게 배를 건조하라고 지시했다. 용골과 늑재는 가벼운 나무로 만들었으며, 그밖의 부분은 버드나무를 꼬아 만들고 짐승 가죽을 덮었다. 카이사르는 배가 완성되자 여러 대의 마차를 연결하여 그 위에 배를 실은 다음 한밤중에 진지에서 약 30킬로미터까지 이동했다. 이 배들로 병사들을 도하시킨 카이사르는 강둑과 연결된 언덕을 불시에 점령한 다음 적들이 미처 알아채기 전에 그곳에 요새를 쌓았다. 그런 다음 1개 군단을 이동시키고 강의 양쪽으로부터 다리를 건설하기 시작해 불과 이틀 만에 완성시킴으로써 마침내 물자 수송과 마초 징발을 안전하게 복구하고 식량 공급의 어려움을 해결했다.

55 이날 카이사르는 강 너머로 대규모 기병을 출동시켰다. 아군 기병은 습격을 걱정하지 않고 널리 흩어져 마초를 모으고 있던 적의 징발대와 돌연히 마주쳐 다수의 우마와 적을 생포했다. 적의 경보병 대대들이 구조를 위해 출동하자 아군 기병은 영리하게 두 부대로 나누어 한쪽은 전리품을 지키고 다른 한쪽은 다가오는 적을 공격해 격퇴시켰으며, 그 중 주력 부대보다 먼저 부주의하게 출격한 1개 대대를 포위해 전멸시켰다. 아군 기병은 아무런 손실도 입지 않은 채 많은 약탈품을 가지고 같은 다리를 건너 진지로 돌아왔다.

브루투스의 해전 승전보

56 한편 마실리아 주민들은 에노발부스의 명령에 따라 17척의 군선을 준비하고 그 중 11척의 군선에는 갑판을 덮었으며, 단지 수적 우위로 아군 함대를 위협할 목적으로 여러 척의 작은 배를 추가로 건조했다. 배 위에는 보상을 약속하고 끌어들인 많은 수의 궁수와 앞서 언급했던 알비키족 병사들을 태웠다. 에노발부스는 자신이 지휘할 특별 함대를 요구하고, 이길리움과 코사 지역에서 데려온 농부와 목부[78]들을 수병으로 배치했다. 그들은 함대가 완전히 갖춰지자, 데키우스 브루투스의 지휘하에 마실리아의 섬 근처에 주둔해 있는 아군의 배들을 향해 위풍당당하게 다가왔다.

57 브루투스의 함대는 수적으로 큰 열세였지만 각 군선에는 카이사르가 전 군단에서 가장 용맹한 병사들과 제1열 병사들, 그리고 백인대장들 중에서 특별히 선발했을 뿐 아니라 모두 자발적으로 전투에 지원한 정예 병력이 배치되어 있었다. 아군 함대는 갈고랑쇠와 장대를 갖추었을 뿐 아니라 충분한 수의 창과 쇠살과 그밖의 투척 무기들을 준비해 놓고 있었다. 따라서 적이 다가온다는 정보가 들어오자 아군은 닻을 올리고 마실리아 군대와 전투를 벌였다. 적군도 아군도 용감하게 싸웠다. 알비키족은 용맹함이 우리 병사들 못지않았다. 산악 부족인 그들은 원래 전투에 능숙했을 뿐 아니라 그들을 끌어들인 마실

---

78. 이탈리아 중부와 남부의 사유지에서 가축을 돌보는 목부는 주로 노예 신분이었지만 대개는 거칠고 다루기 힘든 자들이었다. 그들은 수용소와 막사 같은 곳에서 죄수처럼 생활했다.

로마 군선

리아 사람들의 보상 약속을 생생히 기억하고 있었다. 에노발부스의 목부들 역시 자유를 주겠다는 약속을 기억하고 주인의 눈앞에서 최선을 다해 싸우는 모습을 보이려 했다.

58 마실리아 병사들은 군선의 속도와 조타수들의 조타 기술을 믿고 수차례나 아군의 공격을 피해 도망을 다녔다. 또한 공간이 허락하는 대로 넓게 포진해 아군 함대를 포위하거나 몇 척의 배로 아군의 배를 고립시켰으며, 배 가까이 접근해 노를 낚아채곤 했다. 근거리에서 전투가 벌어지면 이번에는 조타 기술 대신 산악 부족의 용맹함을 과시했다. 아군은 최근에 수송선에서 선원들을 급히 끌어모아 장비의 이름조차 모르는 자들이 있었기 때문에 노잡이의 기술도 서툴고 조타수의 경험도 부족했다. 아군 함선은 무겁고 느리다는 것이 심각한 결점이었다. 덜 마른 목재로 급하게 건조했고 신속한 기동 작전에 필요한 장구와 훈련이 부족했기 때문이다. 그런 상황에도 불구하고 아군 병사들은 근거리에서 전투할 기회가 주어지면 적의 배가 두 척이라도 기꺼이 그들을 상대했다. 병사들은 갈고랑쇠로 두 척을 동시에 끌어당긴 다음 양면에서 싸움을 벌이면서 적의 군선으로 올라가 다수의 알비키족 용병과 목부들을 살해했다. 아군은 몇 척의 배를 침몰시키고 수많은 병사와 선원들을 생포했으며 나머지는 항구로 쫓아버렸다. 그날 마실리아 군대는 포획된 배를 포함해 모두 아홉 척의 배를 잃었다.[79]

카이사르의 승리, 히스파니아 전투

59 전투 결과[80]가 일레르다의 카이사르에게 보고되었다. 또한 다리가 완공되자 전운의 명암도 순식간에 뒤바뀌었다. 적은 아군 기병대의 용맹함을 두려워하여 마음대로 징발대를 출동시키지 못하게 되었다. 때로는 재빨리 퇴각할 수 있도록 진지에서 가까운 지역으로 출동해 좁은 지역에서만 마초를 징발했고, 또 때로는 아군 초소와 기병 소대를 피하기 위해 먼 길로 우회했다. 행여 약간의 차질이라도 발생하거나 멀리 아군 기병이 눈에 띄면 즉시 짐을 버리고 도망쳤다. 결국 그들은 평소 행동과는 정반대로 며칠씩 간격을 두고 밤에만 징발대를 내보냈다.

60 한편 오스카[81]와 오스카의 속국인 칼라구리스의 주민들이 카이사르에게 사절단을 보내 충성을 맹세했다. 그 뒤를 이어 타라코[82]의 주민들 그리고 이아케타니족과 아우세타니족도 사절단을 보냈고 며칠 뒤에는 에브로 강변에 사는 일루르가보넨세스의 주민들도 사절을 보내왔다. 카이사르는 그들 모두에게 식량을 보내줄 것을 요청했다. 그들은 식량 공급을 약속한 후 자신들의 영토 전역에서 우마를 모아 카이사르의 진지로 식량을 수송했다. 또한 일루르가보넨세스의 한 대대는 부족의 정책이 전해지자 즉시 군기를 앞세우고 진지를 떠나

---

79. 그동안 고전을 면치 못한 카이사르 측 진영에서는 오랜만에 들려온 승전보였다. 기원전 49년 6월 28일에 벌인 해전에서의 승리였다.

80. 앞에서 묘사된 데키우스 브루투스의 해전 승전보를 말한다.

81. 스페인 북동부 아라곤 지방의 도시로, 오늘날의 우에스카를 말한다.

82. 스페인 북동부 카탈로냐 지방의 도시로, 오늘날의 타라코나이다.

카이사르를 찾아왔다. 모든 상황이 순식간에 변하고 말았다. 다리는 완공되었고, 유력한 다섯 부족이 카이사르에게 우호 관계를 청해 왔으며, 그에 따라 식량 부족도 해결되었다. 또한 폼페이우스가 지원 군단들을 이끌고 마우레타니아 지방을 건너오고 있다는 소문이 가라앉자 아프라니우스 편에 섰던 먼 지역의 여러 부족들마저 카이사르 편으로 넘어왔다. 이 모든 것이 카이사르의 적들을 두려움에 빠뜨렸다.

61 이제 카이사르는 다리를 통해 먼 길로 기병대를 출동시키지 않기 위해 적당한 장소를 골라 9미터 넓이로 몇 개의 운하를 파라고 명령했다. 슈리스 강물의 일부를 돌려 강 중간에 걸어서 건널 수 있는 여울을 만들기 위해서였다. 공사가 거의 끝나가자 아프라니우스와 페트레이우스는 카이사르의 막강한 기병대로 인해 식량과 마초의 보급로가 차단될 것을 우려해 일레르다를 떠나 켈티베리아[83]로 이동하기로 결정했다. 이렇게 결정한 이유는 그곳의 야만인 부족들 사이에서는 카이사르의 이름이 잘 알려져 있지 않은 반면에, 과거의 전쟁에서 세르토리우스를 지지했던 부족들은 폼페이우스가 떠난 지금에도 그의 이름과 권위에 두려움을 느끼고 있었고, 폼페이우스에게 충성하고 막대한 보상을 받은 부족들은 그를 열렬히 지지하고 있었기 때문이다. 아프라니우스와 페트레이우스는 켈티베리아로 가면 많은 수의 기병과 외인 지원군을 확보할 것이라 기대했고 적당한 장소를 선택해 전쟁을 겨울까지 끌고 가기를 바랐다. 그들은 결정을 내린 후 에브로 강[84]변의 모든 지역에서 배를 징발해 그들 진지에서 약 45킬로미터 떨어진 에브로 강변의 도시 옥토게사에 집결시키라고 명령했다. 그리고 징발한 배들을 연결해 그곳에 다리를 놓으라고 명령한 다음 2개 군단을 슈리스 강

너머로 보내 진지를 구축하고 3.5미터 높이의 방벽을 세웠다.

62

정찰병이 이 정보를 카이사르에게 보고했다. 밤낮으로 운하를 파서 물길을 돌린 덕분에 이제 약간의 어려움은 있어도 기병대는 강을 건널 수 있었고, 실제로 일부 기병들은 대담하게 강을 건너기도 했다. 반면에 보병이 건너기에는 강물이 가슴까지 차올랐고 물살마저 거센 편이었다. 그러나 적이 건설하고 있는 에브로 강의 다리가 거의 완성되고 있다는 보고가 들어온 바로 그 순간에 슈리스 강에도 걸어서 건널 수 있는 여울이 아군에 의해 만들어졌다.

63

아프라니우스와 페트레이우스는 더욱 절박함을 느끼고 서둘러 출발하기로 결정했다. 그들은 외인군 2개 대대를 남겨 일레르다를 지키게 하고 나머지 병력을 이끌고 슈리스 강을 건너 며칠 전에 먼저 강을 건넌 2개 군단과 합류하여 진지를 구축했다. 카이사르에게 남은 유일한 방책은 기병을 출동시켜 적의 행군을 방해하는 것이었다. 아군이 건설한 다리를 이용하면 먼 길을 돌아야 했고, 그 결과 적은 훨씬 짧은 거리로 에브로 강에 도착할 수 있었다. 따라서 카이사르는 기병을 강 건너로 출동시켰다. 기병은 제3야경시(0-3시)에 진지를 철수하고 떠난 폼페이우스 군대의 후미를 따라잡아 교란 작전을 펼치며 행군을 방해하기 시작했다.[85]

---

83. 이베리아 반도 북동부에 있으며 일레르다보다 남쪽에 위치한 누만티아를 중심으로 한 지역이다.
84. 일레르다로부터 남쪽으로 약 45킬로미터 지점에 있으며 서에서 동으로 흘러 지중해로 들어간다.
85. 적이 일단 에브로 강을 건너면 전쟁은 장기전으로 들어갈 수밖에 없으므로 카이사르는 어떻게 해서든 도하를 막아야 했다.

64 동이 트자 카이사르의 진지에 인접한 고지대에서는 아군 기병이 적의 후미 대열에 맹공을 퍼붓는 모습이 보이기 시작했다. 적의 후미는 가끔씩 행군을 중단하기도 하고 본대로부터 멀리 처지기도 했으며, 때로는 몇 개 대대가 군기를 앞세우고 전투대형을 갖춰 돌격을 감행하기도 했다. 그러나 아군 기병은 교전을 피하고 뒤로 물러섰다 잠시 후 다시 모여 추격을 계속했다.

아군 진지에서는 모든 병사가 여기저기 몇 명씩 모여, 총사령관이 적에게 배를 타고 빠져나갈 기회를 주고 있으며 전쟁을 불필요하게 연장시키고 있다고 불평을 늘어놓았다. 병사들은 백인대장과 군관들을 통해 그들은 어떤 노고나 위험도 마다하지 않으니 망설이지 말고 진군 명령을 내리라고 카이사르에게 요구했다. 병사들은 이미 기병이 건넌 곳으로 강을 건널 준비가 되어 있고, 또 그럴 능력도 갖추었다고 장담했다. 병사들의 열의에 감동한 카이사르는 비록 그들을 거센 강물 속으로 들여보내고 싶진 않았지만 이제 도하를 감행할 때가 되었다고 판단하여 전 백인대로부터 정신과 육체가 강을 건너기에 부적합한 병사들을 가려내라고 명령한 다음 1개 군단을 뒤에 남겨 진지를 방어하게 했다. 그리고 나머지 군단들은 경무장을 시키고 강 상류와 하류에 수많은 짐말을 나란히 배치한 후 병사들을 도하시켰다. 간혹 거센 물살에 중심을 잃고 떠내려가는 병사도 있었지만 하류 쪽에 도열한 기병이 붙잡아준 덕에 단 한 명도 잃지 않고 무사히 강을 건널 수 있었다. 군대가 안전하게 강을 건너자 카이사르는 3열 대형을 갖추고 이동하기 시작했다. 병사들은 얕은 여울을 건너기 위해 9킬로미터나 우회했고 시간도 많이 지체했지만 열의를 다해 행군한 끝에 제3야경시에 출발한 적의 후미를 제9시(오후 3시)가 되기 전에 따라잡았다.

65 멀리 아군의 모습이 갑자기 보이자 아프라니우스와 페트레이우스는 소스라치게 놀라 행군을 멈추고 높은 지대에 병사들을 포진시켜 전투를 준비했다. 카이사르는 행군으로 지친 병사들에게 휴식을 취할 틈을 주기 위해 전투를 피하고 평지에 자리를 잡았다. 그리고 적이 다시 이동하려 하자 추격을 재개해 행군을 막았다. 아프라니우스는 어쩔 수 없이 계획보다 일찍 진지를 세웠다. 사방이 산으로 가로막힌 데다 길이 좁고 험한 지역이었기 때문에 7킬로미터밖에 전진하지 못했다. 적은 험한 산 속으로 들어가 카이사르의 기병을 따돌리고 고갯길에 경비대를 배치해 아군의 길을 차단한 다음 안전하게 에브로 강을 건너려 했다. 적은 반드시 이 계획을 실행해야 했고 무슨 일이 있어도 성공해야 했지만 하루 종일 전투를 치르며 힘겹게 행군한 탓에 계획을 다음 날로 미뤘다. 카이사르도 가까운 언덕에 진지를 구축했다.

66 한밤중에 물을 공급하기 위해 적의 진지에서 너무 멀리 출동한 병사들이 아군 기병에게 생포되었다. 카이사르는 그들의 입을 통해 적의 사령관들이 병력을 이끌고 몰래 진지를 빠져나가고 있다는 사실을 알게 되었다. 카이사르는 즉시 출동 신호를 울리고 진지를 철수할 때 내는 구령 소리를 크게 내라고 지시했다. 아프라니우스와 페트레이우스는 이 소리를 듣자 그들의 군대가 야밤에 군장을 맨 상태로 전투에 휘말리거나 카이사르의 기병에 의해 좁은 고갯길에서 가로막힐 것이 두려워 출발을 멈추고 진지로 돌아왔다. 이튿날 페트레이우스는 소규모 기병을 이끌고 은밀히 나가 그 지역을 탐색했다. 카이사르 진영에서도 루키우스 데키디우스 삭사가 몇 명의 기병을 이끌고 나가 똑같은 임무를 수행했다. 두 부대 모두 각자의 진지로 돌아와 똑같은

내용을 보고했다. 즉 7.5킬로미터 전방까지는 평탄한 길이 계속되지만 그 너머에는 바위투성이인 산이 펼쳐져 있는데 그곳의 길목들을 먼저 점거하는 쪽이 큰 어려움 없이 상대편을 물리칠 수 있다는 것이다.[86]

67 페트레이우스와 아프라니우스는 작전 회의를 열어 정찰대의 보고를 토대로 출발할 시간에 대해 논의했다. 대부분의 지휘관들은 카이사르 군대가 알아채기 전에 길목을 장악하려면 밤중에 행군해야 한다는 의견을 내놓았다. 다른 지휘관들은 전날 밤 카이사르가 철수를 명한 것으로 보아 몰래 빠져나가기는 불가능하다고 주장했다. 그들은 이렇게 설명했다. 즉 밤이 되면 카이사르의 기병대가 널리 산개해 모든 지점과 길목을 봉쇄하고, 게다가 밤에는 내전의 공포에 사로잡힌 병사들이 의무감보다는 두려움에 흔들릴 가능성이 더 높다는 것이다. 반면에 낮에는 다른 자들의 시선을 의식하기 때문에 병사들은 군관과 백인대장들이 지켜보는 자리에서는 부끄러운 행동을 할 수가 없다는 것이다. 병사들이 지휘관의 통제에 따르고 충성심을 유지하는 것도 그런 이유에서다. 따라서 어떤 일이 있어도 철수는 낮에 해야 한다고 주장했다. 낮에 철수해야 약간의 손실을 입더라도 본대는 목표 지점으로 무사히 이동할 수 있다는 것이다. 결국 회의에 참석한 지휘관들은 이 의견에 동의하고 이튿날 새벽에 출발하기로 결정했다.

68 카이사르는 주변 지형을 파악한 후 동이 트자마자 전 병력을 이끌고 진지를 빠져나와 아무런 표시도 없는 먼 길로 우회하기 시작했다. 그렇게 한 이유는 옥토게사와 에브로 강에 이르는 일직선상에 적의 진지가 가로놓여 있었기 때문이다. 카이사르의 병사들은 깊

고 험준한 골짜기를 건너고 가파른 암벽을 넘어야 했다. 그럴 때면 무기를 손에서 손으로 전달하고 앞뒤의 동료를 도와야 했기 때문에 많은 거리를 무기 없이 행군했다. 그러나 에브로 강 앞에서 적을 가로막고 식량 공급을 차단하면 지금까지의 모든 노고에 종지부를 찍을 수 있다는 생각에 단 한 사람도 힘든 기색을 보이지 않았다.

69 아군 병사들의 이동을 안 아프라니우스의 병사들은 처음에는 기쁨을 감추지 못하고 진영 밖으로 뛰쳐나와 아군 병사들을 뒤쫓으며 모욕적인 말들을 퍼부었다. 그들은 아군이 식량 부족 때문에 어쩔 수 없이 일레르다로 퇴각하는 것이라고 떠들어댔다. 행군 방향이 목적지에서 멀어졌기 때문에 마치 아군이 반대 방향으로 도망치는 것처럼 보였을 것이다. 한편 아군이 군수품이나 우마도 없이 진지를 떠나자 적군의 지휘관들은 아군이 식량 부족으로 더 이상 견디지 못하고 떠난 것이라 믿고, 자신들은 진지에 남기로 결정한 것에 대해 축하의 말을 건네고 서로를 치하했다. 그러나 아군 행렬이 조금씩 오른쪽으로 돌고 아군의 전위가 그들의 진지를 포위하는 형국이 되자 모든 병사가 다급함을 느끼고 지체 없이 진지를 떠나 아군을 막기 위해 달려왔다. "무기를 들라."는 함성과 함께 진지를 사수할 몇 개 대대만 남고 전 병력이 가장 빠른 길로 에브로 강을 향해 이동했다.

70 그것은 고갯길에 도달하는 경주와 같았으므로 승부는 오직

---

86. 바로 그 산 너머에 에브로 강이 흐르고 있었다. 산에 먼저 도착하는 쪽이 전쟁의 주도권을 잡게 되는 상황이다.

<속도>에 달려 있었다. 카이사르의 군대도 험한 길 때문에 지체되고 있었지만 아프라니우스의 군대 또한 후미를 바짝 뒤쫓으며 행군을 방해하는 카이사르의 기병에 의해 지체되고 있었다. 그러나 아프라니우스의 군대는 이미 곤란한 상황에 빠져들고 말았다. 만일 그들이 어렵사리 목적지인 고갯길에 먼저 도착한다면 그들 자신은 위험에서 벗어날 수 있지만 뒤에 남은 대대들과 전군의 군수품은 되찾을 수 없게 된다. 그 길은 이미 카이사르의 군대에게 차단되어 진지에 남은 병력을 도울 수 없기 때문이다. 행군을 먼저 끝낸 쪽은 카이사르였다. 그는 바위산 중간의 평지에 전투대형을 갖추고 적을 기다렸다. 아군이 먼저 고갯길을 장악한 데다 아군 기병이 대열의 후미를 끊임없이 괴롭히자 아프라니우스는 언덕 위에서 행군을 멈추고 시야에 들어오는 산들 중 가장 높은 산으로 경보병 4개 대대를 출동시켜 그 산을 점령하라고 명령했다. 나머지 병력도 그 산으로 이동시킨 다음 행군로를 바꿔 능선을 타고 옥토게사로 이동할 생각이었다. 4개 대대가 옆길로 빠져 목표 지점으로 이동할 때 카이사르의 기병이 그들을 발견하고 공격을 퍼부었다. 적은 상당히 오랫동안 저항했으나 양쪽 군대가 지켜보는 가운데 모든 병사가 포위를 당하고 죽음을 맞이했다.

71 마침내 승리의 기회가 찾아왔다. 카이사르는 적군이 치명적인 패배를 목격하고 공포에 사로잡혀 더 이상 저항하지 못할 것임을 확신했다. 더구나 전투가 벌어진다면 적은 탁 트인 넓은 평지에서 아군의 기병에게 완전히 포위될 것이 분명했다. 카이사르의 모든 부대는 즉시 적을 공격하자고 재촉했다. 모든 부장과 백인대장과 군관들이 카이사르를 둘러싸고, 모든 병사가 무기를 들고 전의를 불사르고 있

으니 즉시 전투를 벌이자고 촉구했다. 반면에 아프라니우스의 군대는 모든 면으로 보아 공포에 사로잡힌 것이 분명하다고 지적했다. 그들은 동료를 구하기 위해 지원군을 보내지도 않았고, 언덕에서 내려오지도 않았으며, 아군 기병이 공격하면 당장이라도 궤멸될 것처럼 보였고, 병사들이 대형을 갖추고 부대기 곁에 정렬한 것이 아니라 부대기들이 한 곳에 모여 있고 병사들도 그 곁에 아무렇게나 모여 있다는 것이다. 따라서 지형상 불리한 것이 카이사르의 마음에 걸릴 수도 있지만 전투의 기회는 어느 장소에서건 찾아올 수 있다. 아프라니우스는 틀림없이 언덕 밑으로 내려올 것이다, 물 없이는 오래 머물 수 없기 때문이다. 지휘관들은 이렇게 주장했다.

72 카이사르는 이미 적의 식량 보급로를 차단했으므로 아군의 손실 없이 전투를 끝내고자 했다. 그가 물었다.

"아무리 승리를 위한 것이라 해도 왜 카이사르가 쓸데없이 그의 병사들을 희생시켜야 하는가? 왜 카이사르가 그를 위해 땀과 눈물을 바친 병사들에게 부상을 입혀야 하는가? 요컨대 왜 카이사르가 하늘의 뜻을 어기고 모험을 해야 하는가? 훌륭한 사령관이라면 검을 휘두르기보다는 작전으로 더 큰 승리를 얻어야 하지 않겠는가? 게다가 카이사르는 죽어 마땅하다고 생각하는 로마 시민들[87]에게도 동정심과 연민을 느끼고 있다. 본인은 그들을 해치지 않고 승리를 얻고자 한다."

---

87. 아프라니우스 진영의 로마 병사들을 가리킨다.

병사들은 카이사르의 의견에 수긍하지 않았다. 오히려 그들끼리 공언하기를, 그렇게 좋은 승리의 기회를 외면한다면 차후에는 카이사르가 전투를 원해도 싸우지 않겠노라고 외쳤다. 그러나 카이사르는 뜻을 굽히지 않았고 현재 위치에서 조금 뒤로 후퇴하여 적에게 숨 돌릴 틈을 주었다. 기회를 얻은 페트레이우스와 아프라니우스는 즉시 방향을 돌려 진지로 돌아갔다. 카이사르는 주변 언덕에 경비대를 배치해 에브로 강으로 가는 길을 완전 봉쇄하고 적의 진지에서 가능한 한 가까운 곳에 아군 진지를 구축했다.

73　　　이튿날 아프라니우스와 페트레이우스는 식량 확보를 위해 에브로 강에 도달할 가망이 완전히 사라진 것을 보고 크게 당황하여 남아 있는 방책이 무엇인지 논의했다. 한 가지 방책은 일레르다로 되돌아가는 것이었고, 다른 방책은 타라코로 가는 것이었다. 두 사람이 머리를 맞대고 숙고하는 동안 물을 뜨러 나간 병사들이 자주 아군 기병의 공격을 받는다는 보고가 들어왔다. 그에 따라 적장들은 기병 소대와 외인군 대대로 구성된 경비대들을 여러 곳에 가까운 간격으로 배치하고 각 경비대 사이에는 군단병 대대들을 배치했으며 진지에서 개울까지 방책을 세우기 시작했다. 자신들의 병사들이 기병의 공격을 염려하거나 호위병을 대동하지 않고도 방어 시설 안에서 안전하게 물을 공급하도록 하기 위해서였다. 페트레이우스와 아프라니우스는 각자의 병사들에게 일을 공평하게 분배한 후 진지에서 멀리 나가 공사를 감독했다.

74　　　사령관들이 멀리 떠나자 적군 병사들은 서로 심정을 털어놓았다. 많은 병사들이 진지를 벗어나 카이사르의 진영으로 다

가와 동료나 마을 사람을 찾으며 이름을 부르기 시작했다. 우선 그들은 전날 죽음의 공포에 직면했을 때 목숨을 살려준 것에 대해 아군 병사들에게 감사를 표하며 "자네들 덕분에 목숨을 구했네."라고 말했다. 그런 다음 카이사르를 믿어도 되는지 그리고 그들의 운명을 카이사르의 손에 맡겨도 되는지 물었다. 그들은 애초에 카이사르의 편에 서지 않은 것이나, 친구나 친척을 따라 전쟁에 나선 것을 후회했다. 어느 정도 이야기가 오가자 적군의 병사들은 용기를 내어, 페트레이우스와 아프라니우스의 목숨을 살려주겠다는 카이사르의 확답을 받아달라고 요구했다. 동료들을 배반했다는 오명을 남기고 죄의식으로 고통받고 싶지 않아서였다. 카이사르의 확답이 떨어지자 그들은 즉시 부대기를 건네주겠다고 맹세하고 수석 백인대장들로 구성된 대표단을 보내 카이사르와 해결책을 논의했다. 한편 어떤 병사들은 아군 병사들을 그들의 진지로 불러들여 두 진지는 마치 하나로 합쳐진 것 같았다. 또한 여러 명의 군관과 백인대장들이 카이사르를 찾아와 그의 밑에서 복무하기를 청했다. 이런 일이 일어나자 폼페이우스 군대에 의해 차출되어 인질로 억류돼 있던 히스파니아 귀족들도 카이사르의 진지로 찾아왔다. 이들 역시 아는 사람이나 가문의 옛 친지들을 찾았고, 자신의 호의를 증명할 수 있도록 카이사르를 만나게 해달라고 부탁했다. 심지어 아프라니우스의 젊은 아들까지도 카이사르의 부장인 술피키우스를 통해 부친과 그 자신의 안전을 보장해 달라고 간청했다. 모든 사람이 기쁨과 자축 속에 하나가 되었다. 한쪽은 죽음의 공포에서 벗어난 것에 감사했고, 다른 쪽은 피를 보지 않고 승리를 거머쥔 것에 기뻐했다. 이제 모두의 눈앞에서 카이사르의 자비가 결실을 맺었으며 모두가 그의 결정이 옳았음을 인정하게 되었다.

75 　이 소식을 보고받은 아프라니우스는 즉시 공사 현장을 떠나 진지로 돌아왔다. 표정으로도 알 수 있듯이 그는 어떤 상황이 닥치든 평온하고 침착하게 받아들일 준비가 되어 있었다. 반면 페트레이우스는 고집을 꺾지 않았다. 그는 자신의 노예들을 무장시키고 또한 자신의 호위대로 사용했던 경보병 대대와 소수의 야만족 기병을 앞세워 불시에 진지[88]로 들이닥쳐 병사들의 대화를 중단시키고 아군 병사들을 진영 밖으로 내몰면서 칼을 휘둘러 닥치는 대로 살해했다. 나머지 병사들은 갑작스런 공격에 놀랐지만 아군의 진지가 가깝다는 사실을 떠올리고는 즉시 한 곳에 집결한 후 양손에 방패와 검을 들고 경보병과 기병의 공격을 막아내면서 아군 진지로 퇴각하여 진문을 경비하고 있던 대대들의 도움을 받았다.

76 　이 일이 있은 후 페트레이우스는 자신의 중대들을 직접 돌면서 그를 배신하지 말 것이며, 이곳에 없다고 해서 총사령관인 폼페이우스를 배신하지 말 것이며, 그 자신을 적 앞에 내놓아 형벌을 당하게 하지 말라고 눈물로 호소했다. 많은 병사들이 사령부 앞으로 모여들었다. 페트레이우스는 병사들에게 군대와 사령관을 버리지 않을 것과 자신의 이익을 위해 동료들을 버리고 이기적으로 행동하지 않을 것을 맹세하라고 요구했다. 그 자신이 먼저 맹세한 후 아프라니우스에게도 똑같은 맹세를 강요했다. 그리고 군관과 백인대장의 뒤를 이어 병사들까지 백인대 별로 나와 똑같이 맹세하게 했다. 카이사르의 병사를 한 명이라도 막사에 들였다면 모두 내놓으라는 명령이 떨어지면서 끌려나온 자는 사령부 앞에서 공개적으로 처형되었다. 그러나 카이사르의 병사를 초대해 식사를 대접한 병사들은 대부분 밤중에 방벽 틈새로

그들을 도주시켰다. 아프라니우스와 페트레이우스는 이렇게 병사들을 위협하고, 무자비한 형벌을 가하고, 맹세와 복종을 강요함으로써 당분간 항복의 기대를 억누르는 데 성공했다. 그들은 병사들의 마음을 돌려 전선을 다시 긴장으로 몰아넣었다.

77 카이사르는 화해 분위기 속에서 그의 진지를 찾아온 적군 병사들에게는 최고의 대우를 한 후 돌려보내라고 명령했다. 그러나 꽤 많은 수의 군관과 백인대장이 자발적으로 그의 진지에 남기를 희망했다. 카이사르는 이들에게 경의를 표한 다음 백인대장들에게는 전과 똑같은 지위를 주고 기사 신분을 가진 자들에게는 군관의 지위를 부여했다.

78 아프라니우스의 병사들은 여전히 마초와 물을 구하지 못했다. 일레르다를 떠날 때 22일분 식량을 준비하라는 명령이 내려진 덕분에 군단병들에겐 약간의 식량이 남아 있었다. 그러나 경보병 외인군은 식량도 없고 식량을 구해 올 장비도 부족했으며 짐을 수송하는 일에도 신체적으로 익숙하지 않았다. 그 결과 많은 수의 외인군이 매일 카이사르의 진영으로 탈주했다. 폼페이우스 군대로서는 매우 심각한 상황이었다. 사령관들은 두 가지 방책을 숙고했다. 쉬운 방법은 일레르다로 돌아가는 것이었다. 일레르다에는 식량이 조금 남아 있으므로 일단 그곳에 도착하면 새로운 작전을 구상할 수 있다고 믿었기 때

---

88. 문맥으로 보아 페트레이우스의 진지일 것으로 추정된다.

로마군 군단병

경보병 외인군

문이다. 타라코는 일레르다보다 더 멀었으며, 이동할 거리가 멀수록 그
들에게 닥칠 불운도 더 많을 것이라 생각했다. 그에 따라 두 사령관은
일레르다로 돌아가기로 결정하고 이동을 시작했다. 카이사르는 기병을
출동시켜 적군 대열의 후미를 공격하여 지체시키는 동시에, 그 자신은
군단들을 이끌고 그 뒤를 따랐다. 적의 후미는 즉시 아군 기병의 공격
을 막아내고 반격을 가해 왔다.

79　　　전투는 다음과 같이 벌어졌다. 적군의 후위는 경무장을 한 여
러 대대들의 호위를 받았다. 평지에 이르면 몇몇 대대가 행군
을 멈추고 퇴각하는 다른 병사들을 호위했다. 언덕을 오를 때에는 지형
의 특성상 쉽게 위험에서 벗어났다. 앞서 간 병사들이 높은 곳에 자리
를 잡은 후 뒤따라 올라오는 동료들을 엄호했기 때문이다. 그러나 계곡
을 지나거나 내리막이 나오면 매우 위험한 상황이 펼쳐졌다. 앞서 간
병사들이 뒤따라오는 동료들을 도울 수 없었으며, 카이사르의 기병들
이 지대가 높은 후방에서 무기를 투척했기 때문이다. 이 문제를 해결하
기 위해 적은 일단 높은 지대에 오르면 행군을 멈추고 아군을 공격했
다. 아군이 멀찌감치 물러가면 적은 전속력으로 달려 내려가 계곡을 건
넌 다음 다시 높은 지대에 이르러 행군을 멈췄다. 적에게도 많은 수의
기병이 있었지만 군단병들에게 도움이 되기는커녕 몇 번의 전초전에서
사기가 완전히 꺾인 탓에 대열 중간에 틀어박혀 몸을 사리기만 했다.
카이사르의 기병이 던진 무기를 맞고 쓰러지기 전에는 어느 누구도 행
군 대열을 벗어나려 하지 않았다.

80　　　대개 이런 식의 전투가 벌어지면 항상 그렇듯이, 적의 행군은

느리고 답답했으며 동료를 돕기 위해 정지하는 일이 빈번했다.

6킬로미터가량 전진했을 때 아군 기병이 맹공을 퍼붓자 적은 높은 언덕으로 올라가 진지를 구축했으나 그러는 동안 우마의 등에서 짐을 풀진 않았다. 그날 정오경 카이사르가 진지를 구축하고 막사를 세울 때였다. 아군 기병이 마초 징발을 위해 출동한 틈을 타 적이 불시에 돌격을 감행해 아군을 혼란에 빠뜨리고 그 틈에 행군을 다시 시작했다. 이것을 본 카이사르는 충분한 휴식을 취한 자신의 군단들을 이끌고 적의 뒤를 쫓았다. 또한 몇몇 대대를 뒤에 남겨 군수품을 지키게 하고 제10시(오후 4시)에 그를 따라오라고 명령하고 기병과 징발대도 즉시 불러들였다. 기병은 곧 평소처럼 행군 대열에 합류해 폼페이우스 군대의 후미에 맹공을 퍼부었다. 이 공격으로 후미의 거의 모든 병사가 패주하고 몇 명의 백인대장을 포함해 많은 병사가 사망했다. 이와 함께 카이사르의 본대가 공격을 개시하여 적을 한꺼번에 위협하기 시작했다.

81

적은 더 이상 전진할 수도 없고 진지를 세우기에 마땅한 자리도 찾을 수 없는 상황에 몰리자 궁여지책으로 행군을 멈추고 물을 공급할 수 있는 곳으로부터 아주 멀고 지형도 불리한 곳에 진지를 구축했다. 그러나 위에서 말한 바로 그 이유 때문에 카이사르 역시 전투를 펼칠 수가 없었다. 그날부터 카이사르는 적이 밤이든 낮이든 언제든 탈출을 시도하면 보다 신속하게 추격할 수 있도록 아군 진지에 막사를 세우지 말라고 지시했다. 적은 진지의 불리함을 극복하기 위해 밤새워 방어 시설을 구축하면서 진지를 넓히고 전진했지만 물을 공급할 수 있는 곳으로부터는 계속 멀어졌기 때문에 기존의 어려움이 새로운 어려움으로 대체되는 형국을 벗어나지 못했다. 첫날밤에는 누구도 물을 뜨러 진지를 나서지 않았다. 이튿날 적은 진지에 경비대를 남겨두고 전 병력이 물을 뜨러 출동했지만 마초를 구할 병력은 전혀 내보내지 못했다. 카이사르는 전투를 벌여 패배를 안겨주기보다는 적이 이런 어려움에 지쳐 스스로 항복하기를 원했다. 그러나 한편으로는 궁지에 몰린 적이 갑자기 탈출을 시도할 수도 있다는 판단에, 적의 길목을 차단하기 위해 토루와 참호를 만들고 적의 진지를 포위했다. 그러자 적의 사령관들은 모든 짐말과 소를 죽이라는 명령을 내렸다. 더 이상 우마에게 먹일 마초가 없을 뿐 아니라 행군의 부담을 줄이기 위해서였다.

82 아군이 토루를 설계하고 축조하기까지 이틀이 걸렸고 사흘째가 되자 거의 모든 부분이 완성 단계에 들어갔다. 폼페이우스 군대는 공사가 진척되는 것을 막기 위해 제9시(오후 3시)경에 출동 신호를 울리고 군단들을 출동시켜 진영 바로 아래에 전투대형을 갖췄다. 카이사르도 공사 현장으로부터 군단병들을 불러들이고 전 기병을 소집해 전투대형을 갖췄다. 그의 병사들이나 세상 사람들의 생각과 달리 카이사르가 전투를 피하는 모습을 보이면 카이사르의 명성에 씻을 수 없는 오점이 남을 수 있었다. 그러나 앞에서 말한 것처럼 전투를 피하고자 하는 카이사르의 마음은 조금도 흔들리지 않았으며, 더욱이 적을 물리친다 해도 협소한 공간 때문에 결정적인 승리를 얻어내기는 어려웠다. 사실 두 진영 간의 거리는 3킬로미터에 불과했다. 양쪽 군대가 이 공간의 3분의 2를 차지했으므로 돌격하고 공격할 수 있는 공간은 나머지 3분의 1에 불과했다. 양쪽 진지가 서로 가까웠으므로 전투가 벌어지더라도 패한 군대는 재빨리 후퇴해 진영 안으로 숨을 수 있었다. 따라서 카이사르는 선공을 펼치는 대신 적이 먼저 공격하기를

기다렸다가 방어에 치중하기로 결심했다.

83　　아프라니우스는 앞쪽 두 열에 5개 군단을 배치하고 제3열에
는 외인군 대대들을 예비 부대로 배치했다. 카이사르는 3열
대형을 갖췄다. 제1열에는 5개 군단에서 각각 4개 대대를 선발해 배치
하고 제2열과 제3열에는 5개 군단에서 각각 3개 대대를 선발해 예비
부대로 배치했다. 중앙에는 궁수와 투석병 부대를 배치하고 양 날개에
는 기병을 포진시켰다. 양군의 사령관들은 이런 배치를 통해 각자의 목
적을 달성하고 있었다. 카이사르는 불가피한 경우가 아니면 전투를 벌
이지 않으려 했고, 아프라니우스는 카이사르의 공사를 방해하려 했기
때문이다. 교착 상태 속에서 양쪽 군대는 해질녘까지 전투대형을 유지
한 다음 진지로 돌아갔다. 이튿날 카이사르는 토루 공사를 끝낼 준비를
했고 폼페이우스 군대는 얕은 곳을 이용해 슈리스 강을 건너려 했다.[89]
이것을 본 카이사르는 게르만 경보병과 기병대의 일부를 강 건너로 출
동시켜 강둑을 따라 견고한 경비망을 구축했다.

84　　이로써 폼페이우스 군대는 완전히 궁지에 몰렸다. 넷째 날이
되자 우마에게 먹일 마초가 바닥났고 물과 땔감, 식량도 바닥
을 드러내기 시작했다. 결국 아프라니우스와 페트레이우스는 카이사르
에게 양측 병사들로부터 멀리 떨어진 장소에서 비공개 회담을 갖자고
제안했다. 그러나 카이사르는 은밀한 곳이 아닌 공개적인 장소에서 회
담을 갖는다면 응하겠다고 대답했다. 적의 사령관들은 아프라니우스의
아들을 인질로 내놓은 다음 카이사르가 정한 장소에서 회담을 가졌다.
아프라니우스는 양쪽 군대의 병사들이 듣는 자리에서 이렇게 말했다.

"그대는 나와 페트레이우스, 그리고 우리 병사들에게 악의를 품지 말아야 한다. 우리는 단지 우리의 총사령관인 폼페이우스에게 충성하려 했기 때문이다. 우리는 지금까지 최선을 다해 맡은 바 임무를 다했고 온갖 고초를 겪음으로써 충분한 벌을 받았다. 지금 우리는 짐승처럼 감금되어 있다. 물을 구하러 갈 수도 없으며, 다른 곳으로 이동할 수도 없다. 육체적인 고통과 굴욕감이 견딜 수 없는 지경에 이르렀다. 우리는 패배를 인정한다. 진심으로 간청하노니 일말의 동정심이 남아 있다면 부디 극형만은 삼가해 달라."

아프라니우스는 더없이 비굴하고 절망적인 자세로 애원했다.

85   카이사르가 두 사령관에게 대답했다.

"양쪽 군대의 지휘관과 병사들을 통틀어 불평을 늘어놓고 자기 연민을 느낄 권리가 그대들보다 적은 사람은 없을 것이오. 다른 자들은 모두 자신의 본분에 충실했소. 우선 카이사르는 시간과 장소와 조건이 유리할 때에도 화해의 가능성을 무산시키지 않기 위해 싸우기를 거부했소. 카이사르의 병사들도 마찬가지오. 그들은 극악무도한 경우를 겪고 심지어 동료들이 죽음을 당하는 순간에도 수중에 있는 적의 병사들을 감싸고 보호했소. 폼페이우스 진영의 병사들 역시 모든 동료의 목숨을 구해야 한다는 일념으로 카이사르를 찾아와 화해를 구했소. 이렇듯 모든 자가

---

89. 일레르다로 퇴각하기 위해서는 슈리스 강을 다시 건너야 했다. 결국 아프라니우스와 페트레이우스는 에브로 강을 건너는 데 실패한 것이다.

동정을 구하고 이해하는 편에 섰으나 오직 그대들만 화해를 외면했소. 휴전과 회담의 관례를 짓밟은 자가 바로 그대들이었고, 대화할 기회를 갖자는 제안에 속아 진지를 방문한 순진한 병사들을 잔인하게 죽인 것도 바로 그대들이었오. 그래서 그대들이 완고하고 거만한 자에게 닥치는 운명을 그대로 겪은 것이오. 이제 그대들은 조금 전까지 경멸해 마지 않던 회담과 타협에 의지하면서 화해를 구걸하고 있소. 그러나 본인은 그대들의 굴욕이나 현재 상황을 이용해 내 자신의 이익을 추구할 생각은 추호도 없음을 밝히는 바이오. 단지 그대들이 카이사르와 싸우기 위해 여러 해 동안 유지해 온 저 군대의 해산을 요구할 뿐이오.

본인은 〈카이사르와 싸우기 위해서〉라고 말했소. 그대들은 오직 그 이유로 6개 군단을 히스파니아로 파견하고, 이곳에서 또 한 군단을 모집하고, 대규모 함대들[90]을 준비하고, 노련한 사령관들[91]을 파견하지 않았소? 이 중에 그 무엇이 히스파니아를 평정하거나 속주를 통치하기 위한 수단이었소? 이곳은 오랫동안 평화로웠으므로 그런 수단이 전혀 필요치 않았단 말이오. 그대들이 오랜 시일에 걸쳐 그 모든 수단을 준비한 것은 오직 카이사르를 공격하기 위해서였소. 오직 카이사르를 공격하기 위해 새로운 절대 지휘권을 탄생시켜 한 사람[92]이 로마의 성문 밖에 머물면서 로마의 정치를 좌지우지하고, 바로 그 사람이 전쟁 준비가 완료된 두 개의 속주를 여러 해 동안 속주 밖에서 통치해 왔소. 오직 카이사르를 공격하기 위해 총독의 권한을 뜯어고치고[93] 그럼으로써 관례대로 법무관과 집정관 임기가 끝난 직후에 총독으로 파견하는 대신, 소수의 파벌이 총독을 선출하고 승인하게 되었소. 오직 카이사르를 공격하기 위해 복무 연한을 무용지물로 만들어 전쟁을 치르며 충분히 복무한 자들[94]을 또 다시 불러내 군대를 지휘하게 만들었단 말이오. 오직 카이사르만이 모든 사령관에게 주어지는 권리를 부여받지 못했소. 원정을 승리로 이끈 자가 군대를 해산하고 귀환할 때에는 대단한 명예를 누리진 못해도 최소한 모욕을 당하진 말아야 하는 것이오. 그러나 본인은 인내심을 발휘해 이 모든 것을 참았고, 앞으로도 그럴 것이오. 또한 지금의 상황에서 마음만 먹으면 쉽게 할 수 있는 일이지만, 그대들의 병사를 빼앗아 나의 군대로 받아들일 생각도 없소. 본인은 단지 그대들이 군대를 이용해 나와 대적하지 않기를 바랄 뿐이오.[95] 이것이 평화를 위해 카이사르가 내놓는 유일한 조건이자 최종적인 조건이오."

86　　폼페이우스 측 병사들은 당연히 형벌을 받을 것으로 예상했으나 요구하지도 않은 제대가 허용되자 기쁨을 감추지 못했다. 병사들은 매우 솔직하게 기쁜 심정을 드러냈다. 군무를 마감할 시간과 장소를 심의하는 동안 병사들은 방벽 위에서 소리를 지르고 손을 저으면서 즉시 제대시켜 주기를 바란다는 뜻을 나타냈다. 심의하는 자리에서 어떤 서약이 이루어지든 동원 해제가 후일로 연기되면 그 서약이 과연 시행될지 믿을 수 없다는 뜻에서였다. 짧은 논의 끝에 히스파니아에 가족과 재산이 있는 병사들은 즉시 제대시키고 나머지 병사들은 바루스 강[96]에 도착하면 제대시킨다는 결정이 내려졌다. 카이사르는

---

90. 카토가 시칠리아에서 1개 함대를 조직했다. 또한 마실리아의 함대와, 바로가 히스파니아에서 조직한 함대를 가리키는 것으로 추정된다.

91. 아프라니우스, 페트레이우스, 바로, 에노발부스, 비불리우스 루푸스를 가리킨다.

92. 폼페이우스를 말한다.

93. 속주 분배에 대한 기원전 52년의 폼페이우스 법을 가리킨다.

94. 군무의 면제를 요구하는 고참 장교들을 가리키는 것으로 추정할 수 있으나 정확한 뜻은 불확실하다.

95. 군대 해산을 명령하는 것이다.

96. 오늘날의 바르 강으로, 남프랑스와 북이탈리아의 경계 지방을 흐른다.

누구도 처벌하지 않을 것이며, 누구에게도 군무 서약을 강요하지 않을 것임을 약속했다.

87 뿐만 아니라 바루스 강에 도착할 때까지 병사들에게 식량을 배급할 것을 약속하고, 전쟁 중에 잃어버린 재물이 행여 아군 병사의 수중에 있다면 반드시 되돌려주겠다고 약속했다. 카이사르는 병사들에게 그렇게 취득한 재물의 가격을 공정하게 산정해 물건 대신 현찰로 지불하라고 명령했다. 그 후로 병사들은 분쟁이 일어나면 자진해서 카이사르에게 보고하고 판정을 기다렸다. 폼페이우스의 군단병들이 급료를 요구하며 소란을 피우고, 아프라니우스와 페트레이우스 측에서는 아직 봉급날이 되지 않았다는 해명을 내놓아 분쟁이 일어났을 때에도 사람들은 카이사르에게 문제를 조사해 달라고 요청했으며 양쪽 모두 그의 판결을 만족스럽게 받아들였다.

카이사르는 그 후 이틀 동안에 폼페이우스 군대의 3분의 1을 해산시켰고, 나머지 병사들은 카이사르의 2개 군단 뒤를 바짝 따르게 하여 그들과 나란히 야영을 하게 했다. 호송 책임은 퀸투스 푸피우스 칼레누스에게 맡겼다. 카이사르의 지시대로 폼페이우스 군 병사들은 히스파니아를 벗어나 바루스 강으로 이동한 다음 군무를 마치고 해산했다.[97]

---

97. 기원전 49년 8월 2일의 일이었다. 카이사르가 히스파니아에서 주도권을 잡은 지 일주일 만에 그는 히스파니아의 폼페이우스 군대를 해산시켰다. 폼페이우스 군 사령관인 아프라니우스와 페트레이우스에게는 거취 선택의 자유가 주어졌는데, 그들은 둘 다 폼페이우스가 있는 그리스로 떠나는 쪽을 선택했다.

승리와 패배

서쪽을 확보하다

제2권 기원전 49년

마실리아 공성전

1
히스파니아에서 이 같은 상황이 전개되는 동안 마실리아 공성을 지휘하기 위해 뒤에 남은 카이사르의 부장 가이우스 트레보니우스는 도시의 양쪽에 공성용 방벽을 쌓고[1] 차단막과 공성탑을 세웠다. 두 방벽 중 하나는 항구와 부두 쪽에 세워졌고, 다른 하나는 론 강 하구와 가까우며 갈리아와 히스파니아 방면에서 도시로 들어가는 성문 쪽에 세워졌다.[2] 트레보니우스는 이 공사를 완성하기 위해 속주 전역에서 수많은 인력과 우마를 징발하고 버드나무와 목재를 조달했다. 결국 그는 25미터 높이의 방벽을 쌓아올렸다.

2 　그러나 마실리아 군대는 오래전부터 도시 안에 수많은 무기와 각종 발사기를 준비해 놓았기 때문에 버드나무를 엮어 만든 차단막이 아무리 튼튼하다 해도 그들의 일제 공격을 막아내기는 역부족이었다. 한쪽 끝에 쇠못을 박은 3.5미터 길이의 통나무를 거대한 투척기로 발사하면 버드나무 차단막을 네 개나 겹친 방호벽도 박살이 나 땅속에 처박혔다. 따라서 아군 병사들은 30센티미터 두께의 목재로 방호벽 위에 지붕을 얹고 토루에 쓸 재료를 손에서 손으로 운반해 아래쪽을 보강했다. 방호벽 앞쪽의 지면을 평평하게 다질 때에는 18미터 길이의 〈거북형 엄호차〉[3]를 동원했다. 이것 역시 튼튼한 목재로 만들었고 돌과 횃불을 막아낼 수 있는 온갖 재료로 표면을 덮었다. 그러나 공성 시설의 규모, 방벽과 탑의 높이, 투척기의 수가 상상을 뛰어넘었기 때문에 전체적인 공사는 매우 느리게 진행되었다. 게다가 틈만 나면 알비키족이 돌격을 감행해 아군의 대루와 공성탑에 관솔불을 던졌다. 그러나 아군은 그들의 불과 무기를 쉽게 막아냈을 뿐 아니라 돌격을 감행한 자들을 도시 안으로 쫓으면서 큰 피해를 입혔다.

3 　한편 폼페이우스는 에노발부스와 마실리아 군대를 지원하기 위해 루키우스 나시디우스와 16척의 군선을 파견했다. 그 중

---

1. 이전 같으면 틀림없이 언급했겠지만 여기서는 대루(對壘: 적의 요새 앞에 쌓는 공격용 보루)의 건설 과정을 언급하지 않고 있다. 대루를 쌓았다면 필시 도시 양쪽의 공성용 방벽들과 직각을 이루었을 것이다.
2. 마실리아는 3면이 바다로 둘러싸여 있고 한 면만이 육지와 연결되어 있다. 바로 이 한 면의 가파른 계곡 너머에 성채가 있었기 때문에 공성 공사는 길고도 힘든 작업이었을 것이다.
3. 테스투도testudo. 거북의 등껍질을 뜻하는 라틴어로, 병사들이 방패로 머리를 막고 진격하는 대형을 가리키기도 하고, 성벽의 기초를 허물거나 해자를 파는 병사들을 보호하는, 경사진 지붕과 바퀴를 가진 구조물을 가리키기도 한다. 「갈리아 전쟁기」에서는 전자의 경우를 〈귀갑형 방패〉로 번역했으나 여기서는 후자를 가리킨다. (옮긴이)

갈리아 전쟁에서 선보인 귀갑형 방패 테스투도

몇 척에는 청동 충각衝角[4]이 달려 있었다. 쿠리오[5]는 나시디우스가 나타날 것을 예상하지 못하고 완전히 방심하고 있었기 때문에 나시디우스는 시칠리아 해협을 유유히 통과해 메사나로 들어갔다. 메사나의 지도자들은 공포에 사로잡혀 도시를 빠져나갔다. 나시디우스는 부두에서 배 한 척을 징발해 자신의 함대에 편입시킨 후 마실리아를 향해 계속 이동했다. 그는 몇 척의 배를 먼저 보내 에노발부스와 마실리아 사람들에게 그가 온다는 것을 알리는 동시에, 그가 몰고 오는 지원 함대와 마실리아의 함대가 함께 데키우스 브루투스에게 다시 도전할 것을 강력히 주장했다.

4 마실리아 군대는 일전에 패배[6]를 당한 후 함대를 보충하기 위해 선창에 매둔 낡은 배들을 끌고 나와 열심히 수리하고 장비를 갖췄다. 이와 함께 조타수와 노잡이를 충분히 확보하고, 고깃배들을 징발해 노잡이들이 투척 무기에 맞지 않도록 고깃배들을 갑판처럼 씌우고 그 안에 궁수와 투척기를 가득 배치했다. 함대를 갖춘 후 출항할 시간이 되자 도시의 모든 노인과 아낙네와 젊은 여자들이 몰려나와 눈물을 흘리며 기도를 하면서, 이 비참한 궁핍에서 그들의 도시를 구해달라고 애원했다. 마실리아 군대는 이전과 똑같은 용기와 자신감을 회복했다. 인간은 누구나 보이지 않는 것과 알지 못하는 것 때문에 지나

---

4. 군함의 이물(뱃머리의 튀어나온 부분)에 붙인 쇠나 그밖의 금속으로 된 돌기를 말한다.
5. 카이사르파다. 전직 호민관으로, 원로원이 카이사르에게 군대 해산을 명하는 최종 권고 의결안을 호민관 거부권을 발동하여 지연시켰다. 이 당시에는 로마의 곡창이라고까지 불린 시칠리아를 장악하고 있었다.
6. 1−58에서 마실리아 군대는 데키우스 브루투스 함대에 의해 해전에서 패배했다. 수적으로 우세였음에도 불구하고 그들은 그 전투에서 아홉 척의 배를 잃었다.

친 자신감이나 두려움을 품게 되는 오류를 범하는데, 이때가 바로 그런 경우였다. 루키우스 나시디우스의 도착은 사람들의 마음에 희망과 열정을 가득 채웠다. 적당한 바람이 불자 병사들은 항구를 떠나 그들의 요새 중 하나인 타우로이스에 정박한 나시디우스의 함대와 합류했다. 이곳에서 그들은 함선에 전투 장비를 갖추고 다시 싸우겠다는 결의를 다지면서 작전을 논의했다. 마실리아 군대가 우익을 맡고 나시디우스가 좌익을 맡기로 했다.

5 브루투스도 서둘러 그곳으로 출동했다. 그의 함대는 규모가 더욱 커졌다. 카이사르의 명령에 따라 아렐라테에서 건조한 함선들 외에 마실리아 군에게서 나포한 여섯 척의 배가 더해졌기 때문이다. 브루투스는 이미 이 배들을 수리하고 전투에 필요한 장비를 완벽하게 구비했다. 그는 병사들에게 일전에 로마군이 마실리아 군대를 물리치고도 병력 손실이 전혀 없었으므로 그자들을 마음껏 경멸하라고 격려한 후, 자신감과 용기로 충만한 함대를 이끌고 적을 향해 나아갔다. 가이우스 트레보니우스의 진지에서는 물론이고 지대가 높은 곳에서도 마실리아가 한눈에 보였기 때문에 도시에 남은 병사들과 모든 노인들 그리고 아녀자와 아이들이 광장이나 망루, 성벽 위에 모여 두 손을 높이 치켜들고 기도를 올리거나 신전에 모셔진 불멸의 신들을 찾아가 엎드려 승리를 기원하는 모습이 내려다 보였다. 자신들의 모든 운명이 그날의 결과에 달려 있다는 것을 모르는 사람이 없었다. 모든 연령대에서 각기 최고의 전사로 인정받는 자들이 지명되어 마실리아 시민들의 간절한 부탁을 받고 배에 올랐기 때문이다. 그 결과 그들의 군대가 패배를 겪는다면 저항을 시도해 볼 가능성마저 사라질 것이 분명했다. 반면

에 승리한다면 자신들의 힘과 외부의 도움으로 도시를 보호했다는 자부심을 가질 수 있었다.

6 전투가 시작될 때 마실리아 군의 용맹함은 하늘을 찌를 듯했다. 병사들은 조금 전에 시민들로부터 받은 격려와 경고를 기억하고, 이 전투에서 패하면 더 이상 기회가 없으며, 전투에서 그들의 생명을 위협하는 자들이라면 도시를 점령한 후에는 남아 있는 시민들의 운명까지 잔인하게 끝낼 것이라 믿고 전력을 다해 전투에 임했다. 아군의 군선들이 점차로 흩어지자 적은 조타 기술과 군선의 기동력을 활용할 기회를 잡았다. 아군 병사들이 적의 배에 접근해 갈고랑쇠를 던지려 하면 적은 사방에서 달려와 곤경에 빠진 동료들을 구했다. 그들은 또한 알비키족과 나란히 백병전을 치르면서 아군 병사들에 뒤지지 않는 용맹함을 보였다. 이와 동시에 얼마간 떨어져 정박해 있던 여러 척의 작은 배들이 아군을 향해 쉴 새 없이 무기를 투척한 결과, 이런 공격을 전혀 예상하지 못하고 전투에 몰두해 있던 많은 아군 병사들이 예기치 않게 부상을 입고 말았다. 데키우스 브루투스의 배에는 사령관 깃발이 달려 있어 쉽게 식별할 수 있었다. 결국 두 척의 군선이 그의 배를 발견하고 각기 다른 방향에서 전속력으로 돌진했다. 그러나 경계 태세를 늦추지 않고 있던 브루투스는 즉시 속도를 높여 두 척의 군선을 피했다. 그러자 표적을 잃은 두 척의 군선이 서로 충돌해 심하게 파손되었고 그 중한 척은 이물이 부러진 채로 침몰하기 시작했다. 가까이에서 이것을 본 브루투스의 군선들이 몰려와 공격을 퍼붓자 두 척의 군선은 이내 물 속으로 가라앉았다.

7 그러나 나시디우스의 함선들은 지원 공격을 하지 않고 재빨리
퇴각했다. 나시디우스의 수병들은 마실리아 땅을 보고 고향을
생각하거나, 목숨을 걸고 싸우라는 친족들의 훈계를 기억하고 전의를
다질 이유가 없었다.[7] 따라서 나시디우스의 함대는 한 척도 파손되지
않았다. 마실리아 함대에서는 다섯 척이 침몰하고 네 척이 나포되었으
며 한 척은 나시디우스 함대를 따라 먼 히스파니아 쪽으로 도망쳤다.
마실리아 군대는 남은 군선들 중 한 척을 마실리아로 먼저 보내 패전
소식을 알렸다.[8] 그 배가 도착하자 전 주민이 전투 결과를 듣기 위해 부
두로 몰려나왔고, 패전 소식을 들은 후에는 마치 도시마저 빼앗긴 양
놀라고 절망했다. 그런 와중에서도 마실리아 사람들은 어떻게든 도시
를 방어하기 위해 남은 수단을 총동원했다.

8 포위망의 오른쪽 부분을 맡고 있던 아군 군단병들은 성벽 가
까이에 벽돌로 탑을 쌓아 일종의 요새이자 은신처로 이용하면
적의 잦은 돌격을 효과적으로 막을 수 있음을 깨달았다. 병사들은 우
선 작고 낮은 구조물을 만들어 적의 갑작스런 공격을 막아냈다. 병사
들은 이곳을 대피소로 활용해 적이 맹공을 퍼부으면 그 속으로 들어가
공격을 막아내고 때로는 돌격을 감행해 적을 격퇴하고 추격했다. 탑은
가로 세로 9미터였지만 벽의 두께는 1.5미터나 되었다. 그러나 〈경험
은 행동의 스승〉이라는 말처럼 얼마 후 병사들은 탑을 높이 쌓으면 대
단히 쓸모가 있다는 사실을 자연스럽게 깨달았다. 탑 쌓기는 다음과
같이 이루어졌다.

9 탑이 1층 높이만큼 올라가자 병사들은 적이 횃불을 던져도 걸

치지 않고 떨어지도록 2층 바닥의 대들보 끝을 외벽 안으로 마무리했다. 나무로 짠 2층 바닥 위에는 다시 벽돌로 벽을 쌓았는데 공성용 엄호차[9]와 차단막을 이용해 적의 공격을 막아낼 수 있는 한에서 최대한 높이 쌓았다. 병사들은 이 벽 위에 거의 외벽 끝까지 올 만큼 긴 두 개의 대들보를 가로질러 놓고 대들보 위에는 탑의 지붕 역할을 할 나무로 짠 틀을 올려놓았으며, 대들보를 튼튼히 고정시키기 위해 대들보 위에 직각으로 이음보를 댔다. 대들보 위에 놓은 나무틀은 외벽 밖으로 튀어나오도록 약간 더 길게 만들어 여기에 적의 투척 무기를 튕겨 낼 수 있는 덮개를 매달았고 그 안쪽에서 계속 벽돌을 쌓아 올렸다. 또한 나무틀 윗면에 벽돌과 진흙을 덮어 적이 횃불을 던져도 피해를 입지 않게 했고, 그 위에는 다시 낡은 천을 깔아 노궁弩弓으로 쏜 창이 목재를 관통하거나 노포弩砲로 쏜 화살에 벽돌이 빠져나가지 않게끔 했다.

또한 닻줄을 엮어 1.2미터 폭의 방호 덮개를 세 개 만든 다음 적에게 노출된 세 외벽을 따라 벽 밖으로 튀어나온 나무틀 끝에 방호 덮개를 매달았다. 병사들은 이렇게 만든 방호 덮개는 적이 아무리 강력한 투척기로 활이나 창을 발사해도 뚫을 수 없다는 것을 다른 곳에서의 경

---

7. 나시디우스 함대의 수병들은 마실리아 사람들이 아니기 때문이다. 그들은 폼페이우스가 지원군으로 보낸 로마 병사들이다.
8. 두 번째 해전에서도 데키우스 브루투스가 승리한 것이다.
9. 경사진 지붕에 가죽이나 천을 씌우고 밑에는 바퀴를 달아 이동하면서 공사를 하는 병사들을 보호하는 엄호물의 일종이다.
10. 『갈리아 전쟁기』에서는 갈리아 부족들이 투척기를 사용했다는 언급이 없다. 또한 카이사르는 브리타니아인들에게도 투척기가 없다고 말했다. 『로마 공화정』을 쓴 라이스 홈스는 위의 언급이 현재의 공성 과정에서 얻은 경험을 가리키는 것이라 추정한다.

이동식 엄호차

노궁. 큰 화살을 쏘는 데 사용한다.

노포. 돌이나 무거운 나무토막을 발사하는 데 사용한다.

험으로 터득했다.[10] 이렇게 완성된 탑 위에 지붕을 덮어 적의 무기를 막아낼 수 있게 되자 병사들은 엄호차들을 다른 곳으로 옮긴 다음 2층 바닥에서 지레를 이용해 탑의 지붕을 전체적으로 들어 올렸다. 병사들은 지붕과 함께 올라가는 방호 덮개 속에 몸을 숨긴 채 지붕을 들어 올려 벽돌을 쌓아 올렸고, 벽을 쌓아 올린 후에는 다시 지붕을 들어 올려 공간을 만들었다. 다음 층의 바닥을 만들 때가 되면 병사들은 또 다시 외벽의 보호를 받으면서 대들보를 얹어 바닥을 만들고 지붕과 방호 덮개를 들어 올렸다. 이런 식으로 병사들은 사상자 없이 안전하게 6층까지 쌓아 올렸고, 벽돌을 쌓는 과정에서 투척기로 무기를 발사하기에 적당한 곳에는 공격용 창을 만들었다.

10　　병사들은 이 탑을 이용해 주변의 모든 시설을 보호할 수 있다는 자신감이 들자 탑에서부터 적의 성벽과 능보[11]까지 가로 세로 60센티미터의 목재로 18미터 길이의 지붕 달린 통로[12]를 만들었다. 통로는 다음과 같이 만들어졌다. 먼저 똑같은 길이의 기초목 두 개를 1.2미터 간격으로 지면에 놓고 그 위에 1.5미터 높이의 기둥들을 세웠다. 그 위에는 완만한 박공[13] 형태로 서까래를 놓아 판재를 얹을 수 있게 했다. 서까래 위에는 가로 세로 60센티미터의 판재들을 놓고 도리와 못으로 고정시켰다. 지붕의 처마를 따라 판재의 가장자리에는 가로 세로 약 8센티미터의 지지대를 붙여 지붕 위에 놓은 벽돌이 흘러

---

11. 성을 방어할 목적으로 성벽 귀퉁이에 만든 돌출부를 말한다.
12. 귀갑형龜甲形 엄호차와 비슷하지만 그보다 더 길고 끝이 뚫려 있다.
13. 책을 펼쳐서 엎어놓은 듯한 八자 모양의 지붕을 말한다.

내리지 않게 했다.

이렇게 경사진 통로를 완성하고 박공 형태의 판재를 얹은 후에는 기와와 진흙으로 지붕을 덮어 성벽 위에서 던지는 불을 막을 수 있게 했다. 또한 성벽 위에서 관을 통해 물을 흘려보내도 기와가 쓸려 내려가지 않도록 기와 위에는 짐승 가죽을 덮었고, 다시 가죽 위에는 불과 돌을 막을 수 있도록 천을 이어 붙인 덮개를 씌웠다. 차단막으로 적의 공격을 막으면서 적의 능보에 이르기까지 모든 공사를 마친 병사들은 적이 경계를 풀고 방심하는 사이에 해군 기술을 응용해 통로 밑에 굴림대를 넣은 다음 능보와 나란해지도록 통로를 이동시켰다.

11 갑작스런 재난에 당황한 마실리아 주민들은 능보 위에서 지렛대로 움직일 수 있는 가장 큰 바위들을 통로 위로 떨어뜨렸다. 그러나 구조물이 워낙 강하고 지붕이 박공 형태였기 때문에 충격을 이겨내고 무거운 바위들을 옆으로 굴러 떨어뜨렸다. 이것을 본 적들은 방법을 바꿔 이번에는 나무통에 장작과 역청을 가득 채워 불을 붙인 다음 성벽 아래로 굴리기 시작했다. 불 붙은 나무통이 성벽 아래로 떨어져 통로 옆면에 걸렸지만 아군 병사들은 장대와 갈퀴로 통들을 밀어냈다. 그러는 사이에 통로 밑에서는 아군 병사들이 지레를 이용해 능보의 기초를 이루는 돌들을 빼내기 시작했다. 이와 동시에 벽돌탑에서는 적을 향해 창과 투척기로 엄호 공격을 퍼부었다. 결국 적은 성벽과 능보에서 뒤로 물러나 성벽을 방어할 수 있는 시야를 빼앗기고 말았다. 능보의 기초를 이루는 몇 개의 돌들을 빼내자 능보의 일부가 갑자기 붕괴되고 나머지는 윗부분부터 기울기 시작했다. 이것을 본 마실리아 사람들은 공포에 사로잡혀 한 사람도 빠짐없이 무기를 버리고

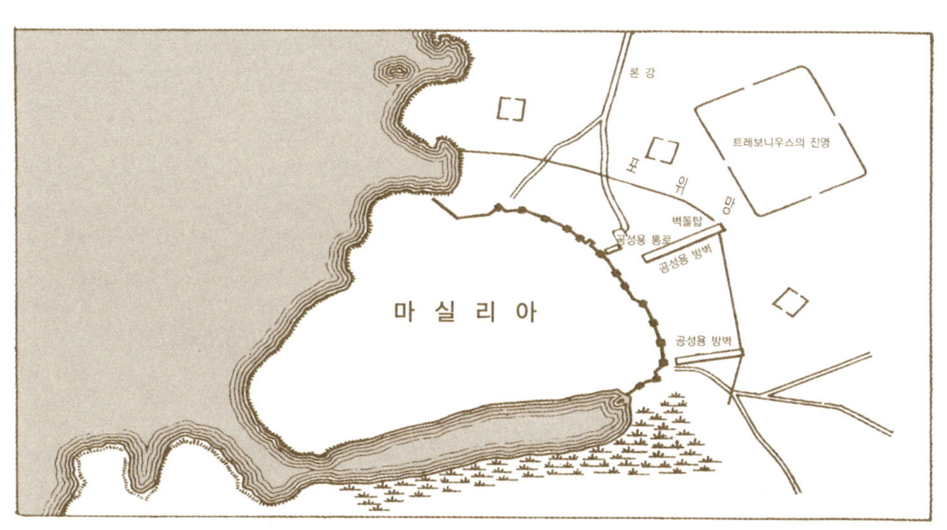

마실리아공성도

흰색 머리띠[14]를 두른 채 성문 밖으로 달려 나와 아군을 향해 두 손을 내밀며 목숨만은 살려달라고 애원했다.

12 새로운 사태가 벌어지자 아군은 모든 작전을 중단했다. 병사들은 승리의 순간을 직접 보고 듣기 위해 각자의 위치에서 달려 나왔다. 적들은 아군 부장들과 병사들 앞으로 달려와 발 아래 엎드린 다음 카이사르가 올 때까지 기다려 달라고 애원하면서 이렇게 말했다.

"우리는 우리의 도시가 점령당하고, 포위망이 완성되고, 능보가 허물어지는 것을 두 눈으로 똑똑히 보았소. 따라서 이제는 농성을 포기하고자 하오. 우리가 카이사르의 명령을 이행하지 못한다면 카이사르가 도착한 후에라도 그대들은 도시를 마음껏 약탈할 수 있지 않소? 또한 능보가 완전히 무너지면 언제라도 도시 안으로 달려가 자유롭게 약탈하고 파괴할 수 있지 않소?"

그들은 눈물을 쏟으면서 능숙한 웅변가[15]처럼 이같이 애원하여 아군의 동정심을 크게 자극했다.

13 이들의 호소에 마음이 움직인 아군 지휘관들은 공격을 일시 중단하고 경비대만 남긴 채 병력을 모두 철수시켰다. 지휘관들은 동정심에 이끌린 나머지 비공식적으로 휴전을 맺고 카이사르가 도착하기를 기다렸다. 적도 성벽 위에서 무기를 투척하지 않았고, 아군도 공격을 전면 중단했다. 전투가 종료되기라도 한 듯 모든 병사가 긴

장을 풀고 휴식을 취했다. 더구나 얼마 전에 카이사르가 트레보니우스에게 급보를 보내, 아군 병사들이 적들의 저항에 대한 증오와 모욕감에 사로잡혀 있고 게다가 오랜 전투로 인해 감정이 격한 상태에서 마실리아의 젊은이들을 살육할 수도 있으니 무력을 앞세워 도시를 습격하지 말라는 강력한 지시를 내린 터였다. 실제로 병사들은 당장이라도 살육을 벌일 태세였으며 그런 충동을 매우 어렵게 자제하고 있었다. 병사들은 당장에 도시를 점령하지 못하는 것은 트레보니우스의 과오 때문이라 믿고 격하게 분노했다.

14   그러나 적의 행동은 진실이 아니었다. 그들은 단지 시간을 벌면서 책략을 펼칠 기회를 노리고 있었다. 며칠 후 아군 병사들이 기나긴 공성 공사의 노고를 달래며 무기를 내려놓거나 덮개로 씌워놓은 채 경계를 풀고 휴식을 취하고 있을 때였다. 어떤 병사들은 부대를 벗어나 먼 곳으로 나가 있었다. 정오가 되자 갑자기 성문들이 열리고 적들이 달려 나오면서 아군의 공성 시설에 일제히 불을 질렀다.

때마침 강한 바람이 불어 공성용 벽과 차단막, 엄호차, 공성탑, 투척기 등이 즉시 불길에 휩싸여 모두가 보는 앞에서 잿더미로 변했다. 예상치 못한 기습 공격이었지만 아군 병사들은 당황하지 않고 손에 잡히는 대로 무기를 들었으며 진지에서도 더 많은 병사들이 달려 나와 반격에 합류했다. 병사들은 도망치는 적을 공격했지만 성벽 위에서 쏟아지

---

14. 신에게 목숨을 맡기고 보호를 받는다는 징표로 머리에 두르는 모직 띠로, 여기에서는 신에게 모든 것을 맡겨 달라는 탄원자들의 애원이 담겨 있다.

15. 갈리아 트란살피나에서 마실리아는 지식의 중심 도시였고 수사학을 가르치는 학교들로 유명했다.

는 투척 무기와 화살 때문에 그들을 추격하진 못했다. 아군의 공격이 주춤한 사이 적은 성벽 아래에 모여 아군이 만든 통로와 벽돌탑에 불을 질렀다. 몇 달에 걸친 공사가 적의 기만 전술과 강한 바람 속에 잿더미가 되는 순간이었다. 마실리아 군대는 이튿날에도 똑같은 작전을 폈다. 바람은 전날과 똑같았지만 적은 더욱 대담하게 달려 나왔고, 훨씬 더 많은 횃불을 가지고 나와 다른 탑과 공성벽에 불을 지르려 했다. 그러나 아군 병사들은 전날에는 경계를 완전히 풀고 있었지만 이날만큼은 전날의 사건을 교훈 삼아 완벽한 방어 준비를 갖추고 있었다. 그 결과 아군은 마실리아 부대가 목적을 달성하기도 전에 수많은 적을 죽이고 나머지를 도시 안으로 쫓아버렸다.

15 트레보니우스는 파괴된 공성 시설을 수리하고 재건하기 시작했다. 땀 흘려 완성한 설비들이 송두리째 붕괴되는 것을 두 눈으로 목격한 병사들은 적의 기만적인 전술 때문에 그들의 용기가 조롱거리로 전락해서는 안 된다는 생각으로 더욱 열심히 작업에 임했다. 마실리아 주변에서 멀리 떨어진 곳에 있는 나무까지 모두 벌채했기 때문에 인근 지역에서는 공성벽에 쓸 재료를 구할 수가 없었다. 따라서 병사들은 지금까지 유례가 없는 새로운 방법으로 공성벽을 쌓기 시작했다. 즉 그들은 벽돌로 1.8미터 두께의 이중벽을 쌓은 다음 목재로 그 위를 덮어서, 목재를 쌓아 만들었던 과거의 벽과 거의 똑같은 폭을 가진 공성벽을 탄생시켰다. 벽 사이의 공간이나 구조상 취약한 부분에는 필요하다고 판단되면 땅 속에 말뚝을 박고 말뚝 위에 가로장을 대 벽을 보강했다. 지붕처럼 올려놓은 목재 위에는 고리버들을 엮어 만든 판을 얹고 진흙을 두껍게 발랐다. 병사들은 머리 위엔 지붕이 있고, 좌우엔

벽이 있으며, 전면은 차단막으로 막은 상태에서 필요한 모든 작업을 안전하게 수행할 수 있었다. 공사는 신속하게 진행되었다. 병사들은 뛰어난 분별력과 강인함을 발휘해 적이 무너뜨린 오랜 노동의 결실을 이내 복구했다. 공성벽 중에서 돌격을 감행하기에 적당한 곳들은 통로로 남겨두었다.

16   마실리아 사람들은 아군이 붕괴된 공성 시설을 복구하려면 엄청난 시간과 노력이 들 것이라 예상했지만 기대와 달리 며칠 만에 모든 것이 빠르게 복구되는 것을 보았다. 그들은 이제 기만 전술로 공성 시설을 파괴할 수도 없고, 투척 무기로 카이사르의 병사들을 공격하거나 공성 시설에 불을 지를 수도 없음을 깨달았다. 또한 아군의 공성탑이 도시의 성벽 전체를 둘러싸자, 도시에서 육지로 통하는 유일한 부분이 아군의 공성벽과 탑으로 둘러싸이면 도시를 방어할 수 있는 유리한 입장마저 빼앗기게 될 것임을 깨달았다. 게다가 아군의 공성벽이 그들의 성벽과 아주 가까워 손으로 무기를 투척할 수 있었기 때문에 그들로서는 큰 기대를 걸었던 투척기들을 제대로 사용할 수도 없었고, 설령 성벽과 탑에서 대등한 조건으로 맞붙는다 해도 아군의 용맹함을 당할 수 없음을 잘 알고 있었다. 결국 마실리아 사람들은 전과 똑같은 조건으로 다시 한 번 백기를 들었다.

17   마르쿠스 바로는 먼 히스파니아에서 이탈리아의 상황을 처음 전해들었을 때 폼페이우스가 승리할 가능성이 적다고 보고 카이사르에 대해 대단히 호의적인 발언을 했다. 그는 현재 폼페이우스의 부장으로서 속주를 다스리는 임무에 충실해야 하지만 그에 못지

않게 카이사르와의 친분도 대단히 두텁고, 신뢰를 받고 있는 지휘관으로서 지켜야 할 의무도 잘 알고 있으며, 또한 자신의 능력이 무엇이고 속주 전체가 카이사르에게 얼마나 호의적인지를 알고 있다고 말했다. 그는 입을 열 때마다 이런 뜻을 밝혔지만 실제로는 어느 편으로도 움직이지 않았다. 그러나 후에 카이사르가 마실리아에 묶여 있고, 페트레이우스의 병력이 아프라니우스와 합류했으며, 대규모 외인군이 소집되었을 뿐 아니라 더 많은 병사가 소집될 예정이고, 가까운 히스파니아 전체가 폼페이우스를 지지한다는 소식이 차례로 그의 귀에 들어왔다. 또한 일레르다에서 카이사르가 식량 부족으로 어려움을 겪고 있다는 소식을 아프라니우스의 전령을 통해 과장된 이야기로 자세히 듣게 되었다. 그러자 그도 역시 전운에 편승하기로 결심했다.

히스파니아 최종 장악

18　마르쿠스 바로는 속주 전역에서 군대를 소집해 완전한 2개 군단을 편성하고 그 외에도 약 30개에 이르는 외인군 대대를 조직했다. 또한 마실리아에 보낼 식량과 아프라니우스와 페트레이우스에게 보낼 많은 양의 식량을 모으는 한편 가데스[16] 부족에게 12척의 군선을 건조하라고 명하고 추가로 히스팔리스[17] 주민들에게도 몇 척의 군선을 더 건조하게 했다. 그는 헤라클레스 신전에 있던 모든 돈과 장식품을 빼앗아 가데스로 옮기고 속주에서 가데스로 6개 대대를 수비대로 보내고, 로마 기사이자 에노발부스의 친구이며 에노발부스의 유산 관

리자로 파견 나와 있던 가이우스 갈로니우스에게 수비대의 지휘를 맡겼다. 갈로니우스는 개인의 소유와 도시의 소유를 가리지 않고 모든 무기를 자신의 집으로 끌어모았다. 한편 바로는 군중 집회를 열어 카이사르를 맹렬히 비난했다. 그는 공적인 연단에서, 카이사르가 패배를 겪고 있고 수많은 병사들이 그를 버리고 아프라니우스 진영으로 넘어갔으며, 이런 소식들을 권위 있는 사람들과 믿을 만한 사자를 통해 전해들었다고 누차 강조했다. 이런 이야기들을 듣고 속주 내의 로마 시민들이 불안해하자 바로는 시민들에게 공공 자금의 명목으로 1,800만 세스테르티우스와 은 2만 파운드와 밀 12만 펙을 강제로 부과했다. 어느 한 지역이 카이사르에게 호의적인 것 같으면 그들에겐 더 무거운 짐을 부과했으며, 그곳에 군대를 배치하고 개개인들을 재판에 회부했다. 그 자리에서 누구라도 로마의 정책에 이의를 제기하면 그의 재산을 몰수했다. 바로는 모든 속주민들에게 강제로 그 자신과 폼페이우스에 대한 충성을 맹세하게 했다.

가까운 히스파니아의 상황을 알게 된 순간부터 바로는 전쟁을 준비했다. 그러나 속주 전체가 카이사르의 편이었으므로 이제 그가 세울 수 있는 작전은 2개 군단을 이끌고 가데스로 가서 군선과 모든 식량을 그곳에 모아놓고 기다리는 것뿐이었다. 일단 그 섬에 식량을 비축하고 함대를 집결시켜 놓으면 전쟁을 치르기는 어렵지 않을 것이라 생각했다.

카이사르는 여러 가지 긴급한 사정 때문에 이탈리아로 돌아가야 했지만 히스파니아의 어느 지역에도 전쟁의 불씨를 남겨놓지 않기로 결

---

16. 지브롤터 해협 근처의 식민 도시로 오늘날의 카디스를 말한다.
17. 스페인 남부에 있는 오늘날의 세비야이다.

심했다. 가까운 히스파니아는 폼페이우스의 혜택을 입은 자들과 그의 피보호민[18]들이 특별히 많은 곳이었다.

19   따라서 카이사르는 호민관인 퀸투스 카시우스에게 2개 군단을 맡겨 먼 히스파니아로 오게 한 후 그 자신도 6백의 기병을 이끌고 강행군으로 먼저 그곳에 도착했다. 카이사르는 전 부족의 판관과 족장들에게 며칠 후 코르두바[19]에 모여 회의를 열겠다는 칙령을 공포했다. 이 칙령이 속주 전역에 전달되자 모든 부족이 정해진 시간에 유력한 지도자들을 코르두바로 보냈고 명망 있는 로마 시민들도 빠짐없이 그곳으로 모였다. 이와 동시에 코르두바의 로마 시민들은 자발적으로 성문을 닫아 바로를 막고 탑과 성벽에 경비병과 파수꾼을 배치했으며, 때마침 그곳에 와 있던 2개 대대의 식민지 병사[20]로 하여금 도시를 방어하게 했다. 이 기간에 속주 전역에서 가장 강력한 부족으로 꼽히는 카르모[21] 주민들은 마르쿠스 바로가 성채 방어를 위해 배치해 둔 3개 대대를 도시 밖으로 몰아내고 성문을 닫아버렸다.

20   이 때문에 바로는 육로나 해로가 차단될 것을 우려해 최대한 서둘러 가데스로 이동했다. 한편 먼 히스파니아 주민들은 속주 전역에서 카이사르에게 강력하고 열광적인 지지를 보냈다. 카이사르가 얼마간 전진했을 때 가데스에서 보낸 전령이 급보를 들고 달려왔다. 급보의 내용은, 카이사르의 칙령이 공포되었다는 소식을 듣자 가데스의 지도자들은 즉시 수비 대대들의 군관들과 뜻을 모아 갈로니우스를 추방하고 도시와 섬을 접수한 다음 카이사르를 기다리기로 결정했다는 것이다.[22] 이 결정에 따라 그들은 갈로니우스에게 자진해서 가데

스를 떠나면 안전을 보장해 주겠지만 그렇지 않으면 전투도 불사하겠다고 경고했다. 갈로니우스는 겁에 질려 즉시 가데스를 떠났다. 이 소식이 바로의 진영에 알려지자 2개 군단 중 원주민 군단[23]으로 알려진 1개 군단의 병사들은 바로가 옆에서 지켜보는 가운데 그들의 진지에서 부대기들을 거둔 다음 히스팔리스로 철수했다. 병사들은 히스팔리스의 민회 광장과 주랑 현관에서 야영을 하면서 어느 시민에게도 폐를 끼치지 않았다. 히스팔리스의 로마 시민들은 그들의 행동에 강한 지지를 보내면서 병사들을 기꺼이 집안으로 받아들였다. 이런 상황을 전해들은 바로는 놀라움과 공포에 사로잡혀 즉시 경로를 바꾸어 이탈리카[24]로 가겠다는 통보를 보냈으나 이탈리카의 주민들도 성문을 모두 닫아버렸다는 소식이 돌아왔다. 바로는 더 이상 갈 곳이 없자 카이사르에게 전령을 보내 카이사르가 지명한 자에게 자신의 군단을 넘기겠다고 통보했다. 카이사르는 섹스투스 카이사르를 보내 바로의 군단을 인수하게 했다. 바로는 군단을 넘긴 후 코르두바로 건너가 카이사르를 만났다. 바로는 자신의 공금에 대해 숨김없이 설명하고 수중에 있는 돈을 모두 넘겼으며 함선과 식량의 소재지도 모두 밝혔다.[25]

---

18. 유력자의 보호를 받는 대가로 그에게 충성을 바치는 자유민을 가리킨다.

19. 오늘날의 코르도바이다.

20. 로마 식민지에서 징집한 병사들을 그렇게 불렀다.

21. 오늘날의 카르모나를 말한다.

22. 마르쿠스 바로는 가데스에 수비대로 6개 대대를 보내면서 그 지휘를 갈로니우스에게 맡겼다.

23. 식민지 원주민들로 구성된 군단을 가리킨다.

24. 히스팔리스 북쪽에 있는 도시로 오늘날에도 이탈리카라 부른다.

25. 싸워보지도 않고 투항한 바로도 카이사르는 풀어주었다. 바로는 아프라니우스와 페트레이우스처럼 폼페이우스가 있는 그리스로 가는 쪽을 선택했다.

21 　카이사르는 코르두바에서 회의를 열고 모든 계층에게 일일이
감사의 뜻을 표했다. 그는 먼저 로마 시민들에게 그들 스스로
도시를 장악하고 지켜낸 열성에 감사를 표했고, 히스파니아인들에게는
수비대를 몰아낸 것에 감사를 표했으며, 가데스 주민들에게는 적의 계
략을 미연에 차단하고 독립을 지켜낸 것에 감사를 표했다. 또한 가데스
를 지킨 수비대의 군관들과 백인대장들에게는 병력을 내어 주민들의
결정을 지지한 것에 감사를 표했다. 카이사르는 로마 시민들이 마르쿠
스 바로 앞에서 국고에 지불하기로 약속했던 돈을 모두 면제해 주었고,
솔직하게 발언했다는 이유로 재산을 몰수당한 사람들에게도 빼앗긴 재
산을 되돌려주었다. 또한 공이 많은 집단과 개인들에게는 상을 내리고,
나머지 사람들에게는 앞날에 대한 희망을 심어주었다. 카이사르는 코
르두바에서 이틀을 보낸 후 가데스로 건너가, 바로가 헤라클레스 신전
에서 빼앗아 어느 개인의 저택에 보관하고 있던 돈과 공물을 모두 신전
으로 반환하라고 명령했다. 카이사르는 퀸투스 카시우스에게 4개 군단
을 주어 속주를 맡긴 다음 바로의 지시에 따라 가데스 주민들이 건조했
던 군선들을 이끌고 그곳을 떠났다. 며칠 후 그가 도착한 타라코에는[26]
가까운 히스파니아의 거의 모든 지역에서 보낸 사절단들이 그를 기다
리고 있었다. 며칠 전처럼 카이사르는 몇몇 부족과 개인들에게 특별한
명예를 수여한 다음 타라코를 떠나 육로로 나르보에 도착한 다음 다시
마실리아로 이동했다. 마실리아에 도착한 카이사르는 원로원에서 독재
관을 승인하는 법이 통과됐으며, 법무관 마르쿠스 레피두스가 다름 아
닌 카이사르 자신을 후보로 지명했음을 알게 되었다.

마실리아, 백기를 들다

22 마실리아 사람들은 온갖 곤란을 겪으면서 지칠 대로 지쳐갔다. 무엇보다 식량이 극도로 부족했다. 또한 해전에서 두 번이나 패배를 당했고 잦은 돌격은 번번히 격퇴당했으며, 오랜 포위와 비정상적인 음식으로 지독한 역병까지 번지고 있었다. 사실 그들은 위급한 상황에 대비해 오래전에 비축해 두었던 묵은 기장과 썩은 보리를 먹으며 연명하고 있었다. 게다가 능보 하나가 무너졌고 성벽의 기초도 많은 부분이 파손되었다. 속주와 군대는 이미 카이사르의 수중에 들어갔으므로 지원군이 올 것이라는 희망도 사라진 지 오래였다. 결국 마실리아 사람들은 이번에야말로 진심으로 항복하기로 결정했다. 그러나 며칠 전 마실리아 사람들의 계획을 알게 된 에노발부스는 세 척의 군선을 모은 다음 그 중 두 척을 지지자들에게 맡기고 그 자신은 나머지 한 척에 올라 폭풍우가 몰아치자 즉시 마실리아로 이동했다. 그러나 정찰 임무를 띠고 시칠리아 해협을 감시하던 브루투스의 함선들이 에노발부스의 함대를 발견하고 즉시 닻을 올리고 추격을 시작했다. 에노발부스가 탄 배는 폭풍의 도움 속에 계획된 항로를 따라 꾸준히 도망친 끝에 곧 아군의 시야에서 사라졌지만 나머지 두 척은 아군의 군선들과 마주치자 놀란 나머지 출발했던 항구로 되돌아가고 말았다. 마실리아 사람들은 카이사르의 명령대로 무기와 투척기들은 도시 밖으로 실어 나르고, 군선들은 항구와 부두 밖으로 이동시키고, 국고의 돈은 모두 넘겨주었

---

26. 기원전 49년 9월 25일에 카이사르는 타라코에 도착했다. 아프라니우스와 페트레이우스의 항복을 받아낸 후 히스파니아 전체를 장악하는 데는 거의 두 달이 걸린 셈이다.

다. 그런 후 카이사르는 그에 대한 충성보다는 마실리아의 역사와 명성
을 참작하여 주민들은 처형하지 않기로 결정하고 2개 군단을 수비대로
남겨두었다.[27] 카이사르는 나머지 병력을 이탈리아로 보내고 그 자신도
로마를 향해 출발했다.[28]

쿠리오의 아프리카 전투

23   거의 같은 시기에 가이우스 쿠리오는 시칠리아를 떠나 아프
리카로 이동했다.[29] 그는 애초부터 푸블리우스 아티우스 바루
스[30]를 얕보았기 때문에 카이사르로부터 위임받은 4개 군단 중 2개 군
단과 5백의 기병만을 출동시켰다.[31] 쿠리오는 이틀 낮과 사흘 밤을 항
해한 후에 안퀼라리아라는 장소에 도착했다. 클루페아에서 약 33킬로
미터 떨어진 안퀼라리아는 육지에서 튀어나온 두 개의 곶(메리쿠리우스
곶과 아폴리니스 곶)으로 둘러싸여 있어 여름에는 배를 대기에 상당히
좋은 곳이었다. 클루페아에는 젊은 루키우스 카이사르[32]가 10척의 군

---

27. 카이사르는 마실리아의 빛나는 문화와 역사를 인정해 마실리아가 독립국으로 존속하는 것을 허용했다.
28. 기원전 49년 10월 25일, 지중해 서부 최고의 항구 도시 마실리아가 마침내 카이사르에게 함락된 것이다. 마실리아 공성전이 시작된 지 거의 6개월 만에 이루어낸 승리다.
29. 오늘날의 튀니지로, 쿠리오는 시칠리아를 정복하고 기원전 49년 8월 11일 북아프리카에 상륙했다.
30. 아티우스는 아욱시뭄에서 카이사르에게 패하여 군대를 잃은 후 아프리카로 도주했다. 북아프리카 총독을 지낸 바 있는 그는 그곳에서 병사를 소집하고 2개 군단을 편성했다.
31. 나머지 2개 군단은 시칠리아 수비를 위해 남겨두었다.
32. 폼페이우스 군대에 속한 부장의 아들로, 카이사르와는 친척뻘이다. (1-8 참조.)

쿠리오의 아프리카 진지 배치도

선을 이끌고 쿠리오가 도착하기를 기다리고 있었다. (그 배들은 해적과의 전쟁이 끝난 후 푸블리우스 아티우스 바루스가 우티카에 정박시켜 이 전투를 위해 완벽하게 수리해 놓은 것들이었다.) 그러나 쿠리오의 함대가 나타나자 루키우스 카이사르는 그 규모에 놀라 재빨리 항구로 돌아왔다. 그는 자신의 군선을 가장 가까운 해안으로 몰고 가 해변 위에 배를 버려두고 걸어서 가이우스 콘시디우스 롱구스와 1개 군단이 주둔하고 있는 하드루메툼으로 도망쳤다. 루키우스 카이사르가 도망치자 나머지 함선들도 하드루메툼으로 돌아갔다. 재무관 마르쿠스 루푸스는 쿠리오가 시칠리아를 떠날 때 병력을 호위하기 위해 몰고 왔던 12척의 군선을 이끌고 루키우스 카이사르를 추격했다. 그의 배가 해변에 좌초된 것을 보고 마르쿠스 루푸스는 밧줄로 배를 끌어낸 다음 함대를 이끌고 가이우스 쿠리오가 있는 곳으로 돌아왔다.

24　쿠리오는 마르쿠스와 함대를 먼저 우티카[33]로 보낸 다음, 그 자신은 군대를 이끌고 행군하여 이틀 후 바그라다 강에 도달했다. 쿠리오는 가이우스 카니니우스 레빌루스 부장에게 군단들을 맡겨 그곳에 남겨두고, 그는 기병과 함께 먼저 코르넬리우스 진지[34]의 지형을 조사했다. 그 지역이 진지를 구축하기에 매우 적당해 보였다. 실제로 그곳의 지형은 바다 쪽으로 곧게 뻗어 있었고 양쪽은 매우 가파르고 험한 반면 우티카로 향하는 쪽은 거의 평지에 가까웠다. 우티카까지의 거리는 일직선으로 1.5킬로미터에 불과하지만 그 중간에는 밀물이 깊은 곳까지 들어오는 개울이 있고 개울 주변으로 넓은 습지가 펼쳐져 있었다. 습지를 피해 도시로 가려면 9킬로미터를 돌아가야 했다.

25   그 지역을 탐색하던 쿠리오의 눈에 아티우스 바루스의 진지
가 들어왔다. 적의 진지는 이른바 〈바알[35]의 문〉이라 불리는
성문 옆으로 성벽과 맞닿아 있었는데 가히 천연의 요새라 할 만했다.
한쪽에서는 우티카 도시 자체가 진지를 보호했고, 다른 쪽에서는 도시
앞쪽으로 거대한 극장이 서 있었는데, 이 극장의 기초 부분이 워낙 광
대했기 때문에 진지로 접근할 수 있는 유일한 통로는 아주 좁고 험한
길뿐이었다. 쿠리오는 도시로 통하는 도로들이 짐을 나르고 가축을 모
는 사람들로 붐비는 것을 보았다. 그들은 갑작스런 공격을 걱정하면서
주변에서 가져온 물자를 도시 안으로 운반하고 있었다. 쿠리오는 그들
을 공격하여 물자와 사람을 전리품으로 포획하기 위해 기병을 출동시
켰다. 이에 맞서 아티우스 바루스도 주민들을 돕기 위해 수일 전에 유
바 왕[36]이 지원 병력으로 보낸 600의 누미디아 기병과 400의 보병을 성
밖으로 출동시켰다. 유바 왕은 오래전부터 폼페이우스 가문과 각별한
친분이 있었을 뿐 아니라, 쿠리오가 호민관이었을 때 유바의 영토를 로
마의 재산으로 몰수하자는 법안[37]을 제출한 적이 있었으므로 쿠리오에

---

33. 아프리카 북단인 튀니지 북부의 고대 도시로, 북아프리카 최대의 항구다.
34. 한니발과의 전쟁 때 푸블리우스 코르넬리우스 스키피오(훗날 스키피오 아프리카누스)가 진지를 세운 곳이
다. 아프리카인들은 쿠리오가 위대한 스키피오를 모방해 그곳에 진지를 세울 것이라 예상하고 주변 지역의
물에 독을 탔다. 그 결과 병사들 사이에 이상한 전염병이 퍼졌기 때문에 쿠리오는 습지를 지나 우티카 주
변으로 진지를 옮겨야 했다.
35. 페니키아 신화에서 각 도시의 수호신으로 숭배되었다.
36. 북아프리카에 위치한 누미디아 왕국(오늘날의 알제리)의 유바 1세로 폼페이우스파를 지지했다.
37. 1년 전인 기원전 50년에 쿠리오가 제출한 법안을 가리킨다. 폼페이우스의 반대로 통과되지 못했다. 카르타
고와 로마의 제2차 포에니 전쟁(기원전 218~201)에서 누미디아의 왕 마시니사는 로마의 스키피오 편을 들
었으므로 이후 누미디아는 로마의 특별한 번속국(종주국에 군대를 파견하고 조공을 바치지만 내정에 대해
서는 자율권을 인정받는 종속국)으로 인정을 받았다. 그러나 쿠리오의 법안에 이어 기원전 46년에 결국 로
마의 속주로 편입되었다.

게 원한을 품고 있었다. 아군과 적군 사이에 기병전이 벌어졌다. 누미디아 기병은 아군의 첫 번째 공격조차 견디지 못하고 약 120명의 전사자를 내고 진지로 퇴각했다. 한편 쿠리오는 군선들이 도착하자 우티카항 주변에 정박 중인 약 200척의 보급선들에게 포고를 내리라고 명령했다. 지금 당장 범선을 몰고 코르넬리우스 진지로 건너가지 않는 자는 모두 적으로 간주하겠다는 내용이었다. 보급선들은 즉시 닻을 올리고 우티카를 떠나 쿠리오가 명한 곳으로 이동했다. 이렇게 해서 아군은 모든 종류의 군수품을 확보하게 되었다.

26 쿠리오가 바그라다 강변의 진지로 돌아오자 모든 병사들이 예를 갖추고 그를 〈대장군〉[38]이라 부르며 찬양했다. 이튿날 쿠리오는 병사들을 이끌고 우티카로 가서 도시 근처에 진지를 구축했다. 진지 공사가 아직 한창일 때 경계를 보고 있던 기병으로부터, 누미디아의 유바 왕이 지원군으로 보낸 대규모의 기병과 보병이 우티카로 오고 있다는 보고가 들어왔다. 그와 동시에 거대한 먼지 구름이 보였고 곧이어 대열의 선두가 시야에 들어왔다. 예상치 못한 사태에 깜짝 놀란 쿠리오는 기병을 출동시켜 선제 공격으로 적의 행군을 저지하라고 명령하고 그 자신은 군단들을 이끌고 재빨리 물러나 전투대형을 갖췄다. 유바 왕의 군대는 경계를 풀고 대오마저 유지하지 않은 채 행군하고 있었으므로 신속한 작전을 펼치기가 불가능했다. 그 결과 아군의 기병이 공격을 퍼붓자 적은 우왕좌왕하면서 군단병들이 대형을 갖추기도 전에 썰물처럼 패주하고 말았다. 유바 왕의 기병대는 해안을 따라 전속력으로 도주한 다음 도시 안으로 피신했기 때문에 사상자는 거의 없었지만 많은 수의 보병이 아군의 공격에 목숨을 잃었다.

27 이튿날 밤 마르시족[39] 출신의 두 명의 백인대장이 휘하의 중대 병력 중 22명을 데리고 쿠리오의 진지를 빠져나와 아티우스 바루스 쪽으로 넘어갔다. 그들이 진정으로 아티우스 바루스의 승리를 예견한 것인지 아니면 단지 아티우스에게 듣기 좋은 말을 한 것인지는 알 수 없으나(사람은 자신이 원하는 대로 믿는 경향이 있고 다른 사람도 자신과 똑같이 생각하기를 바란다.) 어쨌든 그들은 아티우스에게 쿠리오의 모든 병사가 불만을 품고 있으니 병사들을 직접 만나 그들의 마음을 타진할 필요가 있다고 주장했다. 탈주병들의 말을 믿은 아티우스는 이튿날 아침 병력을 이끌고 진지에서 나왔다. 쿠리오도 그의 병력을 이끌고 나와 좁은 계곡 맞은편에 전열을 갖췄다.

28 아티우스 바루스의 진영에는 섹스투스 퀸틸리우스 바루스가 있었다. 앞서 말한 대로 그는 코르피니움에서 카이사르로부터 석방된 후 아프리카로 건너왔다. 지금 쿠리오의 군대는 카이사르가 코르피니움에서 넘겨준 군단들이었다.[40] 몇몇 백인대장이 바뀌기는 했지만 병사들은 과거와 똑같은 계급과 중대를 유지하고 있었다. 퀸틸리우스는 이 병사들과 이야기할 기회가 오자 말을 타고 쿠리오의 대열을 돌면서 병사들에게, 에노발부스와 재무관인 그에게 맹세했던 최초의

---

38. 임페라토르imperator. 원래는 전쟁을 승리로 이끈 장군의 지휘 능력을 인정하여 병사들이 환호로서 붙여주는 명예로운 칭호였으나 제정기에는 황제의 공식 명칭 중 하나가 되었다. 황제를 뜻하는 단어 emperor의 어원이기도 하다.
39. 로마의 남쪽, 이탈리아 중부에 거주하는 부족이다.
40. 갈리아 전쟁 때부터 카이사르와 함께해 온 군단이 아니라, 코르피니움에서 투항한 폼페이우스 군단들을 말한다.

군무 서약[41]을 잊지 말라고 애원하고, 그들과 전운을 함께하면서 포위 공격을 견뎌냈던 동지들을 향해 무기를 들지 말 것과, 그들에게 탈주병이란 오명을 안긴 자들을 위해 싸우지 말 것을 호소했다. 퀸틸리우스는 또한 그와 아티우스 바루스를 따르는 자들에게는 자신의 재산을 풀어 경제적인 보상을 해주겠노라고 약속했다. 그러나 쿠리오의 병사들은 어떤 반응도 보이지 않았다. 양쪽 군대에 아무런 움직임이 없자 사령관들은 각자의 병력을 이끌고 진지로 돌아갔다.

29 　그러나 쿠리오의 병사들은 저마다 강한 불안에 사로잡혔고 그 불안은 곧 그들 사이에 떠도는 여러 가지 말들 때문에 더욱 깊어졌다. 사실 모든 병사가 다른 병사들로부터 들은 내용에 자신의 근심을 덧칠하면서 은밀한 견해를 키우고 있었다. 한 사람이 직접 보고 들은 것을 몇몇 사람에게 전하면 각자가 그것을 다른 사람에게 전하면서 자신이 직접 보고 들은 것처럼 말을 했다. 내전이었다. 내전에 참가한 병사들은 자유롭게 행동해도 괜찮으며, 어느 쪽 편을 들어도 정당하다는 것이 병사들의 생각이었다. 그들은 얼마 전까지도 적진에 속해 있었다.[42] 카이사르는 후한 보상을 약속했지만 약속이 반복될수록 효과는 반감되었다. 마르시족과 파엘리그니족[43]으로 대등하게 구성된 병사들은 출신지에 따라 두 패로 나뉘었다. 한쪽에서는 전날 밤 막사를 빠져나가 적진으로 넘어간 자들과 그들의 동료에 대해 여러 가지 불쾌한 이야기들을 쏟아냈다. 다른 쪽 병사들은 그들의 의심에 강하게 반발했다. 어떤 자들은 단지 상대방보다 신빙성을 높이기 위해 없는 이야기를 꾸며내기도 했다.

30 이런 상황을 본 쿠리오는 작전 회의를 소집해 전반적인 문제
를 논의했다. 어떤 자들은 아무리 비싼 대가를 치르더라도 아
티우스 바루스의 진지를 공격해야 한다고 주장했다. 현재와 같은 분위
기에서 가장 위험한 것은 병사들의 나태함이라는 이유에서였다. 그들
은 마지막으로, 병사들에게 배신당하고 버림받은 후에 비참한 고통을
겪느니 차라리 용기를 내어 전장에 나가 모든 것을 전운에 맡기는 편이
낫다고 주장했다. 한편 또 다른 자들은 이른 새벽에 코르넬리우스 진지
로 퇴각해야 한다고 주장했다. 병사들에게 정신을 차릴 시간을 줘야 할
뿐 아니라 적의 공격을 받으면 대규모 함대를 이용해 보다 신속하고 안
전하게 시칠리아로 퇴각할 수 있다는 이유에서였다.

31 쿠리오는 두 의견에 모두 반대했다. 하나는 무모했고 다른 하
나는 나약했다. 한쪽은 불리한 상황에서 전투를 벌이려 하고
있었고, 다른 한쪽은 굴욕적인 도주를 생각하고 있었다. 쿠리오는 이렇
게 말했다.

"방비가 훌륭할 뿐 아니라 지형적 이점까지 뛰어난 적의 진지를 어떻게
점령할 수 있겠는가? 심각한 손실을 입다 결국 공격을 포기하고 물러나
야 한다면 얻는 것이 무엇이란 말인가? 승리는 사령관에게 병사들의 애
정을 가져다주지만 패배는 증오를 안겨주지 않는가. 한편 진지를 옮긴

---

41. 로마 병사는 사령관에게 충성을 바치고 군기로부터 도망치지 않을 것을 맹세했다.
42. 폼페이우스 측 병사들이었다는 뜻이다.
43. 로마의 동쪽, 이탈리아 북동부의 부족이다.

다면 굴욕적인 후퇴 외에 어떤 결과를 얻겠는가? 그것은 희망을 완전히 접는 것이고, 아군의 분열을 조장할 뿐이다. 명예를 중히 여기는 자들은 서로의 신뢰를 의심하지 말아야 한다. 그렇게 되면 열의가 식기 때문이다. 또한 불온한 자들에게는 두려움을 내보이지 말아야 한다. 우리의 두려움은 단지 그들의 오만을 키울 뿐이다. 본인은 아군이 분열되었다는 주장이 완전한 거짓이거나 적어도 실제보다 과장된 이야기라고 믿는다. 그러나 행여 그 말이 사실이라 해도 그것을 행동으로 확인시켜 주는 것보다는 감추고 덮어두는 편이 훨씬 낫지 않겠는가? 적에게 희망을 심어 주지 않으려면 몸에 입은 부상을 감춰야 하듯이 아군의 어려움도 감춰야 하지 않겠는가? 심지어 어떤 자들은 한밤중에 철수해야 한다고 충고하지만 그것은 부정한 행위[44]를 시도하려는 자들에게 더 좋은 기회를 부여할 뿐이다. 그런 행동을 억누르는 것은 대개 두려움이나 수치심 때문인데 어둠 속에서는 그런 감정이 효력을 상실하기 때문이다.

그러므로 본인은 희망도 없이 적의 진지를 공격할 만큼 무모하지 않으며, 모든 희망을 포기할 만큼 소심하지도 않다. 아군은 가능한 방편을 모두 시도할 것이며 당면한 문제에 대해 그대들과 내가 올바른 결정에 도달할 것이라 믿는다."

32   쿠리오는 작전 회의를 끝내고 병사들을 소집했다. 그는 병사들에게 코르피니움에서 그들이 카이사르를 위해 얼마나 열심히 싸웠는지, 그리고 그들의 애정과 충성으로 카이사르가 어떻게 이탈리아의 대부분을 얻게 되었는지 상기시켰다.

"그대들과 그대들의 행동은 모든 도시의 본보기가 되었다. 카이사르가 그대들에게 크나큰 애정을 품고 있는 것과 카이사르의 적들이 그대들을 증오하는 데에는 충분한 이유가 있다. 폼페이우스가 이탈리아를 떠난 것은 전투에서 패했기 때문이 아니다. 그를 이탈리아에서 몰아낸 것은 그대들의 행동이었다. 그대들의 행동이 다가올 미래를 보여주었기 때문이다. 카이사르는 그대들의 충성심을 믿고 그가 소중히 여기는 본인과 두 속주인 시칠리아와 아프리카를 그대들에게 맡겼다. 두 속주가 없으면 로마와 이탈리아는 유지될 수가 없다.[45] 이곳에 모인 병사들 중에는 카이사르와 본인을 버려야 한다고 주장하는 자들이 있다. 단언하건대 우리의 적은, 그대들이 카이사르와 본인을 배신함으로써 그대들의 마음에 가증스런 죄의식이 싹트기를 바랄 것이다. 그들은 분노에 사로잡힌 나머지 그대들의 비참한 운명을 상상할 것이다. 그것은 바로 그대들이 그대들 덕분에 모든 것을 이룬 사람을 배신하고, 그대들을 파멸의 원인으로 생각하는 자들 밑으로 들어가는 것 아니겠는가?[46] 카이사르가 히스파니아에서 거둔 승리에 대해 듣지 못했는가? 카이사르는 두 군대와 두 장수를 격파하고 두 속주를 손에 넣었다. 그리고 적 앞에 모습을 드러낸 지 40일 만에 그 모든 업적을 이루었다. 온전했을 때에도 저항하지 못했던 자들이 파멸에 이른 지금 저항을 할 수 있겠는가? 그대들은 승리가 불확실할 때 카이사르를 따랐다. 전운이 판가름 난 지금, 그동안 흘린 땀의 대가를 수확해야 할 때에 왜 그대들은 패자를 좇으려 하는가?

적들은 최초의 서약[47]을 들먹이면서 그대들이 그들을 배신했다고 말한

---

44. 탈영을 가리킨다.
45. 로마의 주요한 곡창지대였으므로 적이 이곳을 지배하면 로마는 기아에 허덕일 수밖에 없었다.
46. 카이사르를 배신하고 폼페이우스 군대에 다시 합류하는 것을 말한다.
47. 앞서 언급했던 군무 서약을 말한다.

다. 그러나 병사들이 에노발부스를 버렸는가, 에노발부스가 병사들을
버렸는가? 그 모든 운명을 기꺼이 견디려는 병사들을 버린 것이 그 아
니었는가? 에노발부스는 오직 자신의 목숨을 구하기 위해 병사들 몰래
도망치려 하지 않았던가?[48] 그대들이 에노발부스에게 배신당한 것이었
다. 그때 그대들이 목숨을 부지할 수 있었던 것은 카이사르의 너그러움
때문이 아니었는가? 사령관이 총독의 표지와 지휘권을 내팽개치고 사
사로운 개인으로 돌아가 다른 자의 포로가 된 마당에 어떻게 그대들이
서약을 지킬 수 있겠는가?[49] 그대들 앞에는 새로운 의무가 던져져 있다.
사령관의 항복과 배신으로 무효가 돼버린 과거의 서약을 지키기 위해
현재 그대들이 지키고 있는 서약을 무시하라는 것이다.

그대들은 카이사르를 믿고 따르므로 현재의 불만은 나를 향한 것임을
안다. 내가 그대들을 위해 해온 일들을 열거할 생각은 없다. 나의 노력
은 나 자신의 의도와 그대들의 기대에 미치지 못했다. 그러나 병사의 노
고는 전쟁이 끝난 후에 보상받는 법이다. 그리고 그대들은 이 전쟁의 결
과를 믿어 의심치 않을 것이다. 지금까지의 과정을 돌이켜보면 나의 성
실함과 전운이 어떠했는지 그대들은 잘 알 것이다. 나는 단 한 척의 배
도 잃지 않고 무사히 바다를 건넜다. 그에 대해 불만이 있단 말인가? 항
해 중에는 첫 번째 교전을 벌여 적의 함대를 격파했다. 또한 이틀에 걸
쳐 두 번이나 기병전을 승리로 이끌었다. 200척의 범선과 그 위에 실린
물자를 적의 항구에서 포획했고 그럼으로써 적의 육로와 해로를 통한
물자 공급 능력을 마비시켰다. 그런 천운과 그런 사령관을 무시하겠는
가? 코르피니움에서 당한 굴욕과, 이탈리아에서 도망친 장군과,[50] 히스
파니아에서의 초라한 항복[51]을 보라. 그 속에 아프리카에서 벌어지는 전
쟁의 결과가 새겨져 있지 않은가? 나는 자랑스럽게 카이사르의 군인임

을 인정한다. 그대들은 나를 대장군이라 부르며 찬양했다. 그 마음이 변했다면 기꺼이 그대들이 선사한 이름을 돌려주겠다. 그 명예가 조롱의 뜻이었다면 내 자신의 이름을 돌려주기 바란다."

33　쿠리오의 연설에 병사들은 동요했다. 실제로 병사들은 연설 중간에 몇 번이나 그의 말을 가로막았고, 충성을 의심받고 있다는 사실에 몹시 괴로워했다. 병사들은 쿠리오가 자리를 뜨려 하자 그에게 담대한 마음을 갖고 전투를 벌여 그들의 용기와 충성을 시험하라고 재촉했다. 병사들의 열의와 주장에 마음이 흔들린 쿠리오는 기회가 오면 주저하지 않고 전투를 통해 그들의 충성을 확인하기로 모든 병사와 함께 만장일치로 결의했다. 이튿날 쿠리오는 병력을 이끌고 진지를 나서 이전과 같은 장소에 전투대형을 갖췄다. 아티우스 바루스도 아군을 선동하거나 유리한 위치에서 싸울 기회를 놓치지 않기 위해 곧바로 병력을 출동시켰다.

34　앞서 말한 대로 아군과 적군 사이에는 계곡이 있었다. 그다지 크지는 않은 계곡이었으나 경사를 오르기에는 가팔랐다. 두 군대는 유리한 위치에서 전투를 벌일 작정으로 상대가 먼저 건너오기를 기다렸다. 갑자기 아티우스 바루스의 좌익에서 전 기병이 수많은 경

---

48. 코르피니움에서 에노발부스는 지원군을 보내줄 수 없다는 폼페이우스의 급보를 받고 병사들을 버리고 도망칠 계획을 폈으나 이내 발각되어 병사들에 의해 카이사르에게 넘겨졌었다. (1-19 참조.)
49. 당시 사령관이었던 에노발부스가 카이사르에게 생포되어 포로가 된 상황을 말하는 것이다.
50. 폼페이우스를 말한다.
51. 에노발부스의 항복을 말한다.

보병과 뒤섞여 아군이 보는 가운데 계곡을 내려오기 시작했다. 쿠리오는 즉시 기병과 마루키니족[52] 출신의 2개 대대를 출동시켜 적의 도전에 응했다. 적의 기병은 아군의 공격을 견디지 못하고 저마다 말고삐를 놓은 채 적진으로 달아났으나 기병과 함께 진격했던 경보병은 미처 퇴각하지 못하고 아군에 포위되어 대부분이 살해되었다. 아티우스 바루스의 진영에서도 그들이 도망치고 쓰러지는 것을 모든 병사가 지켜보았다. 그러자 카이사르의 부장이자 쿠리오가 오랜 전투 경험을 보고 시칠리아에서 데려온 레빌루스가 쿠리오에게 말했다. "쿠리오, 겁에 질린 적의 모습이 보이는가? 기회가 왔는데 무엇을 망설이는가?" 이에 쿠리오는 병사들에게 전날의 맹세를 기억하라고 말한 후 그를 따르라 명하고 즉시 선두에 서서 적을 향해 돌진했다. 계곡의 상황은 매우 어려웠다. 앞선 병사들은 뒤따라오는 동료의 도움을 받아야 오를 수 있었다. 그러나 아티우스 바루스의 병사들은 이미 동료들의 패주와 죽음을 보고 두려움에 사로잡혀 있었다. 실제로 적의 병사들은 이미 아군의 기병에 포위되었다고 생각하여, 창이 날아오거나 아군이 가까이 접근하기도 전에 전 병력이 등을 돌리고 진영 안으로 달아났다.

35　　적군이 이렇게 퇴각하는 중에, 파엘리그니족 출신으로 쿠리오의 군대에서 계급이 가장 낮은 파비우스란 자가 도망치는 적군의 대열 앞을 가로막고 큰 소리로 아티우스 바루스의 이름을 부르며 그에게 할 이야기가 있다는 뜻을 밝혔다. 자신의 이름을 수차례나 들은 아티우스 바루스는 말을 멈춰 세운 후 그가 누구이며 용무가 무엇인지를 물었다. 파비우스는 검을 뽑아 들고 아티우스 바루스의 노출된 팔[53]을 향해 힘껏 휘둘렀다. 아티우스는 절대 절명의 위기를 맞았으나

즉시 방패를 들어 파비우스의 일격을 막아냈다. 그 후 파비우스는 근처에 있던 적군들에게 둘러싸여 죽음을 맞이했다.

퇴각하는 적은 그 수가 많고 아주 무질서했기 때문에 병사들은 진문 앞에서 아귀다툼을 벌였다. 그 결과 전투에서 전사하거나 후퇴할 때 죽은 자보다, 부상도 입지 않고 진영 앞에서 죽은 자가 더 많았다. 진영 안에서는 죽은 자들을 맞아들이지 않았기 때문에 일부는 곧장 도시로 옮겨졌다. 그러나 지형의 특성과 진지의 방어 시설이 아군의 접근을 막았을 뿐 아니라 출동한 목적이 교전을 치르는 것이었기 때문에 아군에게는 진지 공격에 필요한 장비가 없었다. 쿠리오는 병사들을 이끌고 다시 진지로 돌아왔다. 아군의 유일한 사상자는 파비우스뿐이었으나 적은 약 600명이 전사하고 천여 명이 부상을 입었다. 쿠리오가 떠나자 부상자들과, 마치 부상을 입은 것처럼 행동했던 자들은 모두 두려움에 떨며 진지를 떠나 도시로 들어갔다. 이것을 본 아티우스 바루스는 군대의 사기가 바닥에 떨어졌음을 알고는 과시용으로 나팔수와 몇 채의 막사만 남겨둔 채 이른 새벽에 나머지 군대를 조용히 도시 안으로 이동시켰다.

36 이튿날 쿠리오는 포위망을 구축하는 것으로 우티카 공성을 시작했다. 우티카의 주민들은 오랫동안 평화를 누린 탓에 전쟁에 익숙지 않았으며, 과거에 입은 몇 가지 혜택 때문에 카이사르를 호의적으로 생각하고 있었다. 도시 안에 거주하는 로마 시민들은 다양

<hr>

52. 이탈리아 동쪽 해안에 거주하는 부족이다.
53. 방패를 들지 않은 오른쪽 팔을 말한다.

한 의견을 갖고 있었으나, 몇 번의 패배를 본 사람들은 커다란 공포에 사로잡혀 있었다. 그에 따라 모든 자들이 드러내놓고 항복을 이야기했으며, 아티우스 바루스에게 더 이상 그들의 운명을 위태롭게 하지 말라고 재촉했다. 바로 그때 유바 왕의 전령이 도착해, 왕이 대규모 군대를 이끌고 당도하고 있으니 그때까지 도시를 방어하라는 급보를 전했다. 이 소식은 즉시 우티카의 저하된 사기를 끌어올렸다.

쿠리오의 죽음, 패배의 시작

37 똑같은 소식이 쿠리오에게도 전해졌으나, 쿠리오는 한참 후에야 그 사실을 믿을 정도로 아군의 전력에 자신만만했다. 게다가 카이사르의 승리를 전하는 전령과 급보가 히스파니아에서 당도했다. 쿠리오는 이 모든 것에 들뜬 나머지 유바 왕이 그와의 전투를 피할 것으로 생각했다. 결국 쿠리오는 왕의 군대가 38킬로미터 이내에 접근했다는 확실한 정보를 듣고서야 공성 공사를 중단하고 즉시 코르넬리우스 진지로 돌아가 비축된 군량을 확인하고, 진지를 강화하고, 목재를 모으기 시작했다. 그리고 즉시 시칠리아로 전령을 보내 다른 2개 군단과 나머지 기병을 보내라고 명령했다.[54] 아군 진지는 지형적 특성과 방어 시설이 장기전을 벌이기에 매우 유리했을 뿐 아니라 바다와 가까워 물과 소금을 얻기가 편리했다. 아군은 이미 주변의 염전에서 많은 양의 소금을 모아 놓았다. 또한 주변에 숲이 많아 목재가 풍부했고 넓은 들판에서 충분한 곡식도 확보했다. 쿠리오는 전 병사들의 일치된 의견에

따라 휴식을 취하고 장기전에 대비하기로 결정했다.

38 그때 도시를 빠져나온 탈주병들로부터 유바 왕이 국경 근처에서 일어난 렙티스[55] 사람들과의 마찰 때문에 그의 왕국에 발이 묶였고, 대신 사부라라는 이름의 사령관이 많지 않은 규모의 병력을 이끌고 출동해 우티카로 오고 있다는 정보를 입수했다. 이 이야기를 곧이곧대로 믿은 쿠리오는 작전을 바꿔 공세를 취하기로 결정했다.

그의 젊음, 그의 용기, 지금까지 거둔 승리, 그리고 승리에 대한 자신감이 이런 결정을 내리게 했다. 쿠리오는 해질녘에 적의 진지로 전 기병을 출동시켰다. 바그라다 강변에 자리 잡은 적의 진지는 탈주병들의 이야기대로 사부라가 지휘하고 있었다. 그러나 유바 왕도 전 병력을 이끌고 사부라의 뒤를 따라와 9킬로미터 후방에 대기하고 있었다. 아군 기병은 밤사이에 먼 거리를 달려와 방심하고 있는 누미디아 군대를 급습했다. 적은 야만인의 습관대로 대형도 갖추지 않은 채 여기저기 흩어진 채 깊은 잠에 취해 있었다. 아군 기병의 공격으로 수많은 자가 살해되었고 살아남은 자들은 겁에 질려 도망쳤다. 아군 기병은 다수의 포로를 끌고 쿠리오에게 돌아왔다.

39 쿠리오는 5개 대대를 남겨 진지[56]를 지키게 하고 제4야경시 (04-06시)에 전 병력을 이끌고 적진을 향해 행군을 시작했다.

---

54. 쿠리오는 아프리카 속주로 들어올 때 그의 4개 군단 중 2개 군단을 시칠리아 수비를 위해 그곳에 남겨두었다. 그 군단을 아프리카로 불러들이는 것이다.
55. 리비아의 트리폴리 지역에 있던 식민 도시를 말한다.
56. 코르넬리우스 진지를 말한다.

약 9킬로미터를 전진했을 때 아군 기병을 만나 아군이 승리했다는 소식을 들었다. 포로들을 심문한 쿠리오는 바그라다 강의 진지를 지휘하고 있는 장수가 사부라라는 이야기를 들었다. 쿠리오는 행군을 끝내고 싶은 욕심에 포로들의 심문을 중단하고 근처에 있는 병사들을 바라보며 이렇게 말했다.

"병사들이여, 포로들의 이야기가 탈주병들의 이야기와 똑같지 않은가? 그들 모두 유바 왕은 이곳에 오지 않았으며 보잘것없는 병력만을 파견했다고 말하고 있다. 적은 소수에 불과한 아군 기병조차 대적하지 못했다. 그러니 서둘러 명예와 전리품을 손에 넣어 그동안 땀 흘린 대가를 보상받도록 하라."

아군 기병의 승리는 특히 소수의 병력으로 대규모의 적을 격파했다는 점에서 매우 훌륭했다. 그러나 칭찬을 듣는 것이 모든 병사들의 바람이듯 기병은 그들의 승리를 부풀려 이야기했다. 또한 많은 양의 전리품을 자랑하고 다수의 포로와 군마를 생포했기 때문에 더 이상 지체하지 않고 최후의 승리를 거머쥐는 것이 당연해 보였다. 병사들의 열의도 대단했다. 마침내 쿠리오는 기병을 뒤따라오게 한 다음, 적이 아직 공포에 빠져 있을 때 공격을 퍼부어 승리를 매듭짓기 위해 전 병력을 이끌고 강행군으로 이동했다. 아군 기병은 밤을 꼬박 새워 전투를 치른 탓에 군단을 따라잡지 못하고 뒤처지고 말았으나 이미 어떤 문제도 쿠리오의 자신감을 꺾을 수는 없었다.

40　　사부라로부터 전날 밤의 전투 소식을 들은 유바 왕은 평소에

호위대로 거느리던 히스파니아 기병과 갈리아 기병 2천을 지원군으로 보내고, 그들과 함께 가장 믿을 만한 보병 부대를 딸려 보냈다. 그리고 그 자신은 나머지 병력과 60마리의 코끼리 부대를 이끌고 천천히 진군했다. 아군 기병은 단지 선발대였고 그 뒤에 쿠리오가 곧 도착할 것이라 예상한 사부라는 기병과 보병을 무질서하게 배치한 다음 마치 공포에 사로잡힌 것처럼 행동하면서 조금씩 뒤로 물러나라고 명령했다. 사부라는 상황을 지켜보다 필요하다고 판단될 때 공격 명령을 내릴 것이라고 설명했다. 눈앞의 상황을 보고 쿠리오는 더욱 자신감을 얻었다. 적이 퇴각한다고 믿은 쿠리오는 전 병력을 이끌고 높은 지대에서 평원으로 내려왔다.

41 그런 다음 쿠리오는 상당히 먼 거리를 이동했다. 약 24킬로미터를 전진한 후 지친 병사들에게 휴식을 주기 위해 행군을 멈췄다. 마침내 사부라가 공격 신호를 내렸다. 사부라는 전투대형을 갖춘 다음 대열을 돌아다니며 병사들을 독려했다. 또한 전시 효과를 노려 보병을 조금 떨어진 곳에 배치하고 실질적인 전투는 기병에게 맡겼다. 위기를 맞은 쿠리오는 아군 병사들의 사기를 북돋우며 그들 자신의 용맹함을 믿으라고 독려했다. 비록 지친 상태였지만 보병이나 기병 모두 전투에 대한 사기와 열의로 충만했다. 그러나 아군 기병은 200기에 불과했고 나머지는 중간에 멈춘 상태였다.[57] 기병은 용감하게 적진을 공격했고 그때마다 적을 격파했으나 패주하는 적을 멀리까지 추격하거나

---

57. 쿠리오의 기병대는 전날의 급습 작전으로 지쳐 있었기 때문에 보병의 행군보다 뒤에 처졌다.

말을 전속력으로 몰 수가 없었다. 반면에 적의 기병은 아군의 양쪽 측면을 포위하고 병사들을 짓밟기 시작했다. 아군의 몇 대대가 대열을 벗어나 전진 공격을 가하면 누미디아 병사들은 체력과 속도를 이용해 멀리 달아났다가 아군이 대열로 복귀할 때 병사들을 포위하고 길목을 차단했다. 그 결과 아군은 전투대형을 유지한 채 방어를 하기도 어렵고, 적진을 향해 다가가 용맹함을 발휘하기도 어려웠다. 유바 왕의 지원군이 속속 도착함에 따라 적의 병력은 계속 늘어났고, 반면에 아군 병사들은 시간이 지날수록 체력이 고갈되어 갔다. 게다가 전 병력이 적의 기병에게 포위되었으므로 부상병을 안전한 곳으로 옮길 수조차 없었다. 아군 병사들은 희망을 버렸다. 막다른 골목에 몰린 자가 그러하듯이 어떤 병사들은 자기 연민에 빠졌고, 또 다른 병사들은 실낱같은 희망을 바라면서 행여 살아남는 자가 있으면 자신의 가족들을 돌봐 달라고 외쳤다. 두려움과 슬픔이 모든 병사를 사로잡았다.

42 병사들의 공포를 본 쿠리오는 그 어떤 권유나 애원도 병사들의 사기를 되돌릴 수 없음을 깨닫고 비참한 상황에서 살아날 수 있는 단 한 가지 방법을 선택했다. 그리하여 쿠리오는 병사들을 가까운 언덕으로 집결시키고 모든 부대기를 그곳으로 모았다. 사부라는 즉시 기병을 출동시켜 언덕을 선점하고 아군에게 공격을 가했다. 이제 완전한 절망에 사로잡힌 병사들은 도주를 시도하다 적의 기병에게 살해되었고, 어떤 병사들은 부상을 입지 않았음에도 스스로 땅바닥에 몸을 내던지곤 했다. 기병 장교인 그나이우스 도미티우스는 쿠리오 주변에 몇 명의 기병을 배치해 그의 목숨을 살리고 안전하게 진지까지 호위하려 했다. 그러나 쿠리오는 카이사르가 맡긴 군대를 모두 잃고 돌아가

카이사르의 얼굴을 볼 수는 없다고 선언한 후 용감히 싸우다 죽음을 맞이했다.[58] 전장에서 도망친 기병은 극소수에 불과했지만 앞서 말한 대로 말을 쉬게 하기 위해 후방에 뒤처졌던 기병들은 멀리서 아군의 패배를 지켜본 후 무사히 진지로 돌아갔다. 그러나 보병은 모두 살해되었다.[59]

43 쿠리오의 명에 따라 진지를 지키고 있던 재무관 마르쿠스 루푸스는 전투 소식을 들은 후 병사들을 불러모아 사기를 잃지 말라고 간곡히 호소했다. 병사들은 배를 타고 시칠리아로 돌아가자고 애원했다. 마르쿠스 루푸스는 시칠리아로 돌아갈 것을 약속하고 선장들에게 해질녘에 모든 배를 해안 가까이에 대라고 명령했다. 그럼에도 아군병사들은 너나 할 것 없이 공포에 사로잡혀 어떤 자들은 유바 왕의 군대가 오고 있다고 말하고, 또 어떤 자들은 아티우스 바루스의 군단들이 유바 왕의 군대를 따라오고 있으며, 이미 그들이 일으키는 먼지를 보았다고 주장했으나 그 어떤 말도 사실이 아니었다. 어떤 자들은 적의 함대가 아군을 덮칠 것이라고 예상했다. 이렇듯 모든 병사가 저마다 공포에 사로잡혀 제 살 길을 찾았다. 군선에 올라 있던 자들이 서둘러 닻을 올리고 떠나자 그것을 본 범선의 선장들도 병사들을 남겨둔 채 출발해 버렸다. 이제 철수 명령을 이행할 수 있는 수단은 작은 배들뿐이었다. 그러나 해안으로 몰려온 병사들이 서로 먼저 승선하기 위해 다툼을 벌였고, 그 와

---

58. 쿠리오의 나이 이제 막 30대에 접어든 때였다.

59. 기원전 49년 8월 20일에 벌어진 이 전투에서 쿠리오 휘하의 2만 명에 달하는 보병은 모두 몰살당했다. 기원전 49년 8월 11일에 아프리카에 상륙한 뒤 불과 열흘 만에 쿠리오가 이끄는 군대는 완패한 것이다. 이것은 내전 기간 동안 카이사르가 겪게 되는 최초의 본격적인 패배이다.

중에 몇 척의 배가 무게를 이기지 못하고 침몰하자 다른 배들도 똑같은 일이 벌어질까 두려워 더 이상 해안으로 접근하지 못했다.

44 결국 극소수의 병사들과 가장들만이 개인적인 능력을 이용하거나 동정에 호소하여 혹은 배까지 헤엄을 쳐서 간 끝에 어렵사리 승선해 무사히 시칠리아에 당도했다. 뒤에 남은 군대는 그날 밤 백인대장들로 사절단을 구성해 아티우스 바루스에게 항복의 뜻을 밝혔다. 이튿날 유바 왕은 도시 앞으로 찾아온 아군 병사들을 전리품으로 취급하여 대부분을 살해하고, 그 중 몇 명을 골라 자신의 왕국으로 데려가라고 명령했다. 아티우스 바루스는 유바 왕이 그와의 약속을 깨뜨렸다고 항의했으나 감히 그의 명령을 거부하진 못했다.[60] 유바 왕은 세르비우스 술피키우스와 리키니우스 다마시푸스를 비롯한 몇몇 원로원 의원들을 거느리고 우티카로 입성한 후 며칠 동안 원하는 바를 실행하며 필요한 명령들을 내린 후 전 병력을 이끌고 자신의 왕국으로 돌아갔다.

---

60. 쿠리오 휘하의 병사들은 코르피니움에서 투항한 폼페이우스 측 병사들이었기 때문에 아티우스 바루스는 그들을 살려주고자 했을 것이다.

카이사르와 폼페이우스의 대격돌

파르살루스 전투

제3권 기원전 48년

전쟁을 준비하는 폼페이우스

1   카이사르는 독재관 자격으로[1] 집정관 선거를 주재했고 선거
    결과 푸블리우스 세르빌리우스와 율리우스 카이사르가 집정
관으로 당선되었다.[2] 카이사르가 합법적으로 집정관이 될 수 있는 해
였다.[3]

이탈리아 전역에는 많은 빚을 지고 있는 자들이 많았고 그 중에는
빚을 갚지 못하는 자들도 상당했다. 따라서 카이사르는 중재인을 임명
해 전쟁 전의 가치로 동산을 포함한 모든 재산을 평가하게 하고 그 액
수를 기준으로 채무자들이 빚을 갚을 수 있게 했다.[4] 카이사르는 전쟁

과 내전 후에 주로 발생하는 채무 불이행을 막고 채무자들의 신용을 유지시키려면 이 조치가 가장 적절하다고 생각했다.[5] 더 나아가 법무관과 호민관들이 민회에 제출한 법안들을 통해, 폼페이우스가 로마 시내에 병력을 주둔시켰던 억압적인 시기에 폼페이우스 법[6]에 따라 부패 행위로 재판을 받고 지위를 박탈당했던 사람들의 권리도 회복시켰다. 그들은 당시에 각자 단 하루 만에 재판을 받았고, 변론을 들은 배심원들이 아닌 다른 배심원들에게 판결을 받아야 했다. 이들은 내전이 발발할 무렵 카이사르에게 필요한 도움을 제공하겠노라고 약속했으므로 카이사르는 그것만으로도 실제로 도움을 받은 것으로 간주했다. 카이사르는 그들의 복권이 카이사르 자신의 친절함 때문이라기보다는 민회의 결정에 따른 것이어야 한다고 생각했다. 마땅히 감사를 받을 자들에게 감사하지 않는 모습을 보이고 싶지도 않았지만, 그와 동시에 민회의 관대함을 앞지르는 오만함을 보이고 싶지도 않았다.

1. 카이사르는 기원전 49년 12월 2일 수도 로마에 들어갔다. 그러나 기원전 49년도 집정관인 마르켈루스와 렌툴루스가 폼페이우스를 따라 이탈리아를 탈출하여 그리스로 떠났기 때문에 수로 로마에는 집정관들이 부재했다. 두 집정관이 이탈리아를 떠난 상황에서 일종의 비상 대책으로 법무관 마르쿠스 레피두스로 하여금 카이사르를 독재관에 지명하게 했다.
2. 독재관이 된 카이사르는 차기 집정관 선출을 위한 민회 소집권을 갖고 있었다. 카이사르는 민회를 소집하여 기원전 48년도 집정관에 당선되었다. 함께 당선된 또 다른 집정관 푸블리우스 세르빌리우스는 카이사르파였지만 원로원 의원이기도 했다.
3. 집정관에 재출마할 수 있는 시기는 첫 번째 집정관 임기 만료 후 10년이다. 카이사르는 기원전 59년도의 집정관이었으므로 기원전 49년 이후에 다시 집정관이 될 수 있었다. 그가 이 점을 일관되게 강조하는 것은 폼페이우스가 이 법을 무시하고 기원전 55년과 기원전 52년에 집정관이 된 것과 비교하기 위해서다.
4. 내전으로 물가가 급등했기 때문에 이 조치는 빚의 일부를 탕감하는 효과가 있었다.
5. 당시 로마의 경제는 내전으로 침체에 빠져 있었다. 채무자는 빚을 갚지 않게 되고, 채권자도 돌려받을 가망이 없기에 돈을 빌려주지 않으려고 했다. 이런 이유로 돈이 유통되지 않으면 경제활동도 위축될 수밖에 없다. 따라서 자금 유통을 활성화하는 것이 급선무였다.
6. 폼페이우스가 단독 집정관이던 기원전 52년에 통과된 부패 방지법을 가리킨다. 이 법과 함께 같은 시기에 폭력 사건에 대한 법이 시행되어 새로운 약식 재판 방식이 자리를 잡게 되었다.

카이사르가 집권하던 당시의 로마

2   카이사르는 이 일을 처리하고 모든 선거와 로마 축제[7]를 주관
하면서 로마에서 11일을 보냈다.[8] 그 후 카이사르는 독재관을
사임하고 브룬디시움으로 건너가 12개 군단[9]과 전 기병을 소집하라고
명령했다. 그러나 전쟁을 재개한다 해도 남아 있는 배로는 1만 5,000의
군단병과 500기의 기병밖에 수송할 수 없었다. 바로 이 선박 부족의 문
제가 신속한 종전을 가로막고 있었다. 하지만 막상 배에 오른 군단에는
결원이 많았다. 많은 병사가 오랜 갈리아 전쟁에서 목숨을 잃었고 히스
파니아에서 돌아오는 고된 행군에서도 다수가 탈락했으며, 갈리아와
히스파니아의 날씨와 대조되는 아풀리아와 브룬디시움 인근의 혹독한
가을 날씨도 전 병사의 건강에 심각한 영향을 미쳤다.

3   폼페이우스는 전투와 적의 방해에 시달리지 않고 일년 내내 병
력을 모집하며 전쟁을 준비할 수 있었다. 그는 아시아와 키클
라데스 제도, 코르키라, 아테네, 폰투스, 비티니아, 시리아, 킬리키아,
페니키아, 이집트 등에서 배를 모아 대규모 함대를 조직하는 한편 아시
아와 시리아, 아카이아의 모든 왕과 영주와 군주, 그리고 자유 도시들
로부터 많은 돈을 강제로 거둬들였다. 또한 자신이 통치하는 속주의 농
민들에게도 높은 세금을 부과했다.

4   폼페이우스는 로마 시민으로 구성된 9개 군단을 확보했다. 그
중 5개 군단은 이탈리아에서 데려왔고, 킬리키아에서 1개 고
참병 군단을 조직했으며,[10] 이전 사령관 밑에서 군무를 마친 후 크레타
섬과 마케도니아에 정착한 고참병들을 소집해 1개 군단을 구성했고,
렌툴루스가 집정관일 때 아시아에서 군적에 이름을 올린 병사들로 2개

군단을 구성했다. 그 외에도 테살리아, 보이오티아, 아카이아, 에피루스에서 소집한 병력과 가이우스 안토니우스에게서 넘겨받은 병력[11] 중 일부를 섞어 〈보충병〉이란 이름으로 각 군단에 배치했다. 뿐만 아니라 스키피오[12]가 시리아에서 2개 군단을 이끌고 오기로 되어 있었다. 또한 크레타, 스파르타, 폰투스, 시리아에서 보낸 궁수 3천, 투석병 6백, 기병 7천을 거느리고 있었다. 7천의 기병 중 6백 기는 데이오타루스[13]가 데려온 갈라티아 병력이었고, 5백 기는 아리오바르자네스[14]가 카파도키아에서 데려온 병력이었다. 또한 트리키아의 코티스 왕도 비슷한 수의 기병과 함께 그의 아들 사달라를 파견했고, 마케도니아에서는 라스키폴리스의 지휘하에 용맹함이 뛰어난 2백의 기병을 보냈으며, 알렉산드리아에서는 폼페이우스의 아들이 함대에 싣고 데려갔던 가비니우스

---

7. 라티나 축제로, 로마의 최고 신 유피테르를 찬양하기 위해 매년 알반 산에서 거행했다. 원래는 로마 연맹의 도시들이 공동으로 주관했으나 기원전 338년 연맹이 해체된 후로는 로마가 주재했다. 종교 의식과 운동경기가 결합된 이 축제를 카이사르가 이 해(기원전 49년)에도 주최한 것은 로마가 평상시처럼 움직이고 있다는 인상을 시민들에게 심어주어 비록 내전 중이어도 로마 시민들은 안심해도 된다는 의도를 전달하기 위해서였다.

8. 기원전 49년 12월 2일에 로마로 들어온 카이사르는 12월 13일 브룬디시움을 향해 떠났다. 독재관에 지명되고, 차기 집정관에 선출되고, 채무 탕감을 하고, 권리를 박탈당한 자들을 복권시키고, 축제를 주최하는 등의 일련의 일들을 단 열하루 만에 처리하고 병사들이 집결해 있는 곳으로 떠난 것이다.

9. 갈리아에서 소환한 9개 군단(마실리아 공성에 투입했던 3개 군단과 히스파니아 전쟁에 투입했던 6개 군단)과 새로 모집한 3개 군단이었다.

10. 결원이 많은 2개 군단을 합쳐서 1개 군단을 구성한 이른바 〈쌍둥이 군단〉이었다.

11. 마르쿠스 안토니우스의 동생이다. 2권에서 언급하지 않은 사건과 관련이 있다. 카이사르는 가이우스 안토니우스와, 키케로의 사위인 돌라벨라에게 20개 대대 1만 2,000명의 병력을 내주고 아드리아 해의 제해권을 장악하라는 중요 임무를 맡겼다. 가이우스 안토니우스는 히스파니아로 가는 도중 남쪽 연안의 아드리아 해에서 한 해군 함대가 달마티아(오늘날의 크로아티아)에서 추격을 시작한 폼페이우스 해군에게 쫓기는 것을 보고 아군을 구하려 했지만 코르키라 섬(또는 코르푸 섬) 앞바다에서 한 장교의 배신으로 폼페이우스 군에게 항복하고 15개 대대를 빼앗겼다.

12. 폼페이우스의 장인이다.

13. 소아시아 갈라티아의 왕이다.

14. 터키 중부 아나톨리아 중동부의 왕국 카파도키아의 왕을 말한다.

의 기병[15] 5백 기를 보냈다. 폼페이우스는 노예와 목부들로부터 8백의 기병을 선발했다. 타르콘다리우스 카스토르와 돔닐라우스는 갈로그라이키아에서 3백의 기병을 파병했는데, 카스토르는 직접 병력을 이끌고 왔으며 돔닐라우스는 자신의 아들을 보냈다. 시리아에서는 콤마게네의 안티오쿠스가 대부분 기마 궁수로 구성된 2백의 기병을 보냈으며 이에 폼페이우스는 큰 액수로 보상했다. 그는 또한 트로이와 베시족뿐 아니라 마케도니아와 테살리아를 비롯한 여러 부족과 도시에서 용병, 징집병, 자원병을 모집했다.

5   폼페이우스는 테살리아, 아시아, 이집트, 크레타, 키레네 등지에서 많은 양의 곡식을 확보했으며, 디라키움과 아폴로니아를 비롯한 모든 해안 도시에 동영지를 만들고 해안 전역에 함대를 배치해 카이사르가 아드리아 해를 건너지 못하게 했다.[16] 그는 아들인 그나이우스 폼페이우스에게 이집트 함대를, 데키우스 라일리우스와 가이우스 트리아리우스에게 아시아 함대를, 가이우스 카시우스에게 시리아 함대를, 스크리보니우스 리보와 마르쿠스 옥타비우스에게 리부르니아와 아카이아 함대를 맡겼다. 그러나 해군 전체의 지휘는 마르쿠스 비불루스[17]에게 맡겨 그가 최고 지휘권을 가지고 병력을 편제하게 했다.

6   브룬디시움에 도착한 카이사르는 병사들에게 다음과 같이 연설했다.

"우리의 모든 노고와 위험을 끝낼 순간이 눈앞에 다가왔다. 이제 그대들은 편한 마음으로 노예와 짐을 이탈리아에 남겨두어도 좋다. 승선할 때는 더 많은 병력이 배에 오를 수 있도록 기초적인 장비만 휴대하라. 승리했을 때는 카이사르의 관대한 보상이 그대들의 기대를 저버리지 않을 것이다."

병사들은 우렁찬 함성으로 일제히 카이사르의 연설에 답을 하고 원하는 대로 명령을 내리면 흔쾌히 따르겠노라고 말했다. 아군은 1월 4일[18]에 돛을 올렸고 앞서 지적한 대로 7개 군단[19]이 승선했다. 이튿날 병사들은 아크로케라우니아에 도착했다. 항구는 모두 적의 수중에 있어 믿을 수 없었기 때문에 카이사르는 암벽이 많고 위험한 해안을 골라 조용히 닻을 내렸고 단 한 척의 파손도 없이 팔라이스테[20]라는 곳에 전 병력을 상륙시켰다.

---

15. 알루스 가비니우스가 프톨레마이오스 왕에게 넘겨준 주둔군이다.
16. 폼페이우스는 히스파니아나 마실리아를 지원하는 데는 소극적이었지만, 그리스에서 카이사르와 치를 전쟁 준비는 이처럼 치밀했다.
17. 마르쿠스 비불루스는 기원전 59년도 집정관을 카이사르와 함께 역임한 인물로, 내전이 시작되면서 폼페이우스 밑에서 해군을 맡아 지휘했다.
18. 카이사르 군대는 기원전 49년 12월 22일에 브룬디시움에 도착하여 카이사르의 두 번째 집정관 임기가 시작되는 기원전 48년 1월 4일에 브룬디시움을 떠나 폼페이우스가 있는 그리스를 향해 배를 띄웠다.
19. 3-2에서 언급한 1만 5,000의 군단병보다는 더 많은 병력이었을 것이다. 나중에 총병력 80개 대대(8개 군단에 해당)가 파르살루스 전투에서 큰 손실을 입은 후 2만 2,000으로 줄었으므로(3-89 참조) 여기서 언급하는 7개 군단의 병력은 1만 5,000 이상이었을 것이 분명하다. 카이사르는 원래 노예와 무거운 물자를 함께 싣는 것으로 계산했으나(3-2 참조) 만약 노예와 물자를 제외하고 더 많은 병력을 승선시켰다면 가능한 이야기가 된다.
20. 오늘날의 파라사를 말한다. 파라사는 폼페이우스의 본영이 있는 디라키움에서 직선거리로 130킬로미터 남쪽에 있다. 카이사르 군대는 기원전 48년 1월 5일에 이곳에 상륙했다.

부대기(시그눔)를 든 로마군 병사(왼쪽)와 사각형 방패(스쿠툼)를 잡고 있는 지휘관

7 루크레티우스 베스필로와 미누키우스 루푸스는 데키우스 라일리우스로부터 넘겨받은 18척의 아시아 함대를 거느리고 오리쿰[21]에 주둔해 있었지만 감히 항구 밖으로 나갈 엄두를 내지 못했다. 또한 코르키라[22]에서는 마르쿠스 비불루스가 110척의 군선을 거느리고 있었지만 어떤 보고도 듣지 못한 상황에서 카이사르가 느닷없이 연안에 나타나자 닻을 준비하고 흩어진 노잡이들을 모으느라 신속하게 출동하지 못했다.

8 카이사르는 병사들이 모두 상륙하자 나머지 군단과 기병을 실어올 수 있도록 그날 밤 선박을 돌려보냈다.[23] 카이사르는 부장 푸피우스 칼레누스에게 이 임무를 맡기고 최대한 빠른 속력으로 군단들을 수송하라고 명령했다. 그러나 배들이 너무 늦게 출발했기 때문에 밤바람을 타지 못했고, 그 결과 돌아가는 항해 도중에 적에게 가로막히고 말았다. 코르키라에서 카이사르가 도착했다는 소식을 들은 비불루스는 카이사르 병사들이 상륙하기 전에 선단의 일부라도 나포할 것을 기대했는데 오히려 결국 빈 채로 돌아가는 선단과 마주쳐 약 30척을 포위하는 행운을 얻었다. 자신의 나태함에 격분해 있던 비불루

---

21. 카이사르가 상륙한 지점에서 북쪽으로 약 10킬로미터 지점에 있다.
22. 카이사르의 상륙 지점에서 남쪽으로 80킬로미터 해상에 떠 있는 코르푸 섬이다.
23. 카이사르는 브룬디시움을 떠날 때 전체 병력을 수송할 수 있을 정도의 선박이 없었다. 따라서 병력을 2진으로 나누어 제1진이 먼저 카이사르와 함께 그리스로 왔고, 그리스 도착 후 다시 배를 브룬디시움으로 돌려보내 제2진이 타고 올 수 있도록 했다.

스[24]는 분을 풀기라도 하듯 포위한 배들을 선원들과 함께 모조리 불태웠다. 그의 의도는 가혹한 보복으로 아군의 전의를 꺾는 것이었다. 보복을 마친 비불루스는 사소 항에서부터 코르키라 항까지 전 해안에 군선을 배치하여 각별한 주의를 기울였으며 또한 모든 초소에 병력을 배치했다. 게다가 혹독한 겨울 날씨에도 불구하고 솔선하여 군선 위에서 숙식을 하면서 누구의 도움도 받지 않고 맡은 바 임무에 충실했다. 그의 목표는 오직 하나, 카이사르의 군대를 막는 것이었다.[25]

9 일리리쿰에서 리부르니아 함대가 떠나자 마르쿠스 옥타비우스는 자신의 함대[26]를 이끌고 살로나이로 이동했다. 살로나이에서 그는 달마티아족을 비롯한 원주민 부족들을 선동하는 한편, 이사에게 카이사르에 대한 지원을 중단할 것을 촉구했다. 그러나 살로나이의 로마인들이 보상 약속에도 넘어오지 않고 위협에도 흔들리지 않자 옥타비우스는 도시를 포위하여 공격하기 시작했다. 살로나이는 천연의 방비와 언덕으로 보호를 받고 있긴 하지만 로마 시민들은 즉시 나무로 탑을 만들어 방비를 더욱 강화했다. 소수의 인원으로는 효과적인 저항을 할 수가 없어 수많은 부상자가 속출했다. 그러자 시민들은 급기야 극단적인 방법을 선택해, 노예들 중 모든 성인 남자를 해방시켜 수비 병력을 보충하고[27] 모든 여자의 머리카락을 잘라 투척기에 쓸 밧줄을 만들었다. 농성군의 결연한 행동을 본 옥타비우스는 도시 주위에 둥그렇게 다섯 개의 진지를 구축한 다음 봉쇄 작전과 지속적인 공격으로 농성군을 압박하기 시작했다. 시민들은 어떤 어려움도 견딜 준비가 되어 있었지만 식량 부족만큼은 견디기가 힘들어 카이사르에게 사절을 보내 도움을 청하기로 했다. 그밖의 다른 어려움은 최선을 다

해 견디고 있었다. 포위 공격을 시작한 지도 오래되었고 봉쇄 작전도 지지부진하여 옥타비우스의 병사들이 나태해지자 어느 날 정오경에 기회가 찾아왔다. 옥타비우스 군대가 잠시 성벽에서 철수한 시각이었다. 우선 농성군은 아이들과 여자들을 성벽에 배치해 평소의 경계 태세와 똑같은 모습을 연출했다. 그런 다음 최근에 해방시킨 남자 노예들과 힘을 합쳐 옥타비우스의 진지들 중 가장 가까운 진지를 공격했다. 농성군은 첫 번째 진지를 공격한 다음 곧바로 두 번째 진지를 공격했고, 세 번째 진지와 네 번째 진지에 이어 마지막 다섯 번째 진지까지 잇달아 공격했다. 농성군은 옥타비우스 병사들을 진영 밖으로 몰아내고 많은 자들을 살해하여 옥타비우스를 비롯한 나머지 병력을 그들의 배로 쫓아버렸다. 겨울도 다가왔고[28] 심각한 손실을 입은 터라 옥타비우스는 공성을 포기하고 디라키움으로 돌아가 폼페이우스와 합류하기로 결정했다.[29]

10 앞서 말한 대로 루키우스 비불리우스 루푸스는 두 번이나 카이사르의 수중에 떨어졌고[30] 그때마다 카이사르에 의해 풀려

---

24. 카이사르가 그리스 해안에 상륙하는 것을 모르고 있어 제1진이 무사히 상륙하는 것을 막아내지 못한 것을 말한다.

25. 카이사르 군대의 제2진이 아드리아 해를 건너 제1진과 합류하는 것을 막는다는 의미이다.

26. 아카이아 함대를 말한다. 폼페이우스는 스크리보니우스 리보와 마르쿠스 옥타비우스에게 리부르니아와 아카이아 함대를 맡겼다.

27. 노예는 군인이 될 수 없었기 때문이다.

28. 카이사르가 아드리아 해를 건넌 1월은 현재의 달력으로는 11월이다.

29. 테살리아에서 군대를 훈련시키고 있던 폼페이우스가 디라키움으로 이동하고 있었다.

30. 원래는 폼페이우스의 참모로, 코르피니움과 히스파니아에서 카이사르에게 붙잡혔다. 카이사르에게 항복한 후 코르피니움에서는 폼페이우스에게 돌아갔으나, 히스파니아 전투에서는 카이사르 밑에 남았다. 카이사르는 그를 전령으로 이용했다.

난 폼페이우스 휘하의 장군이다. 게다가 카이사르는 비불리우스에게
관대함을 베풀면 그가 폼페이우스에게 카이사르의 뜻을 제대로 전달
할 수도 있다고 생각했다. 더구나 카이사르가 알기에 비불리우스는 폼
페이우스를 움직일 수 있는 인물이었다. 카이사르가 비불리우스를 통
해 폼페이우스에게 전달한 메시지는 다음과 같았다.

"우리 둘 다 고집을 버리고 무장 해제하여, 더 이상 전운을 시험하는 일
은 피해야 할 것이오. 우리 두 사람 모두 교훈과 경고로 삼기에는 이미
충분한 피해를 입었으며, 앞으로도 어떤 피해가 닥칠지 심히 우려되는
바이오. 당신은 이탈리아에서 쫓겨났고 시칠리아, 사르디니아, 히스파
니아의 두 속주와 함께 이탈리아와 히스파니아의 로마인 병력 130개
대대를 잃었소. 본인 역시 쿠리오와 아프리카 군대를 잃었고 안토니우
스와 그의 병력을 코르키라 앞바다에서 빼앗겼소. 그러므로 더 이상 우
리 자신과 로마를 위기로 몰아넣지 말아야 하오. 우리는 지금까지 겪은
손실만으로도 우리의 전운을 충분히 시험했소. 바로 지금이 강화를 논
의하기에 가장 좋은 때라 생각하오. 두 사람이 똑같이 자신감에 차 있
고 대등한 병력으로 맞서 있기 때문이오. 그러나 전운이 조금이라도 한
쪽으로 기운다면 우세한 사람은 자신이 모든 것을 차지할 수 있다는 생
각에 결코 강화에 관심을 보이지 않을 것이고 공평한 분배에 만족하지
도 않을 것이오. 강화 조건으로 말하자면 우리는 아직까지 화해에 이르
지 못했으므로 로마의 원로원과 민회로 하여금 강화 조건을 제시하도
록 요청하는 것이 좋을 것이오. 우리가 지금이라도 3일 이내에 군대를
해산하겠다고 공식적으로 맹세한다면 원로원뿐 아니라 우리 자신으로
서도 만족스런 방책이 될 것이오. 지금 상황에서는 각자가 무기를 내려

놓고 현재 여러 곳에서 받고 있는 지원을 포기했을 때에야 비로소 원로
원과 민회의 결정에 만족할 것이오. 당신이 이 제안을 보다 쉽게 받아
들일 수 있도록 본인은 육상과 도시의 모든 군대를 해산하겠다고 약속
하는 바이오."

11　　코르키라 해안에 도착한 비불리우스 루푸스는 폼페이우스에
게 카이사르의 갑작스런 진군을 알리는 것이 무엇보다 긴급
한 일이라 생각했다. 그가 보기에 강화 회담을 시작하기보다는 적절한
조치를 취하는 것이 중요했다. 그에 따라 비불리우스는 시간을 줄이기
위해 모든 도시에서 말을 바꿔 타며 밤낮으로 말을 몰아 폼페이우스에
게 카이사르가 오고 있다는 소식을 전했다. 이때 폼페이우스는 아폴로
니아와 디라키움에서 겨울을 나기 위해 마케도니아에서 출발한 후 중
간 지점인 칸다비아를 통과하고 있었다. 비불리우스가 가져온 소식에
놀란 폼페이우스는 카이사르에게 해안 도시들을 빼앗기지 않기 위해
아폴로니아를 향해 강행군하기 시작했다. 한편 카이사르는 병사들을
상륙시킨 후 지체하지 않고 오리쿰으로 출발했다. 카이사르가 당도하
자 폼페이우스의 명에 따라 파르티니인[31] 수비대를 지휘하며 도시를 지
키고 있던 루키우스 토르콰투스는 모든 성문을 닫고 도시를 방어했다.
토르콰투스는 그리스인들에게 무기를 들고 성벽 위로 올라가라고 명령
했지만 주민들은 로마의 공식 지배권을 가진 자[32]에게 대항하기를 거부

---

31. 그리스 서부 일리리아 부족의 일부로 이란계인 파르티아와는 무관하다.
32. 카이사르를 말한다. 카이사르는 기원전 48년 집정관으로 선출되었기 때문에 이제 법적으로 공식 지배권을
　　갖게 된 것이다. 이전까지는 원로원 최종 권고를 무시하고 루비콘 강을 건너 여러 지역에서 전쟁을 치렀기
　　때문에 반란군이나 마찬가지였다.

했으며, 오히려 자발적으로 성문을 열고 카이사르를 맞아들이려 했다. 희망을 포기한 토르콰투스는 성문을 열고 항복을 한 후 카이사르에게 도시를 넘겼다. 카이사르는 토르콰투스를 해치지 않고 풀어주었다.

12　　오리쿰을 점령한 카이사르는 쉬지 않고 아폴로니아[33]로 진군했다. 아폴로니아의 사령관 루키우스 스타베리우스는 카이사르가 진군하고 있다는 소식을 듣자 즉시 물을 요새 안으로 운반하고, 방어 시설을 준비하고, 아폴로니아 사람들에게 인질을 요구했다. 그러나 주민들은 인질을 내주지 않았을 뿐 아니라, 집정관을 막기 위해 성문을 닫지 않을 것이며 이탈리아와 전 로마인의 뜻을 거스르지도 않겠다고 통보했다. 주민들의 생각을 알게 된 스타베리우스는 아무도 몰래 아폴로니아를 빠져나갔다. 시민들은 카이사르에게 사절을 보내 그를 도시 안으로 맞아들였다. 빌리스와 아만티아를 비롯한 이웃 도시의 주민들도 아폴로니아의 사례에 따라 카이사르에게 사절을 보내 그의 명령에 복종할 것을 맹세했다.

13　　한편 오리쿰과 아폴로니아에서 일어난 사건을 보고받은 폼페이우스는 디라키움이 걱정되어 밤낮으로 행군을 강행했다. 바로 그때 카이사르가 디라키움을 향해 진군하고 있다는 보고가 들어왔다. 폼페이우스의 군대는 밤낮을 가리지 않고 행군을 계속했으나 병사들은 이미 공포에 사로잡혔다. 에피루스와 그 주변 지역 출신의 병사들은 거의 모두 군기를 버리고 도망쳤고, 많은 병사들이 무기를 내던지고 행군했기 때문에 적의 행군은 패주를 방불케 했다. 폼페이우스는 디라키움 부근에 군대를 정지시키고 진지를 세울 장소를 물색했다. 병사

들은 여전히 공포에 사로잡혀 있었다. 그 모습을 본 라비에누스가 병사들 앞으로 나아가, 그는 절대로 폼페이우스를 버리지 않을 것이며 전운이 어떻게 판가름나든 폼페이우스와 운명을 같이 하겠다고 맹세했다.[34] 다른 부장들도 똑같이 맹세하자 군관들과 백인대장들의 뒤를 이어 모든 병사가 똑같이 맹세했다.

카이사르는 폼페이우스보다 먼저 디라키움에 도착해 기선을 제압한 후 아폴로니아의 영토에 속하는 압수스 강 옆에 진지를 구축했다. 그곳을 선택한 것은 요새와 초소를 세워 카이사르에게 호의를 보인 부족들을 보호하기 위함이었다. 카이사르는 이탈리아에서 나머지 군단들이 도착하기를 기다리면서[35] 막사 안에서 남은 겨울을 보냈다. 폼페이우스도 강 건너편에 진지를 세우고[36] 전 병력과 외인부대와 함께 겨울이 끝나기를 기다렸다.

14   한편 브룬디시움에서는 칼레누스가 카이사르의 명령에 따라 휘하에 있던 군단들과 기병을 배에 싣고 항구를 떠났다. 출발한 지 얼마 되지 않았을 때 카이사르로부터 급보가 날아들었다. 적의 함선들이 대부분의 항구와 모든 해안 지역을 지키고 있다는 내용이었다. 칼레누스는 즉시 뱃머리를 돌리고 그와 함께 출발했던 범선들을 불

---

33. 오리쿰에서 북쪽으로 50킬로미터 떨어진 항구 도시이다. 디라키움과 함께 그리스에서는 중요한 로마 기지로, 폼페이우스 수비대가 지키고 있었다.

34. 카이사르를 배신하고 폼페이우스 측에 가담했기 때문에 그에게 자신의 충성심을 보여야 했을 것이다.

35. 안토니우스가 이끄는 카이사르 군 제2진의 도착을 말한다. 제2진은 기원전 48년 3월 하순이 되어서야 도착했다.

36. 카이사르는 압수스 강 남쪽에, 폼페이우스는 압수스 강 북쪽에 진지를 세웠다.

러들였다. 그러나 범선들 가운데 개인의 지휘하에 병력을 싣지 않은 채 항해하던 범선 한 척이 칼레누스의 명령을 무시하고 항해를 계속했다. 결국 그 배는 오리쿰에서 마르쿠스 비불루스에게 나포되었다. 비불루스는 원한에 사무친 사람처럼 노예와 해방 노예, 젊은이들을 포함해 배에 타고 있던 모든 사람들을 살해했다. 이렇게 해서 모든 병사가 순전히 우연으로 아슬아슬하게 위기를 모면했다.[37]

15 앞서 말한 대로 마르쿠스 비불루스의 함대는 오리쿰 앞바다를 지키고 있었다.[38] 비불루스가 카이사르에게 항구에 접근하는 것을 허용하지 않았던 반면, 카이사르도 비불루스에게 그 지역의 육지에 오르는 것을 완벽히 차단하고 있었다. 카이사르가 곳곳에 경계 병력을 주둔시켜 해안 지역 전체를 장악했기 때문에 적은 육지에 배를 댈 수도 없었고 나무와 물을 구할 수도 없었다. 필수품들이 부족해지자 비불루스와 그의 병사들은 큰 어려움에 처했으며 식량은 물론이고 나무와 물까지 코르키라에서 배로 운반해야 했기 때문에 더욱 큰 고통을 겪었다. 심지어 바람이 거센 날에는 함선들을 덮은 가죽 위에 밤사이 맺힌 이슬을 모으기도 했다. 그러나 이런 어려움 속에서도 그들은 인내와 침착함을 잃지 않았고 어떤 일이 있어도 해안과 항구들을 지켜야 한다고 믿었다.

적이 처한 어려움은 방금 설명한 바와 같다. 그런데 리보[39]가 합류한 후 두 사람은 선상에서 카이사르의 두 부장인 마니우스 아킬리우스, 스타티우스 무르쿠스와 회담을 가졌다. 아킬리우스는 오리쿰의 성을 지키고 있었고 무르쿠스는 육상의 경계 부대를 지휘하고 있었다. 비불루스와 리보는 기회가 주어진다면 카이사르에게 긴히 할 이야기가 있다고 말한 후 마치 타협책을 원한다는 투로 몇 마디 말을 덧붙였다. 그리고 그동안에는 잠시 휴전해 줄 것을 요청했다. 비불루스와 리보가 중요한 제안을 할 것처럼 보이자 두 부장은 그들의 제안을 받아들였다. 더욱이 두 부장은 카이사르가 화해를 간절히 원하고 있음을 알고 있었으며, 카이사르가 루키우스 비불리우스 루푸스에게 맡긴 사자의 임무[40]가 이제 효력을 나타내는 것이라 생각했다.

16　　　이때 카이사르는 코르키라 맞은편의 도시 부트로툼 근처에 있었다. 카이사르는 부족한 식량을 보충하고 내륙 쪽에 자리 잡은 도시들의 지지를 확보하기 위해 1개 군단과 함께 출동했다. 카이사르는 부트로툼에서 리보와 비불루스의 요구를 전하는 두 부장의 급보를 받은 후 즉시 군단을 그곳에 남겨두고 오리쿰으로 돌아왔다. 카이사르는 회담을 하기 위해 폼페이우스의 두 부장을 불렀다. 그러자 리보가 나타나 비불루스가 참석하지 못한 것을 사과했다. 비불루스는 성미가 매우 급한 사람이고 게다가 안찰관과 법무관을 지낼 때부터 카이사르와 개인적인 다툼이 있었기 때문에[41] 이렇게 중요하고 유익한 자리에

---

37. 칼레누스가 카이사르의 급보를 받지 못했을 경우를 말하고 있다.

38. 카이사르 군의 제2진이 합류하는 것을 막기 위해서였다. (3-8 참조.)

39. 폼페이우스 휘하의 해군 장수이다.

40. 3-10에서 카이사르는 비불리우스를 통해 폼페이우스에게 타협의 메시지를 전달했다.

41. 마르쿠스 비불루스는 카이사르와 같은 해에 안찰관, 법무관, 집정관을 지냈다. 안찰관을 지낼 때 두 사람은 투기鬪技 행사의 비용을 분담했으나 비불루스는 카이사르가 공적을 독차지했다고 불평했다. 법무관 시절에 어떤 갈등이 있었는지에 대해서는 구체적으로 알려진 바가 없지만 카탈리나 역모 사건과 관련이 있을 것으로 짐작된다. 두 사람이 공동 집정관을 지낸 기원전 59년에 비불루스는 카이사르의 토지 개혁 법안을 막으려 했지만 그의 시도는 강압적으로 저지당했다. 원로원에 항의했으나 효과가 없자 그 후로는 원로원에 발길을 끊고 집에만 틀어박혀 지내면서 불길한 징조를 찾기 위해 하늘을 주시하고 있다고 공표했다. 이쯤 되면 모든 국사가 정지되어야 마땅하지만 카이사르는 그를 무시하고 혼자 로마를 다스렸다. 비불루스는 분을 참지 못하고 카이사르에 대한 욕설을 퍼뜨렸다.

서 평정을 잃으면 협상에 방해가 될 것이라는 설명이었다. 〈폼페이우스로 말하자면 처음부터 한결같이 화해와 휴전을 열망하고 있었다. 군사 회의에서 최고 지휘권을 비롯한 모든 권한을 폼페이우스에게 위임했으므로 그들 자신에게는 이 문제에 대한 권한이 없다. 그러나 카이사르의 요구가 무엇인지 그들에게 알려주면 그것을 폼페이우스에게 전달하겠다. 그들이 폼페이우스에게 간청하면 폼페이우스는 그들을 통해 차후 협상을 진행할 것이다.〉리보는 이런 말들과 함께 전령이 폼페이우스의 회신을 갖고 돌아올 때까지는 휴전을 지켜 상대편을 공격하지 말자고 제안한 다음, 자신의 입장에 대해 그리고 자신이 거느리고 있는 병력과 외인군에 대해 몇 마디 말을 덧붙였다.[42]

17　　이에 대해 카이사르는 당장에 확실한 반응을 보이는 것은 부적당하다고 보았다. 그리고 그 이유는 굳이 기록할 필요가 없을 것으로 생각한다.

　카이사르는 먼저 안전이 보장되면 폼페이우스에게 사절을 보내겠다고 제안한 다음, 리보와 비불루스가 사절의 안전을 보장하든지 아니면 직접 사절을 맞이해 폼페이우스에게 데려가라고 요구했다. 그리고 휴전에 대해서는 다음과 같이 주장했다. 〈양군 사이에 작전 지역이 명확히 나뉜 상태에서 그들은 카이사르의 배와 지원군이 도착하는 것을 방해하는 한편, 카이사르는 그들이 육지에 올라와 물을 공수하는 것을 막고 있다. 만일 카이사르의 봉쇄가 풀리기를 원한다면 그들도 해상 봉쇄를 풀어야 한다. 그들이 계속해서 바다를 가로막는다면 카이사르도 봉쇄를 풀지 않을 것이다. 그러나 봉쇄를 해제하지 않아도 해결책을 논의할 수는 있다. 그것은 강화를 논의하는 데 조금도 방해가 되지 않는다.〉

리보는 카이사르의 사절을 직접 맞이할 것과 사절의 안전을 보장하라는 요구를 모두 거부하면서 모든 결정권을 폼페이우스에게 떠넘겼다. 그가 끝까지 고집을 부리면서 강하게 요구하는 사항은 결국 〈휴전〉이었다. 카이사르는 리보가 이 모든 논의를 시도한 것이 단지 당면한 위험과 궁핍을 모면하기 위해서라는 점을 간파하고 더 이상 화해를 기대하지 않기로 결심한 후 다시 전쟁 계획을 수립하는 일에 몰두했다.

18 비불루스는 오랫동안 육지에 오르지 못하고 감기와 과로로 고생하다 중병에 걸리고 말았다. 그는 간호를 받을 수도 없었고, 자기에게 맡겨진 지휘권을 포기하려 하지도 않았기 때문에 결국 병을 심하게 앓다가 죽음을 맞이했다. 비불루스가 죽자 최고 지휘권을 맡을 사람이 없었다. 이 때문에 각각의 장교가 자신이 옳다고 생각하는 대로 자신의 부대를 지휘하기 시작했다.

카이사르의 갑작스런 출현 때문에 일어났던 소란이 가라앉자 루키우스 비불리우스 루푸스는 즉시 리보와 루케이우스와 테오파네스[43]를 불러 카이사르의 제안에 대해 논의하기 시작했다. 비불리우스가 입을 여는 순간 폼페이우스가 그의 말을 가로막고 더 이상 한 마디도 하지 말라고 명령했다.

"카이사르의 은덕으로 비쳐진다면 그것이 목숨이든 시민권이든 나에게

---

42. 폼페이우스의 부장으로서 자신의 정당성과 지위를 나타내기 위한 것으로 보인다.

43. 루케이우스와 테오파네스는 폼페이우스의 믿을 만한 상담역이었다. 미틸레네(그리스 동부 에게 해의 레스보스 섬에 있는 도시) 출신의 테오파네스는 기원전 62년에 폼페이우스에게서 로마 시민권을 받았다. 그리고 두 사람 모두 역사서를 저술했다.

무슨 소용이 있겠는가? 본인은 자진해서 이탈리아를 떠났다. 그런 내가 카이사르를 따라 이탈리아로 돌아간다면 사람들은 분명 카이사르의 관대함 때문이라고 생각할 것이다."

카이사르는 이 사실을 전쟁이 끝난 후에 당시 회의에 참석했던 사람들을 통해 알게 되었다. 그럼에도 카이사르는 강화 회담을 갖기 위해 여러 가지 노력을 계속했다.

19 카이사르의 진지와 폼페이우스의 진지는 압수스 강을 사이에 두고 마주보고 있었다. 그래서 병사들은 종종 강 건너편의 병사들과 서로 이야기를 나누었고 그때만큼은 서로에게 무기를 투척하지 않기로 약속했다.[44] 카이사르는 부장인 푸블리우스 바티니우스를 강둑으로 보내 강화를 체결할 수 있는 방법이 있다면 무엇이든 시도해 보라고 명령했다. 바티니우스는 여러 번 강둑 위에 서서 큰 소리로 외쳤다.

"로마 시민이라면 같은 시민에게 안전하게 사절을 보낼 수 있어야 하지 않는가? 그것은 해적들이나 피레네의 산중으로 탈주한 자들[45]에게도 주어졌던 권리이다. 더구나 같은 시민들끼리 더 이상 피를 흘리지 말자는 것 아닌가!"

바티니우스가 그 자신의 이익과 모두의 안전을 바라고 간절히 호소할 때 양쪽 병사들은 침묵을 지키고 귀를 기울였다. 강 건너편에서 아울루스 바로가 회답을 보내왔다. 이튿날 강을 건너올 테니 양쪽 군대가 어떻게 사절을 안전하게 교환할 것인지 논의하자는 것이다. 두 사람은 회담 시간을 정했다. 이튿날 회담장에는 양쪽 진영에서 온 수많은 병사들이 운집해 논의 결과에 촉각을 곤두세웠다. 모든 병사가 강화를 바라고 있었다. 이윽고 티투스 라비에누스가 앞으로 나오더니 아주 거만한 태도로 바티니우스와 논쟁을 벌이기 시작했으나 강화에 대해서는 한마디도 꺼내지 않았다. 라비에누스가 열변을 토하는 도중에 사방에서 돌과 무기가 빗발치듯 날아와 그의 말을 가로막았다. 라비에누스는 병사들의 방패로 몸을 보호한 탓에 부상을 입지는 않았지만 코르넬리우스 발부스, 마르쿠스 플로티우스, 루키우스 티부르티우스, 그리고 여러 명의 백인대장과 병사들이 부상을 입었다. 그러자 라비에누스가 말했다.

"더 이상 합의를 논하지 말라.
카이사르의 목을 가져오기 전에 강화란 있을 수 없다."

카일리우스의 반란

20 그 무렵 법무관에 취임한 마르쿠스 카일리우스 루푸스는 채무자들의 편에 서는 것으로 직무를 시작했다. 카일리우스는 시 법무관[46]인 가이우스 트레보니우스의 옆자리에 재판석을 만든 후,

---

44. 각기 최고 사령관인 폼페이우스와 카이사르의 내전으로 서로 적군이 되었지만, 압수스 강을 사이에 두고 서로 마주보는 이들은 카이사르 밑에서 갈리아 전쟁을 함께 치른 전우이기도 하다.
45. 폼페이우스에게 패한 세르토리우스 군대의 패잔병을 가리킨다.
46. 시 법무관은 로마 시민들 간의 소송을 담당했다. 카일리우스는 외인 담당 법무관(프라이토르 페레그리누스 praetor peregrinus)이었으므로 로마인과 외인 간의 소송만을 담당했을 것이다.

라벤나
아리미눔
로마
살로나이
에피다우루스
아드리아 해
일리리쿰
다뉴브 강
암피폴리스
디라키움
마케도니아
브룬디시움
부트로툼
아폴로니아
코르키라
에피루스
라리사
파르살루스
시칠리아
나우팍투스
아카이아
마틸레네
페르가뭄
아
에페수스
로데스
크레타
지중해
알렉산드리아
파라에토니움

폰투스
코마나
갈라티아
마자카
코마게네
킬리키아
안티오크
키프루스
시리아
페니키아
이탈리아와 지중해 동부

중재자가 평가한 재산과 지불액에 대한 항소가 들어오면 카이사르가
로마에 있는 동안 정해 놓은 절차에 따라 항소인을 도와주겠다고 공표
했다. 그러나 카이사르의 포고는 공평했고[47] 트레보니우스는 이 같은
시기에는 판결을 내릴 때 자비와 중용을 잊지 말아야 한다는 관점에서
카이사르의 포고를 인도적으로 시행하고 있었다. 그 결과 어느 누구도
항소를 제기하지 않았다. 경우에 따라서는 가난을 구실로 내세우거나
개인적인 불운 또는 전란을 탓하며 어려운 시기임을 호소하는 자도 있
었지만, 빚을 지고도 수중의 재산을 온전히 유지하겠다고 버티는 것은
얼마나 수치스럽고 뻔뻔한 행위인가! 따라서 어느 누구도 그런 것을
요구하지 않았다. 오히려 카일리우스 본인이 당사자들보다 더 흥분했
다. 그는 자신의 노력이 헛수고로 보일 것을 염려해 채무 변제를 향후 6
년간 무이자로 연기하는 취지의 법안을 제출했다.

21　　집정관 세르빌리우스와 그밖의 각료들이 법안에 반대했기 때
　　　문에 카일리우스는 원하는 결과를 얻지 못했다. 그러자 그는
대중의 감정을 자극하려는 시도로 이전 법안을 폐기하고 두 종류의 새
법안을 제출했다. 하나는 소작인이 내야 할 1년간의 소작료를 면제하
자는 법안이었고, 다른 하나는 현재의 빚을 모두 소멸하자는 법안이었
다. 그러자 수많은 사람들이 떼를 지어 몰려와 카일리우스의 법안에 반
대하는 트레보니우스를 집무석에서 쫓아냈고 그 와중에 몇 명이 부상
을 입었다. 집정관 세르빌리우스는 이 문제를 원로원에 상정했고 원로
원 의원들은 투표를 통해 카일리우스를 공직에서 몰아내기로 결정했
다. 이 결정에 따라 집정관은 카일리우스를 원로원에서 제명했으며, 그
가 한 회의석상에서 연설을 하려 하자 강제로 연단에서 몰아냈다. 카일

로마 검투사

리우스는 이것을 모욕으로 여기고 몹시 분개하여 마치 카이사르와 합류하기 위해 떠나는 것처럼 꾸미고 은밀히 밀로에게 사자를 보냈다. 밀로는 클로디우스를 살해하고 유죄 판결을 받은 자였다.[48] 그는 자신이 개최했던 투기 행사를 끝낸 후 검투사들을 모아 조직한 군대를 아직까지 보유하고 있었다. 카일리우스는 밀로를 이탈리아로 불러 서로의 병력을 합친 후 그를 투리이 지역으로 보내 목부들의 반란을 부추기게 하고 그 자신은 카실리눔으로 갔다. 그러나 카푸아에서는 시민들이 카일리우스의 부대기와 무기들을 탈취해 버렸고, 나폴리에서는 검투사들의 계획이 폭로되었다. 카일리우스의 반란 계획이 만천하에 드러나자 카푸아는 카일리우스의 출입을 금지했다. 카푸아의 로마 시민들은 카일리우스를 적으로 간주하여 무기를 들고 성문을 지켰다. 결국 카일리우스는 위험을 피하기 위해 음모를 포기하고 다른 곳으로 달아났다.

47. 빚의 4분의 1을 탕감하는 효과가 있었으나 채권자의 입장에서도 악성 채무를 받을 수 있는 길이 열렸다.
48. 밀로는 마실리아로 유배됐지만 공성 기간에 그곳에 있었는지는 확인할 길이 없다. 그는 재판을 받을 당시 호민관이었던 카일리우스의 도움을 받았다.

22 그러는 동안 밀로는 여러 도시에 편지를 보내 자신이 폼페이
우스에게 권한을 인정받아 그의 지시를 이행하고 있으며, 비
불리우스를 통해 폼페이우스의 명령을 전달받았다고 말했다. 밀로는
또한 빚 때문에 어려움에 처해 있다고 생각되는 자들을 포섭하기 위해
노력했다. 그러나 포섭에 진전이 없자 밀로는 몇몇 노예 수용소를 강제
로 열고 노예들과 함께 투리이 영토의 도시 코사를 습격하기 시작했다.
밀로는 코사에서 일부 주민들을 포섭하려 했고, 카이사르의 명령에 따
라 도시를 지키던 갈리아 기병과 히스파니아 기병들에게도 돈을 주어
그들을 매수하려 했으나 즉석에서 기병들의 칼에 목숨을 잃었다. 이렇
듯 거창하게 시작되어 이탈리아 전역을 불안에 떨게 하고, 관리들을 긴
장시키고, 당대를 놀라게 했던 카일리우스의 음모는 너무나 빠르고도
쉽게 끝나버렸다.

안토니우스의 시련

23 리보는 휘하의 함대 50척을 거느리고 오리쿰을 떠나 브룬디
시움으로 향했다. 그곳에서 그는 모든 해안과 해안에 걸쳐 있
는 항구들을 장악하는 대신, 브룬디시움 항구를 마주보고 있는 섬을 점
거했다. 그 섬이 해상을 봉쇄하기에 유리하다고 생각했기 때문인데, 실
제로 그 섬에서는 아군이 반드시 지나야 하는 길목을 감시할 수 있었
다. 갑작스레 도착한 그는 몇 척의 범선을 불태우고 곡식을 실은 수송
선 한 척을 나포해 아군을 큰 불안에 빠뜨렸다. 리보는 밤중에 병사들

과 궁수들을 상륙시켜 기병으로 구성된 아군 수비대를 몰아냈으며 유리한 지형을 이용해 작전을 성공적으로 이끌었다. 그런 후 폼페이우스에게 전령을 보내 자신이 현재의 함대로 카이사르의 지원 병력을 저지할 것이니 안심하고 나머지 군선들을 바닷가로 끌어올려 수리를 해도 좋다고 보고했다.

24 그때 브룬디시움은 안토니우스가 지키고 있었다. 안토니우스는 병사들의 용맹함을 믿고 약 60척의 작은 배를 확보해 버드나무로 엮어 만든 방책과 차단막을 구비해 정예 병력을 승선시켰다. 그는 이 배들을 해안을 따라 여러 지점에 비치한 다음 브룬디시움에서 건조한 두 척의 3단 군선[49]을 항구 초입으로 내보내 마치 노 젓는 연습을 하는 것처럼 보이게 했다. 두 척의 군선이 멀리까지 나가는 것을 본 리보는 그들이 돌아오는 길을 차단하기 위해 다섯 척의 4단 군선을 출동시켰다. 리보의 배가 가까이 접근하자 노련한 아군 병사들은 항구로 뱃머리를 돌렸다. 이에 적의 군선들은 더욱 흥분하여 앞뒤를 가리지 않고 아군을 몰아붙였다. 그때 출동 신호와 함께 안토니우스의 배들이 사방에서 일제히 적을 향해 달려들었다. 이 최초의 교전에서 아군은 한 척의 4단 군선을 노잡이와 수병이 모두 탄 채로 나포했고 나머지에게는 패주의 치욕을 안겼다. 그뿐만이 아니었다. 안토니우스의 기병이 해안 전체를 방비하고 있었기 때문에 폼페이우스 군대는 물을 구할 수 없어 더욱 큰 고통을 겪었다. 치욕적인 패주에 이런 어려움까지 겹치자 리보는 해상 봉쇄를 풀고 브룬디시움을 떠났다.

---

49. 3단의 노를 갖춘 갤리선을 말한다.

고대 로마군의 갤리선

25   여러 달이 지나고 겨울도 깊었지만[50] 브룬디시움의 지원 병력은 도착하지 않았다.[51] 몇 차례에 걸쳐 오리쿰 쪽으로 항해할 수 있는 바람이 불었기 때문에 카이사르가 보기에 아군은 이미 여러 번의 기회를 놓치고 있었다. 시간이 지날수록 폼페이우스 함대의 사령관들은 더욱 예리하게 바다를 감시하면서 아군 병력을 저지할 수 있다는 확신을 키웠다. 뿐만 아니라 틈만 나면 폼페이우스가 전령을 보내, 애초에 카이사르의 병력을 저지하지 못한 것을 꾸짖고 무슨 일이 있어도 2진 병력이 합류하는 것을 막아야 한다고 다그쳤다. 설상가상으로 조금만 지나면 바람이 잦아들어 점점 더 병력 수송이 어려워지는 계절이 시작되었다. 이런 상황에 불안감을 느낀 카이사르는 브룬디시움에 편지를 보내 병사들을 호되게 질책한 다음, 아폴로니아나 육지에서 멀리 떨어져 있지 않은 위험한 항로밖에 없더라도 개의치 말고 적당한 바람이 불면 기회를 놓치지 말고 출항하라고 명령했다. 폼페이우스의 배들은 항구에서 멀리 나가지 못했기 때문에 항구에서 가까운 지역은 적선들의 감시가 가장 심한 곳이었다.

26   이에 맞서기 위해 카이사르의 병사들은 용기와 대담함으로 무장했다. 마르쿠스 안토니우스와 퀸투스 푸피우스 칼레누스의 지휘하에, 병사들은 카이사르를 구하기 위해 어떤 위험도 무릅쓰겠다는 각오를 다진 후 남풍을 타고 출항하여 이튿날 아폴로니아와 디라

---

50. 개정되지 않은 달력으로 3월 말, 즉 현재의 달력으로는 1월이다. 〈여러 달〉은 약간 과장된 표현이다.
51. 안토니우스가 이끄는 카이사르 군의 제2진으로, 카이사르가 그리스로 떠날 때 선박이 부족하여 브룬디시움에 남아 제1진이 타고 떠난 배가 다시 오기를 기다리고 있었다.

키움을 지나쳤다.[52] 육지에 주둔해 있던 폼페이우스 군대가 아군의 수송함대를 발견했고 디라키움에서 로도스 함대를 지휘하던 가이우스 코포니우스도 아군을 발견했다. 아군은 잠시 바람이 약해진 사이에 코포니우스에게 접근을 허용하긴 했지만 때마침 남풍이 다시 불어 아군을 위기에서 구해 주었다. 그러나 코포니우스는 포기하지 않았다. 그는 자신의 수병들이 끝까지 노력하면 강풍의 위력쯤은 어렵지 않게 극복할 수 있다는 희망을 품고 아군이 강한 바람을 받으며 전속력으로 디라키움을 지나친 후에도 추격의 고삐를 늦추지 않았다. 아군은 강한 바람의 도움을 받고 있었지만 행여 바람이 잦아들면 적의 공격을 받을 수 있는 위험에서 완전히 벗어나진 못했다. 따라서 아군은 리수스를 약 5킬로미터 지나친 후 님파이움이란 항구에 이르자 적의 함대로부터 받는 위협보다 바람 때문에 겪게 될 위험이 더 작다고 판단하여 그곳에 배를 대기로 결정했다.[53] 아군이 항구에 들어서는 순간 믿을 수 없는 행운이 찾아왔다. 지난 이틀 동안 남쪽에서 불던 바람이 갑자기 남서풍으로 바뀐 것이다.

27　　단번에 전운이 역전되었다. 조금 전까지 적의 함대에 쫓기며 두려움에 떨던 아군은 위험에서 벗어나 한숨 돌린 반면, 아군 선단을 위협하던 적은 거꾸로 그들 자신이 위험에 빠지고 말았다. 갑작스런 바람의 변화로 아군이 안전하게 항구로 들어서는 동안 갑판을 댄 16척의 로도스 함대는 서로 충돌하거나 암초에 부딪혀 산산조각이 났다.[54] 수많은 노잡이와 병사들이 바닷속으로 사라지거나 암벽에 부딪혀 죽었고 일부는 아군 병사들에 의해 구출되었다. 카이사르는 구조된 자들을 벌하지 않고 모두 고향으로 돌려보냈다.

28 아군의 선단 중 뒤처져 항해하던 두 척의 수송선은 밤사이 적에게 추월당해 다른 수송선들이 어디에 상륙했는지도 모른 채 리수스 앞바다에 닻을 내렸다. 리수스를 방비하던 오타킬리우스 크라수스는 여러 척의 소형 범선을 출동시켜 공격 태세를 갖추는 한편 아군에게 항복을 하면 해치지 않겠다고 제안했다. 아군의 두 수송선 중 한 척의 수송선에는 220명의 신참 군단병이 타고 있었고, 다른 한 척에는 200명의 고참 군단병이 타고 있었다. 거친 파도와 배멀미에 지친 신참 군단병들은 적의 수를 보고 겁에 질린 나머지 적의 약속을 그대로 믿고 오타킬리우스 앞으로 순순히 끌려갔다. 그러나 오타킬리우스는 해치지 않겠다는 신성한 서약을 깨고 투항한 군단병들을 잔인하게 살해했다. 반면에 고참병들은 신참들과 똑같이 거센 폭풍과 힘든 항해를 겪었음에도 위기 때마다 보여줬던 용기와 대담함을 조금도 잃지 않았다. 그들은 마치 항복을 할 것처럼 투항 조건을 놓고 협상을 벌이면서 시간을 끌다가 밤이 깊어지자 조타수로 하여금 배를 육지로 몰게 하여 적당한 장소에 상륙한 다음 동이 트기를 기다렸다. 날이 새자 오타킬리우스는 해안을 경비하고 있던 병력 중 400의 기병과 도시를 방비하던 무장 병력을 출동시켰다. 그러나 카이사르의 병사들은 적의 공격에 용감히 맞서 싸웠고 여러 명의 적을 죽인 후 무사히 본대에 합류했다.

---

52. 아드리아 해에서는 겨울철에 주로 북풍이나 북서풍이 분다. 카이사르는 이것을 예측하고 아폴로니아에 상륙하라고 지시했다. 그러나 바람은 계속 남쪽에서만 불었고 더구나 로마 시대의 사각 돛으로는 역풍을 받을 수 없기 때문에 수송선단은 계속 북쪽으로 올라갔다.
53. 어떻게든 병력을 상륙시키는 것이 안토니우스의 지상 과제였다. 결국 카이사르가 상륙 장소로 정한 아폴로니아보다 130킬로미터나 북쪽으로 더 올라간 곳에 상륙하게 되었다.
54. 님파이움 항구는 남서풍을 막아주는 대신 남풍을 막지는 못한다. 따라서 항구에 들어선 아군은 안전해진 반면 뒤따라오던 적의 선단은 남서풍에 밀려 난파되었다.

로마군 수송선

한편 리수스에 거주하는 로마 시민들은 안토니우스를 도시 안으로 맞아들이고 모든 도움을 제공했다. 리수스는 카이사르가 그들에게 할당해 주고 요새를 짓게 해준 도시였다. 신변의 위험을 느낀 오타킬리우스는 도시를 탈출해 폼페이우스에게로 돌아갔다. 안토니우스는 3개 고참병 군단과 1개 신참병 군단 그리고 800기의 기병을 상륙시킨 후 브룬디시움에 있는 나머지 병력과 기병을 수송할 수 있도록 대부분의 선박을 이탈리아로 보냈다. 그리고 폼페이우스가 세간에 떠도는 소문처럼 이탈리아가 텅 비었다고 생각하여 군대를 이끌고 바다를 건널 경우, 카이사르에게도 폼페이우스를 쫓아갈 수단이 필요하다고 판단하여 리수스에 갈리아 선박들을 대기시켜 놓았다. 안토니우스는 즉시 카이사르에게 전령을 보내 방금 도착한 2진의 규모와 상륙한 장소를 상세히 보고했다.

마르쿠스 안토니우스

30 　아군이 상륙했다는 소식은 카이사르와 폼페이우스에게 거의 동시에 들어갔다. 두 사람은 수송선들이 아폴로니아와 디라키움을 지나는 것을 보았고, 육로로 그들을 쫓아갔으나 처음 며칠 동안은 아군이 어디에 상륙했는지 알지 못했다. 그러나 두 사람은 사실을 알게 된 후 서로 다른 작전을 채택했다. 카이사르의 목표는 가능한 한 빨리 안토니우스의 병력과 합류하는 것이었고, 폼페이우스의 목표는 안토니우스의 진로를 차단하고 가능하다면 적당한 곳에 매복했다 기습 공격을 펼쳐 카이사르와 안토니우스 군대가 합류하는 것을 막는 것이었다. 두 사람은 같은 날 압수스 강을 사이에 두고 각자의 진지에서 군대를 이끌고 나왔다. 폼페이우스는 강을 건널 필요가 없었기 때문에 아무런 장애물 없이 곧바로 안토니우스를 향해 강행군으로 병력을 이동시켰다. 안토니우스의 병력이 가까운 곳에 있다는 보고가 들어오자 폼페이우스는 적당한 장소를 선택하여 행군을 정지시켰다. 그리고 그들의 도착을 들키지 않도록 하기 위해 전 병사를 진영 안에 머물게 하고 불조차 피우지 못하게 했다. 그러나 몇 명의 그리스인이 이 사실을 안토니우스에게 즉시 보고했다. 안토니우스는 카이사르에게 전령을 보낸 후 하루 동안 진지에 머물렀다. 바로 다음 날 카이사르가 도착했다. 카이사르의 도착을 알게 된 폼페이우스는 카이사르의 두 군대 사이에 고립되는 것을 피하기 위해 전 병력을 이끌고 디라키움의 영토에 있는 아스파라기움으로 이동한 후 적당한 장소에 진지를 구축했다.

마케도니아의 부장들

31　　　이 시기에 스키피오는 아마누스 산 근처에서 몇 번의 패배를 겪은 후 자신을 대장군[55]이라 칭한 다음, 인근 도시들과 통치자들에게 거액의 돈을 요구했다. 뿐만 아니라 그의 속주[56]에 속한 농민들에게 지난 2년 동안 밀린 세금을 징수하고 향후 1년간의 세금을 강제로 미리 거둬들였으며 속주 전역에 기병을 요구했다. 기병이 소집되자 국경 근처에서는 호전적인 파르티아인이 위세를 떨치기 시작했다. 파르티아인은 불과 얼마 전에 마르쿠스 크라수스 장군[57]을 죽이고 마르쿠스 비불루스의 성을 공격했던 자들이다. 그럼에도 스키피오는 군단들과 기병을 이끌고 시리아를 떠났다. 시리아는 파르티아인이 또 다시 전쟁을 일으킬지 모른다는 불안과 두려움에 휩싸였고, 적지 않은 병사들이 적을 향해서는 기꺼이 무기를 들겠지만 로마 시민과 집정관을 향해서는 무기를 들고 싶지 않다고 말했다. 스키피오는 군단들을 이끌고 페르가뭄에 도착한 후 병사들에게 가장 부유한 시민들의 집을 동영지로 배정해 준 동시에, 병사들의 환심을 사기 위해 각자에게 거액의 현금을 지급하고 주변의 도시들을 마음대로 약탈하게 했다.

32　　　스키피오는 속주 전역에 세금을 부과한 후 가혹한 모든 방법

---

55. 카이사르는 스키피오의 행동을 비꼬고 있다. 대장군(임페라토르)이란 칭호는 보통 패배한 장수에게는 부여되지 않기 때문이다.
56. 스키피오는 시리아 총독이었다.
57. 카이사르, 폼페이우스와 함께 삼두정치에 참여했던 인물로 시리아 총독(전직 집정관)이었던 기원전 53년에 파르티아인과의 전쟁에서 패하면서 전사했다.

을 동원해 억지로 세금을 거두기 시작했다.[58] 뿐만 아니라 개인적인 탐욕을 채우기 위해서도 온갖 수단을 고안해 냈다. 먼저 노예와 해방 노예들에게 인두세를 부과했고, 저택의 기둥과 문에도 세금을 부과했으며, 속주 전역에 곡식, 병력, 무기, 노잡이, 투척기, 수송선 등을 요구했다. 오직 이름이 붙어 있다는 이유만으로 물건이란 물건은 모두 세금과 징발의 대상이 되었다. 도시는 물론이고 모든 부락과 소규모 요새까지도 무장 병력을 가진 자의 수중에 들어갔으며, 가혹하고 잔인하게 권력을 휘두르는 자일수록 훌륭한 군인이자 훌륭한 로마 시민으로 인정을 받았다. 속주 전체가 수행원과 사령관들로 가득했고, 장교들과 징세원들은 곳곳을 돌아다니며 세금을 거둬들이고 뒷주머니 채우기에 바빴다. 재산을 빼앗기고 집과 부락에서 쫓겨났다고 하소연하는 주민들이 속출했으며, 공평함의 탈을 쓴 비열한 징발이 거듭될수록 모든 생필품이 바닥을 드러냈다. 더욱 고통스러운 것은 전시에 흔히 그렇듯이 고리대금업이 성행하고 돈이 귀해진 것이다. 이런 상황에서 주민들은 채무 지불이 하루만 연기되어도 큰 선물을 받은 것처럼 고마운 일이라고 말했다. 이렇게 해서 2년 사이에 속주민들의 빚은 눈덩이처럼 불어났다. 아시아의 로마 시민들도 예외가 아니었다. 스키피오는 각 시민과 도시에 공채 명목으로 일정액의 돈을 강요했다. 그리고 시리아에서처럼 징세원들을 동원해 향후 1년간의 세금을 미리 거둬들였다.

33   이것도 모자라 스키피오는 에페수스의 다이아나 신전에 오랫동안 보관되어 있던 돈을 꺼내오라고 명령하고 이 명령을 실행할 날까지 정했다. 그가 아시아로 불러온 몇 명의 원로원 의원들을 대동하고 신전에 도착했을 때 폼페이우스가 보낸 급보가 당도했다. 카

이사르가 군단들을 이끌고 바다를 건넜으니 다른 모든 일을 미루고 즉시 군대를 이끌고 폼페이우스에게 합류하라는 내용이었다. 스키피오는 원로원 의원들을 돌려보내고 서둘러 출동 준비를 한 다음 며칠 후 마케도니아로 이동했다. 덕분에 다이아나 신전의 돈은 무사할 수 있었다.

34 카이사르는 안토니우스의 병력과 합류한 후[59] 인근 속주들의 지지를 확보하고 더 먼 지역으로 진출할 필요가 있다고 판단하여 해안을 지키기 위해 오리쿰에 배치했던 군단을 불러들였다. 테살리아와 아이톨리아에서는 이미 사절을 통해 카이사르가 군대를 파견하면 그의 명령에 따르겠다는 약속을 보내왔으므로 카이사르는 테살리아에 루키우스 카시우스 롱기누스와 1개 신참병 군단인 27군단 그리고 200기의 기병을 파견하고, 아이톨리아에는 가이우스 칼비시우스 사비누스와 5개 대대 그리고 약간의 기병을 파견했다. 두 지역은 멀지 않았으므로 카이사르는 부장들에게 무엇보다 식량을 확보하라고 강력히 지시했다. 또한 그나이우스 도미티우스 칼비누스에게는 11군단과 12군단 그리고 500의 기병을 이끌고 마케도니아로 진군하라고 명령했다. 마케도니아의 이른바 〈자유 도시〉들이 유력자인 메네데무스를 사절로 보내 전 주민의 열렬한 지원을 약속했기 때문이다.

35 칼비시우스 사비누스는 전 주민의 열렬한 환영 속에 아이톨리아에 도착했다. 그는 칼리돈과 나우팍투스에서 폼페이우스

---

58. 스키피오가 다스린 속주는 시리아였고 페르가뭄은 아시아 속주에 속해 있었으므로 스키피오는 아시아에서 돈을 거둘 권한이 없었다. 그러나 아시아에 도착한 스키피오는 고압적인 자세로 일관했고 아시아 총독의 반대를 무마하기 위해 거액의 뇌물을 제공한 것으로 보인다.
59. 안토니우스가 님파이움 항에 상륙한 지 일주일 만인 기원전 48년 4월 3일에 두 병력은 마침내 합류했다.

의 수비대를 몰아내고 아이톨리아 전 지역을 장악했다. 카시우스 롱기누스도 군단을 이끌고 테살리아에 도착했으나 테살리아가 두 파로 갈라진 까닭에 지역에 따라 엇갈린 환영을 받았다. 테살리아에서 오래전부터 영향력을 행사해 온 헤게사레토스는 폼페이우스를 지지한 반면, 젊은 나이에 매우 높은 지위에 오른 페트라이우스는 모든 재산과 병력을 동원해 카이사르를 열렬히 지지하고 있었다.

36 한편 도미티우스 칼비누스가 마케도니아에 도착하자 모든 도시에서 그에게 사절을 보내기 시작했다. 그때 스키피오가 군단들을 이끌고 지척에 당도했다는 소식이 들어왔다. 그러자 온 속주에 억측과 소문이 난무했다. 일반적으로 예상치 못한 사건이 터지면 사실과 무관한 억측과 소문이 나도는 법이다. 스키피오는 마케도니아로 들어온 후 잠시도 지체하지 않고 도미티우스를 향해 진군했다. 그런데 약 30킬로미터를 이동한 후에 갑자기 진로를 바꿔 테살리아에 있는 카시우스 롱기누스를 향해 이동하기 시작했다. 아군 입장에서는 스키피오의 도착과 출발이 동시에 보고될 정도로 너무나 갑작스런 일이었다. 스키피오는 행군 속도를 더욱 높이기 위해 마케도니아와 테살리아의 경계를 흐르는 할리아크몬 강에 마르쿠스 파보니우스와 8개 대대를 남겨 전군의 짐과 군수품을 지키게 하고 그곳에 진지를 구축하라고 명령했다. 바로 그때 테살리아의 경계를 돌아다니며 약탈하던 코티스 왕의 기병이 카시우스 롱기누스의 진지를 덮쳤다. 카시우스는 스키피오가 당도했다는 소식이 들리자마자 코티스 왕의 기병이 진지를 공격하자 그것이 스키피오의 기병이라 생각하고 테살리아 인근의 산속으로 병력을 철수시킨 다음 그곳에서 암브라키아를 향해 행군하기 시작했다.

서둘러 카시우스를 추격하려는 스키피오에게 마르쿠스 파보니우스의 급보가 당도했다. 도미티우스 칼비누스가 군단들을 이끌고 접근하고 있으며 스키피오의 지원이 없으면 현재 병력으로는 진지를 사수하기가 어렵다는 것이다. 스키피오는 마음을 돌려 추격을 포기하고 파보니우스를 돕기 위해 즉시 진로를 변경했다. 그는 밤낮으로 행군한 덕분에 아슬아슬한 때에 진지에 도착했다. 도미티우스의 군대가 일으키는 먼지를 스키피오의 1진 선발대가 목격했다. 카시우스는 도미티우스의 행동력 때문에 목숨을 구하고, 파보니우스는 스키피오의 속도 때문에 목숨을 구한 셈이다.

37 스키피오는 할리아크몬 강을 사이에 두고 도미티우스의 진영 맞은편에 있는 본영에 이틀 동안 머물렀다. 사흘째 동이 틀 무렵 스키피오는 군대를 이끌고 얕은 여울을 건넌 후 진지를 구축했고, 이튿날 아침이 되자 전 병력을 이끌고 나와 진영 앞에 도열시켰다. 그러자 도미티우스도 지체하지 않고 군단들을 출동시켜 도전에 응했다. 두 진영 사이에는 약 9킬로미터 길이의 평원이 펼쳐져 있었지만 도미티우스는 아군 병력을 스키피오의 진영 가까이에 배치했고, 스키피오는 진지의 방벽에서 가까운 곳에 병력을 배치했다. 도미티우스의 병사들은 가까스로 전의를 억누르며 교전을 자제하고 있었지만, 또 한편으로는 스키피오의 진영 바로 아래쪽에 가파른 둑 사이로 개울이 흐르고 있어 더 이상 전진하기가 어려웠다. 그러나 스키피오는 아군 병사들이 얼마나 전의에 불타고 있는지 한눈에 알아보았다. 그는 이튿날 전투를 벌인다면 적의 의도에 휘말리는 것이고, 진지에 머문다면 그의 도착으로 사기가 올라간 병사들 사이에 극히 치욕스런 일이 될 것이라 판단했

님파이움
리수스
아스파라기움
게누수스 강
헤라클리아
암피폴리스
아폴로니아
빌리스
아만티아
테살로니카
오리쿰
팔라에스테
마 케 도 니 아
부트로툼
아이기니움
테 살 리 아
라리사
코르키라
곰피
메트로폴리스
파르살루스
암브라키아
암필로키아
아이톨리아
칼리돈
오르코메누스

그리스 북부 지도

다. 결국 스키피오의 성급한 진군은 불명예스런 퇴각으로 뒤바뀌었다. 그는 밤중에 진지를 철수하라는 명령조차 내리지 않은 채 강을 건너왔던 길을 되돌아간 후 강에서 가까운 높은 지대에 진지를 구축했다. 며칠 후 스키피오는 아군이 며칠 동안 마초 징발을 위해 출동한 지역을 파악했다가 밤중에 그곳에 기병을 매복시켰다. 도미티우스의 기병 대장 퀸투스 바루스가 일과에 따라 그곳에 나타나자 매복했던 적이 갑자기 뛰쳐나왔다. 그러나 아군 기병은 조금도 당황하지 않고 적의 공격을 막아냈다. 그리고 모든 병사가 재빨리 강둑 위로 올라가 자신의 위치를 잡은 다음 적을 향해 일제히 돌격했다. 아군 기병은 적군 800명을 살해하고 나머지를 패주시킨 다음 2명의 사상자를 내고 진지로 돌아왔다.

38 도미티우스는 스키피오를 전투에 끌어들이기 위해 아군이 식량 부족으로 어쩔 수 없이 퇴각하는 것처럼 보이게 했다. 우선 진지를 철수하라는 명령을 내린 그는 약 5킬로미터를 이동한 후 보병과 기병을 포함한 전 병력을 은밀한 장소에 배치했다. 스키피오는 아군을 추격할 준비를 하는 한편 대규모 기병을 먼저 출동시켜 지형을 파악하고 도미티우스의 퇴각로를 찾게 했다. 이들 중 선두에 선 부대들이 매복지 안으로 들어섰을 때였다. 매복해 있던 아군 쪽에서 말의 울음소리가 들리자 적은 수상한 낌새를 차리고 즉시 기수를 돌렸으며, 뒤따라오던 소대들은 그 모습을 보고 행군을 멈췄다. 아군 병사들은 매복이 발각되었으므로 나머지 병력을 기다리지 않고 즉시 매복지 안으로 들어선 2개 소대를 포위했다. 아군의 포위망을 뚫고 도망친 자는 마르쿠스 오피미우스라는 이름의 지휘관뿐이었고 나머지는 모두 살해되거나 생포되어 도미티우스 앞으로 끌려왔다.

디라키움 공방전

39 카이사르는 이미 말한 대로 해안에서 경비 병력을 철수시킨
후 오리쿰에 3개 대대를 남겨 도시를 방어하고 이탈리아에서
몰고 온 군선들을 지키게 했다. 도시 방어와 함께 이 임무는 선박들을
내항으로 끌고 와 정박시킨 마니우스 아킬리우스 부장에게 맡겨졌다.
아킬리우스는 항 입구에 수송선 한 척을 가라앉히고 그 배에 다른 배를
붙잡아 맸다. 그런 다음 붙잡아 맨 배 위에는 항구의 출입을 한눈에 볼
수 있는 탑을 세우고 그 탑에 병사들을 배치해 갑작스런 사고에 대비하
게끔 했다.

40 이 소식이 이집트 함대를 지휘하던 폼페이우스의 아들 그나
이우스에게 들어갔다. 즉시 오리쿰으로 달려온 그나이우스는
여러 가닥의 밧줄을 이용해 아킬리우스가 침몰시킨 배를 끌어올렸다.
그리고 아군의 탑과 똑같은 높이의 탑들을 만든 몇 척의 범선으로 아킬
리우스가 수비대를 배치한 배를 공격했다. 그나이우스는 유리한 위치
에서 아군을 공격하기 시작했다. 그는 지친 병력을 새 병력으로 교체하
면서 쉬지 않고 공격했을 뿐 아니라 아군의 병력을 분산시키기 위해 육
지에서는 공성용 사다리로 성벽 여러 곳을 동시에 공략하고 바다에서
는 함대를 이용해 공격을 퍼부었다. 아군은 피로와, 끊임없이 쏟아지는
투척 무기를 견디지 못하고 열세를 보이기 시작했다. 결국 탑 위에서
방어하던 병사들은 작은 배들을 이용해 탈출했고, 아킬리우스의 배는
그나이우스의 수중에 들어갔다. 이와 동시에 그나이우스는 도시와 육
지를 연결해 주는 도시 반대쪽의 모래사장을 점거한 다음 굴림대를 놓

고 권양기捲楊機[60]로 네 척의 2단 군선[61]을 끌어 모래사장 건너편의 내항으로 이동시켰다. 그런 다음 육지에 정박해 있던 빈 군선들을 양쪽에서 공격해 네 척을 나포하고 나머지를 불태웠다. 그나이우스는 이 모든 작전을 완료한 후 데키우스 라일리우스에게 그곳을 맡겼다. 라일리우스는 아시아 함대를 다른 지휘관에게 넘겨준 후 빌리스와 아만티아에서 오리쿰으로 들어오는 식량 보급을 차단하는 임무를 수행하고 있었다. 그나이우스는 리수스로 이동해 마르쿠스 안토니우스가 항구에 남겨둔 30척의 수송선을 공격해 모든 배를 불태웠다. 그는 리수스를 습격하려 했지만 리수스의 로마 시민들과 카이사르가 배치한 수비대의 방어를 뚫지 못하고 사흘 동안 몇 명의 병사를 잃은 후 목적을 달성하지 못하고 물러났다.

41 폼페이우스가 아스파라기움 근처에 있다는 사실을 알게 된 카이사르는 군대를 이끌고 아스파라기움으로 진군했다. 중간에 카이사르는 폼페이우스의 수비대가 지키고 있는 파르티니족의 도시를 습격하고 이틀 후 폼페이우스가 있는 곳에 도착해 가까운 곳에 진영을 구축했다. 이튿날 카이사르는 전 병력을 이끌고 나와 전투대형을 갖추고 폼페이우스에게 결전의 기회를 주었다. 그러나 폼페이우스는 움직이지 않았고, 이것을 본 카이사르는 군대를 이끌고 진지로 돌아와 다른 방법을 모색했다. 이튿날 카이사르는 전 병력과 함께 멀고 험한 길로 우회하여 디라키움으로 이동했다. 폼페이우스로 하여금 디라키움으

로 이동하게 만들거나, 폼페이우스에게 모든 식량과 군수 물자를 공급하는 디라키움의 보급로를 차단하기 위해서였다. 결국 카이사르는 두 번째 목적을 달성했다. 처음에는 카이사르의 의도를 몰랐으나 나중에 정찰병을 통해 사실을 알게 된 폼페이우스는 더 빠른 진로를 이용해 카이사르를 따라잡겠다는 계획으로 이튿날 진지를 철수했다. 모든 일이 예상대로 진행되자 카이사르는 병사들에게 행군의 피로를 즐겁게 견디라고 격려한 후 밤중에도 잠시 동안만의 휴식 시간을 허락했다. 이튿날 아침에 디라키움에 도착한 카이사르는 멀리 폼페이우스 군대의 선두 행렬이 보이자 진지를 구축했다.

42   보급로를 차단당하고 목표 달성에도 실패한 폼페이우스는 계획을 변경했다. 폼페이우스는 페트라라는 이름의 언덕 위에 배로 쉽게 접근할 수 있고 바람으로부터 범선을 보호해 줄 수 있는 든든한 진지를 구축했다. 그리고 군선의 일부를 그곳으로 소집한 다음 아시아를 비롯해 그가 통치하는 모든 지역으로부터 식량과 물자를 실어오라고 명령했다. 카이사르는 장기전이 불가피하다고 판단했고, 그와 동시에 이탈리아에서 식량이 도착하는 것은 기대하지 않기로 결심했다.[62] 폼페이우스의 군대가 해안 전체를 장악하고 있었으며, 시칠리아와 갈리아, 이탈리아에서 겨울을 보내고 있는 카이사르의 군대가 바다를 건너기에는 오랜 시간이 걸렸다. 그에 따라 카이사르는 퀸투스 틸리우스와 부장 루키우스 카눌레이우스를 에피루스로 보내 식량을 확보하게 했다. 에피루스는 상당히 멀었기 때문에 카이사르는 몇몇 지점에 곡물창고를 짓게 하고 인근 부족들에게 식량 수송과 그에 필요한 수단을 제공하도록 지시했다. 그와 동시에 리수스와 파르티니족의 영토와 모든 요새로부터

모을 수 있는 식량은 모두 징발하라고 명령했다. 그러나 그 양은 매우 빈약했다. 울퉁불퉁한 산악 지형으로 이루어진 그 지역 주민들이 대부분의 식량을 수입에 의존하기 때문이기도 했지만, 이런 상황을 예측한 폼페이우스가 미리 파르티니족의 영토를 약탈해 버렸기 때문이다. 폼페이우스는 파르티니족의 모든 가옥을 철저히 약탈해 긁어모은 식량을 기병으로 하여금 페트라로 실어가게 했다.

43   이 사실을 알게 된 카이사르는 그곳 지형의 특성에 맞춰 새로운 전략을 수립했다. 폼페이우스의 진영 주변에는 몇 개의 높고 험한 언덕이 있었다. 우선 카이사르는 병력을 출동시켜 이 언덕을 점령한 다음 길게 참호를 파고 지형이 허락하는 대로 요새와 요새를 쌓아 폼페이우스의 진지를 에워쌌다. 식량 보급의 어려움과 폼페이우스의 강력한 기병 전력을 고려한 이 포위 작전의 목적은, 아군의 식량과 군수품을 안전하게 들여오는 동시에 폼페이우스 군대의 마초 징발을 차단하여 그의 기병을 무력화하는 것이었다. 그러나 카이사르에게는 또 다른 목적이 있었다. 바로 이민족들 사이에 자리 잡은 폼페이우스의 권위를 떨어뜨리는 것이었다. 폼페이우스가 카이사르에게 봉쇄되어 전투에 응하지 않는다는 말이 나돌면 그렇게 될 것이 분명했다.

44   폼페이우스는 대부분의 군수품을 배로 운반했기 때문에 해안을 비워두고 떠나기를 원치 않았고, 더구나 무기와 투척기를

---

62. 폼페이우스 해군이 카이사르 측의 군량 보급을 차단하는 데 전력을 기울였기 때문이다.

비롯한 모든 군수 물자가 비축되어 있는 디라키움을 비울 수는 없었다. 전투에 응하지 않고는 카이사르의 참호 공사를 막을 수 없었지만 아직은 전투를 벌일 때가 되지 않았다고 판단했다. 남아 있는 유일한 방법은 가능한 한 많은 언덕과 넓은 지역을 장악해서 카이사르의 병력을 최대한 넓게 분산시키는 것이었다. 폼페이우스는 24개의 요새를 쌓아 총둘레가 23킬로미터에 달하는 지역을 확보하고 그 안에서 마초를 조달했다. 그곳에는 또한 곡식을 파종한 들판이 많았으므로 당분간 우마를 먹일 수 있었다. 아군 병사들은 폼페이우스 군대가 포위망을 빠져나가거나 후방으로 돌아가 공격할 수 없도록 한 요새에서 다음 요새로 참호를 연결하는 일에 주력했지만, 폼페이우스의 병사들 역시 포위망 안에서 아군이 방어선을 돌파하거나 후방으로 돌아가지 못하도록 한 줄로 참호를 구축했다. 폼페이우스 군대는 병력도 더 많았고 카이사르의 포위망보다는 그들의 안쪽 방어선 길이가 더 짧았기 때문에 승리는 폼페이우스 쪽으로 기울고 있었다.[63] 폼페이우스는 카이사르의 공사를 저지하기 위해 전 병력을 동원하면 전면전에 말려들 수 있다고 판단하여, 카이사르가 요새를 쌓기 위해 고지를 차지하려 하면 수적으로 풍부한 궁수와 투석병을 그곳으로 출동시켰다. 여러 명의 병사가 부상을 입자 아군은 적의 공격을 막기 위해 스스로 투니카나 솜으로 채운 덮개 또는 헝겊이나 가죽을 이어붙인 덮개를 만들어 날아오는 무기로부터 몸을 보호했다.

---

63. 카이사르 군의 포위망은 전체 길이가 26킬로미터였고 보루의 수는 16개였다. 반면 폼페이우스 군의 방어선은 전체 길이가 23킬로미터였고 보루는 24개였다. 안쪽이 폼페이우스의 방어선이고, 바깥쪽이 카이사르의 포위망이 되는 셈이었다. 하지만 카이사르 군대는 포위망의 길이도 너무 길고, 보루의 수도 적고, 넓은 포위망을 지키기에 병력의 수도 너무 적었다. 반면 폼페이우스 군대는 병력도 풍부했고 방어선 안에서 식량도 해결할 수 있었다.

디라키움
페트라
아드리아 해
레스니키아 강
카이사르의 진영
폼페이우스의 진영
카이사르의
옛 진영
마르켈리누스의 진영
폼페이우스의 새 진영

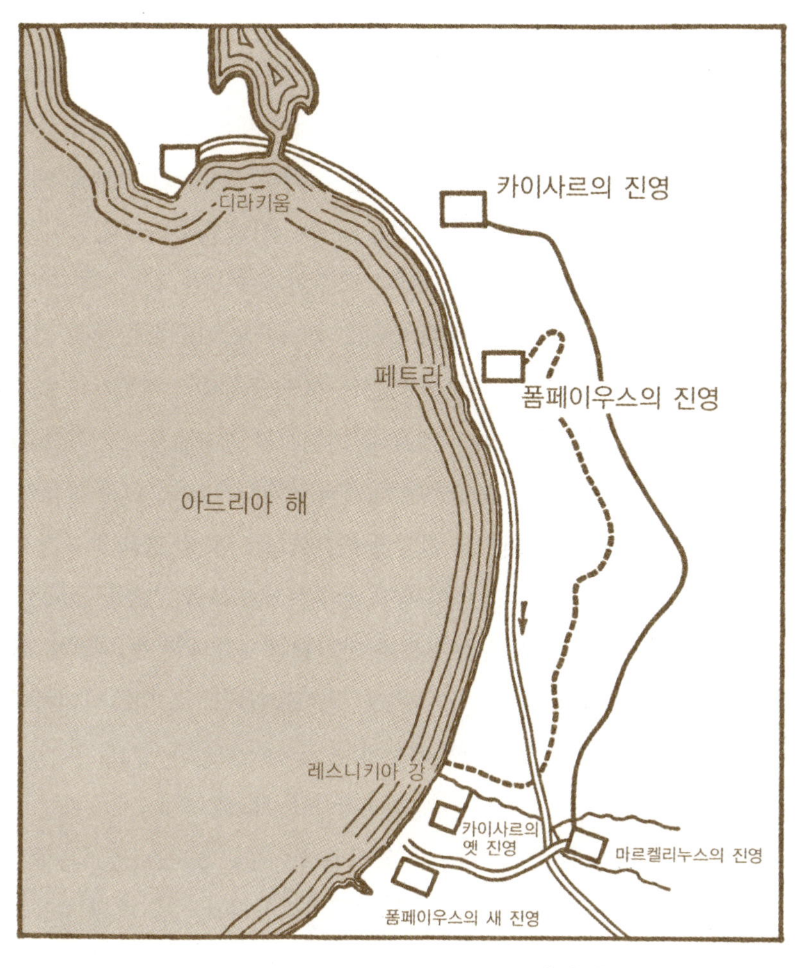

디라키움 공성 작전도

45　　양쪽 군대는 전략적 고지를 확보하기 위해 총력을 기울였다. 카이사르는 폼페이우스를 가능한 한 좁은 지역에 가두려 했고, 폼페이우스는 보다 많은 고지를 점령해 최대한 넓은 지역을 확보하려 했다. 그 결과 두 군대 사이에 크고 작은 충돌이 계속되었다. 한 번은 카이사르의 9군단이 한 고지를 점거하여 요새를 쌓으려 하자 폼페이우스가 맞은편 가까이에 있는 언덕을 점거하고 아군의 공사를 방해하기 시작했다. 아군이 점거한 언덕은 한쪽이 거의 평평해서 접근이 용이했기 때문에 폼페이우스는 그곳에 궁수와 투석병을 산개시킨 다음 그 사이에 많은 수의 경보병을 투입하고 투척기를 배치해 아군을 공격했다. 아군으로서는 투척 무기를 막는 동시에 공사를 진행하기가 쉽지 않았다. 병사들이 위험에 빠진 것을 본 카이사르는 고지를 포기하고 뒤로 후퇴하라고 명령했다. 퇴각로는 내리막 경사였다. 아군이 두려움 때문에 고지를 포기하는 것으로 생각한 적은 더욱 맹렬한 공격을 퍼부으며 아군의 철수를 방해했다. 이때 폼페이우스는 그의 부하들 앞에서, 만일 카이사르의 군단이 무분별하게 점거했던 고지에서 큰 피해도 입지 않고 물러난다면 그 자신을 무능한 총사령관이라 불러도 반대하지 않겠다는 자화자찬을 늘어놓았다고 한다.

46　　병사들의 안전한 철수를 염려한 카이사르는 적의 공격으로부터 아군을 보호하기 위해 언덕 가장자리에 적을 향해 차단막을 설치하게 한 다음, 차단막 뒤에는 폭이 넓은 참호를 파고 곳곳에 최대한 많은 장애물을 만들라고 명령했다. 또한 퇴각하는 아군을 엄호하도록 적당한 지점에 투석병들을 배치했다. 카이사르는 이 모든 준비가 끝나자 군단에게 철수를 명령했다. 이것을 본 폼페이우스는 더욱 오만

하고 맹렬한 기세로 아군을 추격하더니 급기야 차단막을 쓰러뜨리고 참호를 건너기 시작했다. 카이사르는 병사들이 철수하는 것이 아니라 패주하는 것처럼 보인다면 더 심각한 피해를 입을 수 있다고 생각했다. 병사들이 절반가량 물러났을 때 카이사르는 9군단을 지휘하던 안토니우스로 하여금 병사들에게 공격을 독려하고 나팔수에게 공격 신호를 내려 적을 향해 돌격하게 하라고 명령했다. 9군단 병사들은 즉시 철수를 멈추고 일제히 창을 꺼내 든 다음 낮은 지대에서 높은 곳으로 적을 향해 맹렬히 돌진했다. 이 모습을 본 폼페이우스의 병사들은 겁에 질려 허둥지둥 도망치기 시작했다. 그들은 퇴각하는 길에 땅 위로 솟은 장애물과 땅 속에 박아놓은 기둥에 부딪히거나 완성되지 않은 참호에 빠져 심각한 피해를 입었다. 아군 입장에서는 재난을 당하지 않고 철수한 것에 만족할 수 있었다. 아군은 여러 명의 적을 죽이고 모두 합해 다섯 명의 아군 사상자를 낸 후 무사히 철수하여 약간 뒤쪽에 있는 다른 언덕들을 점거하고 참호 공사를 완료했다.

47   요새의 수, 참호와 봉쇄 구역의 넓이, 포위 작전의 성격은 물론이고 그밖의 여러 측면에서 볼 때도 이것은 새롭고 특이한 전쟁이었다. 한쪽이 다른 쪽을 포위할 때에는, 대개 전투에서 패해 도망치는 적이나 심각한 피해로 사기가 떨어진 적을 포위하고 공격하는 경우 또는 공격하는 쪽이 기병과 보병의 수에서 우위를 점한 경우이고, 봉쇄의 목적 또한 적의 식량 보급을 차단하는 것이 일반적이다. 그러나 현재 카이사르는 적보다 훨씬 적은 병력으로 원기왕성하고 부상도 입지 않은 적을 포위하고 있었다. 매일 수많은 선박이 각지에서 보급품을 실어 날랐고, 바람이 어떻게 불더라도 어디서든 범선이 들어왔으므로

폼페이우스 군대는 모든 물자가 풍부했다. 반면에 카이사르는 오래전에 식량이 바닥나 극도의 식량난을 겪고 있었다. 카이사르의 병사들은 놀라운 인내력으로 어려움을 견디고 있었다. 병사들은 일 년 전 히스파니아에서 똑같은 어려움을 겪었던 것을 기억하면서 각자의 인내와 용기만이 대전을 승리로 이끌 수 있다고 믿었다. 아군 병사들은 알레시아에서 극심한 궁핍을 견뎌내고 아바리쿰에서는 더욱 큰 고통을 이겨낸 끝에 대단히 강력한 부족들을 물리치고 승리한 것을 기억했다. 어떤 병사도 보리나 채소를 마다하지 않았다. 에피루스 지역에서 풍부하게 공급되는 고기는 병사들이 매우 좋아하는 식량이 되었다.[64]

48 계곡을 돌아다니던 몇몇 병사들이 〈카라〉라 불리는 일종의 뿌리를 발견했는데, 이것을 우유와 섞어 먹으면 허기를 크게 달랠 수 있었다. 병사들은 카라를 이용해 빵과 비슷한 음식을 만들었다. 카라는 그 지역에 대단히 풍부했다. 폼페이우스의 병사들이 아군 진영의 식량 부족을 비웃으면, 아군 병사들은 적의 기대를 꺾기 위해 카라로 만든 빵 덩어리를 적진에 집어던졌다.

49 들판의 곡식이 익기 시작하자 아군 병사들은 곧 풍족한 식량을 배급받을 수 있다는 희망으로 한결 수월하게 궁핍을 이겨냈다. 병사들은 경계를 서는 동안 나무껍질로 연명하는 한이 있어도 폼페이우스를 빠져나가게 할 수는 없다는 말을 주고받았다. 병사들은 또한 탈주병들로부터 흡족한 소식을 들었다. 즉 폼페이우스 군대가 기마를 제외한 나머지 가축들을 더 이상 먹일 수가 없어 모두 도살했으며, 병사들 자신도 답답한 환경과 수많은 시체에서 풍기는 역한 냄새와, 익

숙하지 않은 건설 공사에 매일 동원되면서 쌓인 피로 때문에 건강을 잃고 있다는 것이다. 극도의 물 부족도 그들의 건강을 악화시켰다. 카이사르가 모든 강과 시내에 대규모 댐을 건설해 물길을 막거나 바다 쪽으로 돌려버렸기 때문이다. 그 지역은 협곡이 많은 산악 지대였으므로 카이사르는 바닥에 말뚝을 박고 흙을 쌓아 물길을 막아버렸다. 따라서 폼페이우스 군대는 저지대와 습지로 출동해 우물을 파야 했으나 어떤 요새에서 출발하든 상당히 먼 거리를 이동해야 했고, 어렵게 확보한 샘들도 곧 말라버렸기 때문에 물을 공급하는 일은 날이 갈수록 고된 노동이 되어갔다. 반면에 카이사르의 병사들은 물이 풍족했을 뿐 아니라 곡식을 제외한 모든 식료품도 풍부했기 때문에 건강을 유지했다. 더구나 밀이 여무는 계절이 다가오면서 병사들의 희망도 갈수록 커졌다.

50 이 새로운 전쟁에서 양쪽 군대는 새로운 전투 방법들을 고안했다. 폼페이우스의 병사들은 아군이 피워놓은 모닥불을 보고 아군 대대들이 요새 근처에서 취침한다는 사실을 파악한 후 밤중에 몰래 접근해 화살을 퍼붓고 재빨리 퇴각했다. 아군 병사들은 경험을 통해 한 가지 해결책을 고안했다. 그래서 밤중에 모닥불을 다른 곳에 피워놓은 것이다.[65]

---

64. 로마인은 밀이 주식이었다. 여기에서 볼 수 있듯이 고기는 로마인들에게 곡식이 부족할 때에만 주요 식량으로 쓰였다.

65. 뒤의 내용이 소실되었다. 소실된 부분에는 폼페이우스가 배를 이용해 기병의 일부를 디라키움으로 보내 카이사르를 포위하려 했다는 내용이 담겨 있을 것으로 추정된다. 폼페이우스는 카이사르를 포위망으로부터 떼어내기 위해 디라키움이 카이사르 쪽으로 돌아서려 한다는 소문을 내어 그를 디라키움으로 유인했다. 이에 대해 후세의 학자들은 카이사르가 디라키움 주민들의 지지를 기대하고 소규모 병력을 출동시켰다고 설명하기도 하고, 여기에 덧붙여 카이사르가 밤중에 출동했으나 좁은 통로에서 함정에 걸려 공격을 당한 후 가까스로 빠져나왔다고 설명하기도 한다. 한편 폼페이우스는 카이사르가 없는 사이에 대규모 병력을 동원

51 한편 카이사르가 없는 동안 진지를 맡고 있던 푸블리우스 술
라[66]는 이 소식을 듣자 곤경에 빠진 대대를 지원하기 위해 즉
시 2개 군단을 이끌고 출동했다. 술라의 지원 덕분에 아군은 폼페이우
스 군대를 쉽게 격퇴하기 시작했다. 적은 심지어 아군이 돌격하는 모습
을 보고 겁을 먹었으며 제1열이 무너지자 나머지 병력은 즉시 등을 보
이고 도망치기 시작했다. 그러나 술라는 적을 추격하는 아군 병사들에

로마군 부장

게 너무 멀리까지 추격하지 말라고 명령하면서 병사들을 불러들였다. 만일 술라가 패주하는 적을 끝까지 추격했다면 전쟁이 그날로 종결되었을지도 모른다고 생각하는 사람들이 있다. 그러나 부장의 책무는 총사령관의 책무와 다른 것이어서, 누구도 술라의 결정을 질책하거나 비난하기는 어려울 것이다. 부장은 전적으로 명령에 따라 행동해야 하고, 총사령관은 혼자 중요한 결정을 내려야 한다. 술라는 진지에 남으라는 카이사르의 명을 받았으므로 아군 병사들을 구출한 것에 만족했다. 그가 전면전을 벌였다면 승리로 끝났을 가능성도 있었으나, 어쨌든 그

해 포위망 쪽의 한 요새를 공격했으나 요새에 배치된 카이사르 군 대대가 술라가 도착하기까지 4시간 동안 항전을 벌인 것이 분명하다. 그래야 3-51의 내용과 이어진다. 보다 자세한 내용은 3-53의 각주 68을 참조하기 바란다.

는 총사령관의 임무를 대신하는 것처럼 보이기를 원치 않았다.

한편 적은 애초에 불리한 지형에서 진격해 언덕 꼭대기에 이르러 멈췄기 때문에 퇴각하기에는 상황이 여러 가지로 불리했다. 만일 내리막을 따라 퇴각한다면 아군이 높은 지대에서 공격을 펴부을 수 있었다. 또한 확실한 결말을 보기 위해 해가 기울 때까지 전투를 계속했기 때문에 일몰까지 시간도 얼마 남지 않았다. 이런 상황에서 폼페이우스는 최후의 수단으로 아군 진영에서 투척기로 발사하는 무기가 도달하지 못할 만큼 먼 곳에 있는 작은 언덕을 점거한 후 그곳을 요새로 삼아 전 병력을 이동시켰다.

52   그 시각에 다른 두 곳에서도 전투가 벌어지고 있었다. 폼페이우스는 아군 병력을 분산시키는 동시에 가까운 곳에 있는 수비대의 지원을 막기 위해 몇 개의 요새를 동시에 습격했다. 한 곳에서는 볼카티우스 툴리우스가 3개 대대 병력으로 1개 군단의 공격을 막아내고 요새를 지켰다. 그러나 다른 곳에서는 게르만인 부대가 아군의 요새를 공격해 몇 명의 병사를 살해하고 무사히 그들 진영으로 철수했다.

53   이와 같이 단 하루에[67] 디라키움에서 세 번, 요새 주변에서 세 번, 도합 여섯 번의 교전이 벌어졌다.[68] 모든 상황을 종합할 때 폼페이우스 군대는 몇 명의 재입대한 고참병과 백인대장을 포함해

---

66. 원로원파 독재자 루키우스 술라의 조카다. 원로원파 집안임에도 불구하고 그는 카이사르 측에 합류했다. 카이사르가 디라키움으로 떠난 사이 안토니우스와 함께 진지를 지켰다.

67. 기원전 48년 6월 25일에 일어난 일들이다.

68. 요새에서 벌어진 교전 중 두 번의 교전은 3-52에 묘사되어 있고, 나머지 한 교전은 3-51에 그 후반부가 묘사되어 있다. 이 교전의 전반부와 디라키움에서의 전투를 담은 3-50 뒷부분은 소실된 것으로 보인다. 이

약 2천 명의 병사를 잃은 것으로 추산되었다. 적은 여섯 개의 부대기를 빼앗겼고, 전직 법무관 자격으로 아시아 총독을 지낸 루키우스의 아들 발레리우스 플라쿠스도 이날 전사했다. 아군의 손실은 모든 전투를 합쳐 단 20명에 불과했다. 그러나 요새를 지키던 병사들 중에는 부상을 입지 않은 자가 없었고, 한 대대에서는 네 명의 백인대장이 눈을 잃었다. 아군 병사들은 자신들이 겪은 노고와 위험을 입증하기 위해 적이 요새 안으로 발사한 3만 발의 화살을 가져와 카이사르 앞에서 그 수를 세었다. 병사들은 또한 120개의 화살 구멍이 뚫린 백인대장 스카이바[69]의 방패도 가져왔다. 카이사르는 그와 로마를 위한 공로를 치하하기 위해 스카이바에게 20만 세스테르티우스를 하사하고 그를 제8대대 백인대장에서 수석 백인대장으로 승진시키겠다고 공표했다. 카이사르가 요새들을 지킬 수 있었던 것은 대부분 그의 공로였던 것이 분명했다.[70] 카이사르는 나중에 그 대대의 봉급을 두 배로 올려주고[71] 식량, 의복, 식료품, 훈장 등을 넉넉히 하사했다.

54 밤이 되자 폼페이우스는 새로 거대한 요새들을 쌓았고 그 후 며칠에 걸쳐 여러 개의 탑을 세웠으며, 방벽의 높이도 4.5미터로 높이고 진지의 일부도 차단막으로 완전히 방어했다. 닷새 후 구름이 밤하늘을 가리자 폼페이우스는 모든 진문을 방책으로 차단하고 전면에 장애물들을 놓은 다음 동이 틀 무렵 군대를 이끌고 조용히 빠져나가 예전의 참호로 돌아갔다.

것을 더욱 분명히 보여주는 증거가 3-58에 등장한다. 3-58에서 카이사르는 "〈앞서 말한 대로〉 도시로 이어진 길들은 매우 좁았다."라는 표현을 쓰고 있는데 전해져 내려오는 판본들에는 3-58이 시작되기 전에 그런 내용을 쓴 부분이 나오지 않는다.

55 　그 후 매일 카이사르는 군대를 이끌고 평지로 나와 전투대형을 갖춘 후 폼페이우스의 전의를 떠보기 위해 군단들을 적진 가까이 접근시켰다. 심지어 카이사르의 제1열은 적의 창이나 노궁의 사정거리 앞까지 다가갔다. 폼페이우스도 병력을 진영 앞으로 출동시켰으나 그것은 자신의 명성을 지키기 위한 것에 불과했다. 그의 제3열은 방벽에 바짝 붙어 있었고 전 병력은 엄호 공격의 범위를 벗어나지 않았다.

56 　앞서 말한 대로 카시우스 롱기누스와 칼비시우스 사비누스가 아이톨리아, 아카르나니아, 암필로키아의 복종을 받아냈을 때[72] 카이사르는 조금 더 전진해 아카이아도 복속시키기로 결정했다. 그에 따라 퀸투스 칼레누스를 아카이아에 파견하고 그와 함께 사비누스와 칼비시우스 그리고 그들의 대대들을 함께 출동시켰다. 이들이 출동했다는 소식이 들려오자 폼페이우스의 명으로 아카이아에 파견되어 그곳을 다스리고 있던 루틸리우스 루푸스는 푸피우스가 아카이아를 공격할 것에 대비해 이스트무스의 방비를 강화했다. 델피, 테베, 오르코메누스는 칼레누스에게 순순히 복종했으며 몇몇 도시들은 습격을 받은 후 복종을 약속했다. 칼레누스는 그밖의 여러 도시에도 사절을 보내 카

---

69. 몇몇 고대 사료에 스카이바의 용맹함에 대한 이야기가 등장한다. 세부적인 내용과 이름은 조금씩 다르지만 모두 동일한 전투에 등장한다.
70. 스카이바는 술라의 지원군이 도착하기 전 4시간 동안 250명의 병력으로 2만 명이 넘는 폼페이우스 군대의 공격을 막아냈다.
71. 로마군 150년 만의 봉급 인상이었다.
72. 아이톨리아에 관한 언급은 3-35에 있다. 그러나 현존하는 문서에는 암필로키아와 아카르나니아에 관한 언급이 없다. 카시우스의 전과戰果는 소실된 부분에 적혀 있었을 것으로 추정된다.

이사르를 지원해 달라고 설득했다. 그런 임무는 주로 푸피우스에게 맡겨졌다.

57　　이런 일들이 아카이아와 디라키움 주변에서 벌어지고 있을 때 스키피오가 마케도니아에 도착했다는 소식이 들려오자 카이사르는 양쪽의 친구인 아울루스 클로디우스를 스키피오에게 보냈다. 카이사르는 스키피오로부터 클로디우스를 추천받은 이후 줄곧 클로디우스를 친구이자 측근으로 여기고 있었다. 카이사르는 클로디우스에게 편지와 함께 다음과 같은 취지의 말을 스키피오에게 전하게 했다. 즉, 〈카이사르는 강화를 위해 모든 방법을 시도해 왔다. 지금까지 어떤 문제도 해결되지 않은 것은 카이사르가 이 문제를 위해 사절로 선택한 자들이 과오를 저질렀기 때문이라 생각한다. 그들은 카이사르의 제안을 부적절한 때에 폼페이우스에게 전달하게 될까 두려워했다. 그러나 스키피오는 폼페이우스에게 자신의 견해를 자유롭게 밝힐 뿐 아니라 폼페이우스가 그릇된 판단을 할 때 그의 생각을 바로 잡아줄 정도로 권위 있는 자이고, 게다가 독립된 권한으로 군대를 통솔하고 있어 개인적인 영향력 이외에도 강제력을 사용할 수 있다.[73] 스키피오가 이 권한을 사용한다면 바로 그가 이탈리아의 평온을 위해, 그리고 모든 속주와 제국의 평화를 위해 공헌한 자로 인정받을 것이다.〉 스키피오는 처음 며칠 동안에는 클로디우스의 말에 귀를 기울이는 듯했으나 그 후로는 논의 자체를 거부했다. 전쟁이 끝난 후 밝혀진 바에 따르면, 스키피오가 논의를 거부한 것은 마르쿠스 파보니우스에게 혹독한 비난을 들었기 때문이라고 한다. 결국 클로디우스는 임무를 완수하지 못하고 돌아왔다.

58 　카이사르는 디라키움 근처에 주둔한 폼페이우스의 기병을 보다 쉽게 포위하고 마초 징발을 차단하기 위해 도시로 통하는 두 개의 길에 요새들을 쌓고 통로를 가로막았다. 앞서 말한 대로 도시로 이어진 길은 매우 좁았다.[74] 며칠 후 폼페이우스는 기병이 제 임무를 수행하지 못하자 그들을 배로 불러들여 본진에 합류시키기로 결정했다. 적은 나무에서 벗겨낸 잎과 부드러운 갈대 뿌리를 갈아 말에게 먹일 정도로 마초가 크게 부족했다.[75] 그들이 방어선 안쪽에 파종했던 곡물은 이미 동이 난 상태였다. 폼페이우스 군대는 코르키라와 아카르나니아에서 머나먼 뱃길로 마초를 들여와야 했고 게다가 공급되는 양도 줄어들었으므로 부족한 마초를 보리로 대신했다. 그러나 얼마 후에는 보리와 마초뿐 아니라 나뭇잎까지 바닥을 드러냈다. 굶주린 말들이 갈수록 쇠약해지자 폼페이우스는 진지를 이동하기로 결심했다.

카이사르의 작전, 실패하다

59 　카이사르의 기병에는 갈리아의 알로브로게스족 출신의 두 형제가 있었다. 여러 해 동안 알로브로게스족의 족장을 지내온 아드부킬루스의 아들 로우킬루스와 에구스가 그들이었다. 두 사람은

---

73. 스키피오는 폼페이우스의 장인이고, 또한 2개 군단을 지니고 있기 때문이다.
74. 소실된 부분에서 언급했을 것이다. (3–53의 각주 참조.)
75. 육로를 카이사르가 봉쇄했기 때문에 말들에게 먹일 마초를 해상을 통해 보급하기에는 한계가 있었다.

카이사르의 모든 전투에서 탁월한 용맹함과 변함없는 충성심을 보여주었다. 이런 이유로 카이사르는 두 사람에게 알로브로게스족에 대한 최고 지휘권을 부여하고 예외적으로 두 사람을 원로원에 등록시켰다.[76] 카이사르는 두 사람에게 적으로부터 빼앗은 갈리아의 땅과 거액의 보상금을 하사해 가난했던 그들을 재력가로 만들어 주었다. 두 사람의 용맹함은 카이사르의 신임뿐 아니라 전 병사의 존경을 이끌어냈다. 그러나 그들은 카이사르의 호의와, 어리석고 야만적인 허영심에 들뜬 나머지 동족을 무시하고[77] 기병들의 봉급을 빼돌렸으며 전리품을 독차지했다. 이에 분노한 전 기병이 카이사르를 찾아와 두 사람의 비리를 공개적으로 고발했다. 기병들의 말에 따르면 특히 두 사람은 기병의 수를 허위로 보고해 그들의 봉급을 착복하고 있었다.

60 카이사르는 지금 이 문제를 조사하고 처벌을 내리기에는 적당한 때가 아니라고 판단했다. 카이사르는 두 사람의 용맹함을 크게 참작하여 모든 문제를 후일로 미루고 그들을 개인적으로 따로 불러 기병을 이용해 저지른 비리와 착복을 꾸짖었다. 또한 카이사르와의 우정으로부터 모든 것을 얻고, 카이사르가 보여준 호의 속에서 미래의 희망을 찾으라고 훈계했다. 그러나 이 사건으로 인해 두 사람은 전 병사로부터 비난과 멸시를 받게 되었다. 병사들의 반감은 다른 병사들의 비웃음에서 비롯되기도 했지만, 그들 자신이나 가까운 친구들의 양심적 판단에서도 비롯되었다. 한편으로는 수치심에 쫓기고 또 한편으로는 자신들의 죄는 용서받은 것이 아니라 후일로 미뤄진 것이라 생각한 두 사람은 아군을 버리고 적을 선택해 새로운 운명을 시험하기로 결심했다. 그들은 지지자들을 규합해 범죄를 모의했다. 전쟁이 끝난 후에

밝혀진 바에 의하면, 그들은 먼저 폼페이우스에게 충성을 입증할 증거로 아군의 기병 사령관 가이우스 볼루세누스를 살해하려 했다. 그러나 이 음모는 실행하기가 쉽지 않았고 기회도 찾아오지 않았다. 따라서 그들은 마치 병사들에게 잘못을 인정하고 그간에 착복한 돈을 변제할 것처럼 이야기하면서 주변 사람들에게 가능한 한 많은 돈을 빌린 다음 공범자들과 함께 여러 마리의 말을 몰고 폼페이우스 진영으로 넘어갔다.

61 폼페이우스는 모든 병사들에게 전향한 두 기병대장을 자랑삼아 보여주었다. 두 사람은 귀족 출신으로 지위가 높았으며, 여러 명의 부하와 말을 대동했을 뿐 아니라 용맹함으로도 명성이 높아 카이사르가 특별히 아끼는 자들이었다. 게다가 이것은 처음 있는 특별한 사건이었다. 지금까지는 에피루스와 아이톨리아를 비롯해 최근에 카이사르의 수중에 들어오게 된 지역 출신의 병사들이 폼페이우스 진영에서 카이사르 진영으로 넘어오는 사건은 매일 발생했지만, 보병이든 기병이든 카이사르의 진영에서 폼페이우스 진영으로 탈주한 자는 한 명도 없었기 때문이다. 또한 두 기병대장은 모든 것을 알고 있었다. 그들은 카이사르의 포위망에서 어느 부분이 완성되지 않았는지 알고 있으며,[78] 어느 분야의 군사 전문가가 부족한지도 알고 있었다. 그들은 아군의 일과표와 초소 간의 거리 그리고 각 초소를 맡은 지휘관의 기질

---

76. 이런 경우는 일반적으로 해당 부족의 원로원을 가리킨다. 그러나 『로마 공화정』을 쓴 라이스 홈스는 이것이 두 이방인에 대한 〈예외적〉인 임명임을 강조하면서, 카이사르가 후기뿐 아니라 독재 집권을 시작한 초기에도 로마 원로원에 이방인을 받아들였을 것이라고 추측한다.
77. 외인 기병대장은 자기 부족 출신의 기병대를 지휘했다.
78. 포위망의 남쪽이 아직 완성되지 않았다. 디라키움에서 전투가 벌어지는 동안 폼페이우스 군대와 카이사르 군대는 주로 북쪽에서 충돌을 일으켰기 때문에 남쪽은 방치된 채로 있었다.

이나 성실성과 그에 따른 경계 태세의 차이도 눈여겨 봐두었다. 그리고 이 모든 것을 폼페이우스에게 보고했다.

62　　중요한 정보를 얻은 폼페이우스는 앞서 말한 대로 포위망을 돌파하겠다는 결정을 접어두고, 병사들에게 투구 위에 쓸 버드나무 덮개를 만들고 방벽 공사에 쓸 재료를 모아오라고 명령했다. 준비가 완료되자 폼페이우스는 밤중에 대규모 경보병과 궁수와 모든 물자를 작고 빠른 배에 실은 다음, 자정이 막 지날 무렵 주진지와 전초기지에서 60개 대대를 이끌고 나와 아군의 포위망 중 카이사르의 진지에서 가장 멀고 바다에서 가장 가까운 곳으로 이동했다.[79] 이와 동시에 앞에서 말한 경보병과, 군수품을 실은 배들과 함께 디라키움에 정박해 있던 군선들을 그곳으로 집결시키고 병사들 각자에게 필요한 지시를 내렸다. 그쪽 포위망에는 재무관 렌툴루스 마르켈리누스와 9군단이 배치돼 있었지만 마르켈리누스가 가벼운 병을 앓고 있었으므로 카이사르의 명에 따라 풀비우스 포스투무스가 파견되어 마르켈리누스를 보좌하고 있었다.

63　　그곳에는 4.5미터 넓이의 참호가 있었고 적을 마주보고 3미터 넓이의 토루 위에 3미터 높이의 방벽이 세워져 있었다. 그리고 이 방벽과 약 180미터 간격을 두고 반대쪽을 향하도록 또 다른 방벽을 세웠지만 첫 번째 방벽만큼 높진 않았다. 애초에 카이사르는 아군이 적의 함대에 포위될 경우를 대비해 이곳에 이중 방벽을 만들도록 지시해 놓았다. 적의 함대가 배후로 상륙해 양쪽에서 전투가 벌어질 경우 적의 공격을 막기 위해서였다. 그러나 약 25킬로미터에 달하는 포위망

공사를 위해 고된 노동이 하루도 빠짐없이 계속되었기 때문에 카이사르는 이 이중 방벽을 아직 완성하지 못했고, 그 결과 바다와 마주한 방향으로 이중 방벽의 끝을 서로 연결할 가로 방벽도 완성하지 못하고 있었다. 폼페이우스는 전향한 두 기병대장을 통해 이 사실을 알고 있었으므로 아군은 대단히 위험한 상황에 부딪히게 되었다. 9군단 병사들은 바닷가에 나와 대대별로 야영을 하고 있었다. 동이 틀 무렵 갑자기 폼페이우스 군대가 나타났고, 같은 시각에 후방에 상륙한 병사들은 바깥쪽 방벽[80]을 향해 창을 던지고 흙과 나뭇가지로 참호를 메우기 시작했다. 폼페이우스 병사들은 공성용 사다리를 동원하는 한편 안쪽 방벽을 지키던 수비대를 향해 온갖 종류의 무기를 발사하고 투척했으며 수많은 궁수들이 방벽 양쪽을 가득 에워싸 아군을 공포로 몰아넣었다. 아군이 투척할 수 있는 무기는 돌뿐이었지만 폼페이우스 병사들은 투구 위에 버드나무 덮개를 썼기 때문에 그나마도 무용지물이 되었다. 아군이 최악의 상황에 몰려 더 이상 저항할 수 없게 됐을 무렵 때마침 적은 앞서 말한 포위망의 결함을 발견했다. 가로벽이 들어서야 할 두 방벽 사이에 상륙한 폼페이우스 병사들은 파도를 헤치고 달려오더니 아군 병사들을 맹렬히 공격해 양쪽 방벽에서 수비대를 몰아내기 시작했다.

64 이 혼전을 보고받은 마르켈리누스는 곤경에 빠진 병사들을 돕기 위해 진영에서 몇 개 대대를 출동시켰다. 그러나 지원 병력은 도망치는 아군에게 용기를 주지 못했고 그들 스스로도 적의 공

---

79. 즉 남쪽으로 이동했다는 뜻이다.
80. 이중 방벽 중 남쪽 방벽을 말한다

격을 막아내지 못했다. 오히려 지원군 대대들이 도착해도 패주하는 병사들을 보고 불안을 느껴 공포는 갈수록 확산되었고 병사들의 퇴로가 지원군에 가로막힌 탓에 위험마저 증가했다. 이 전투에서 심한 부상을 입고 죽어가는 한 기수 장교가 아군 기병을 보고 다음과 같이 말했다.

"나는 여러 해 동안 이 독수리 깃발을 목숨과도 같이 소중하게 지켜왔으며, 이제 명을 다하는 순간에도 변함없는 충성으로 이 깃발을 카이사르에게 돌려주고자 한다. 그대들에게 청하노니, 우리 군대의 명예가 더럽혀지지 않게 해달라. 카이사르의 군대에서는 아직 한 번도 그런 일이 일어나지 않았다. 그러니 이 독수리 깃발을 안전하게 카이사르에게 전해달라."

이렇게 해서 독수리 깃발은 구할 수 있었지만 제1대대 백인대장들은 제2열의 수석 백인대장을 제외한 전원이 전사하고 말았다.[81]

65 폼페이우스는 아군을 살육한 후 마르켈리누스의 진영을 향해 진군했다. 진영에 남은 대대들이 불안에 떨고 있을 때 가장 가까운 진지에서 적의 기습을 보고받은 마르쿠스 안토니우스가 12개 대대를 이끌고 고지에서 내려왔다.[82] 안토니우스의 출현은 폼페이우스 군대의 전진을 가로막은 동시에 공황에 빠진 아군의 사기를 끌어올렸다. 기습 소식은 요새에서 요새로 피워 올린 봉화를 통해 카이사르에게도 전달되었다. 얼마 후 카이사르 역시 여러 진지에서 끌어모은 병력을 이끌고 당도했다.[83] 카이사르는 아군이 패했다는 사실을 알았고, 폼페이우스 군대가 이미 방어선을 돌파해 배로 해안에 접근할 수 있게 되었

고, 또한 그 지역에서 자유롭게 마초를 구할 수 있게 되었음을 알게 되었다. 목적을 이루지 못하게 된 카이사르는 작전을 수정하여 폼페이우스의 진영과 나란히 아군 진영을 구축하라고 명령했다.[84]

66

진영이 완성될 무렵 정찰병이 달려와 숲 뒤편에 대략 1개 군단을 이룰 만큼 많은 적군 대대들이 옛 진영을 향해 이동하고 있다고 보고했다. 그 진영의 상황은 이러했다. 얼마 전 카이사르의 9군단이 폼페이우스 군대와 대치하면서 앞서 말한 이중 방벽을 쌓고 있을 때 9군단은 그곳에 진영 하나를 구축했다. 그 진영은 숲과 맞닿아 있었고 해안으로부터 불과 반 마일 거리에 있었다. 그때 카이사르는 몇 가지 이유로 계획을 변경하여 9군단의 진영을 약간 앞쪽으로 이동시켰다. 며칠 후 그곳을 점령한 폼페이우스는 그곳에 더 많은 군단을 배치할 목적으로 진영의 방벽을 그대로 둔 채 그 바깥쪽으로 더 큰 방벽을 쌓았다. 이렇게 해서 큰 진영 안에 둘러싸인 작은 진영은 요새이자 성채로 활용할 수 있게 되었다. 게다가 폼페이우스는 진영의 왼쪽 모퉁이로부터 강 쪽으로 약 반 마일 길이의 측벽을 쌓아 병사들이 보다 자유롭고 안전하게 물을 길어올 수 있게 했다. 그런데 폼페이우스는 여기에서 설명할 필요가 없는 몇 가지 이유로 작전을 바꾸고 그곳에서 철수했다. 그 후 며칠 동안 진영은 비어 있었고 방어 시설은 모두 온전하게 남아 있었다.

---

81. 백인대장 여섯 명 중 다섯 명이 죽었다.
82. 포위망의 남쪽 총지휘를 맡고 있었다.
83. 이 당시 카이사르는 남쪽 포위망이 아닌 북쪽 포위망 끝에 있었다. 20킬로미터를 달려 남쪽으로 온 것이다.
84. 이 전투는 기원전 48년 7월 6일에 있었다. 폼페이우스 군대의 두 번째 포위망 공격이다.

67　　정찰병들은 카이사르에게 1개 군단이 부대기를 앞세우고 그곳으로 이동하고 있다고 보고했다. 몇몇 요새에서도 같은 상황을 목격하고 카이사르에게 보고했다. 그곳은 폼페이우스의 새 진영으로부터 약 반 마일 거리에 있었다. 카이사르는 이 군단을 격파하면 그날의 패배를 만회할 수 있다는 희망을 품고 2개 대대를 남겨 참호 공사를 계속하는 것처럼 보이게 한 다음, 나머지 33개 대대 병력을 이끌고 우회로를 이용해 최대한 은밀하게 이동했다. 여러 명의 백인대장과 병사를 잃은 9군단도 이 작전에 포함되었다. 카이사르는 2열로 병력을 이끌고 폼페이우스 군단이 들어간 작은 진영을 향해 이동했다. 카이사르의 작전은 정확했다. 그는 폼페이우스의 눈을 피해 목표 지점에 도달했고, 방어 시설의 규모가 크긴 했지만 자신의 곁에 있던 좌익 병력으로 신속한 공격을 퍼부어 폼페이우스 병사들을 방벽 아래로 쫓아버렸기 때문이다. 진문들은 〈고슴도치〉[85]로 잠겨 있었다. 아군 병사들은 한동안 진문 앞에서 전투를 벌이며 돌파를 시도했고 적은 완강히 진영을 사수했다. 그 중에서도 특히 가이우스 안토니우스를 배신했던[86] 티투스 풀레이오가 용감하게 저항했다. 그러나 아군의 용맹함이 보다 우세했다. 아군은 고슴도치를 깨부수고 큰 진영 안으로 몰려 들어간 다음, 그 속에 둘러싸인 요새마저 돌파하고 요새 안으로 피신해 저항을 계속하는 수많은 적을 살해했다.

68　　〈그러나 막강한 위력으로 전쟁의 모든 면을 좌우하는 천운은 종종 극히 사소한 일로 인해 급격히 반전된다.〉 바로 그런 일이 일어났다. 카이사르의 우익을 맡은 대대들은 그 지역을 잘 모른 채 앞서 말한 대로 진영에서 강으로 이어진 측벽을 따라 내려갔다. 병사들

은 그것이 진영을 둘러싼 방벽의 일부일 것이라 생각하고 계속해서 진
문을 찾았지만 결국엔 단지 강으로 이어진 측벽이라는 것을 발견했다.
병사들은 수비하는 병력이 전혀 없는 측벽을 무너뜨린 후 반대편으로
넘어갔고 그 뒤를 따라 기병도 무너진 측벽을 넘어갔다.

69   한편 상당한 시간이 흐른 후에 이 소식이 폼페이우스의 귀에
들어갔다. 폼페이우스는 진지를 구축하던 5개 군단을 이끌고
그의 병사들을 돕기 위해 달려갔다. 진영을 점령한 아군의 시야에 전투
대형을 갖춘 폼페이우스 군대가 포착될 무렵 폼페이우스의 기병도 아
군의 기병을 향해 다가왔다. 갑자기 모든 상황이 돌변했다. 폼페이우스
군단은 조금만 버티면 살아날 수 있다는 희망을 품고 용기를 내어 진영
의 후문 앞에 모여 다시금 저항을 시작했고 심지어 아군을 향해 돌격을
감행했다. 카이사르의 기병은 토루 위로 난 좁은 통행로를 따라 이동하
는 중이었기 때문에 퇴각할 때 혼란이 일 것이 두려워 적을 보고 즉시
달아나기 시작했다. 좌익과 단절된 채 측벽을 넘었던 아군 우익도 도망
치는 기병의 모습을 보고 방벽 안에 포위되는 사태를 피하기 위해 조금
전에 무너뜨린 측벽으로 돌아가기 시작했다. 수많은 아군 병사들이 좁
은 출구에서 뒤엉키지 않기 위해 3미터 높이의 방벽을 넘어 무작정 참
호 속으로 뛰어내렸고,[87] 먼저 뛰어내린 병사들은 다음에 뛰어내린 병

---

85. 굵은 나무에 날카로운 쇠못을 촘촘히 박은 울타리를 가리킨다.
86. 이 책 본문에는 이 사건이 기록되어 있지 않다.
87. 로마군은 방벽 바깥쪽에 반드시 참호를 팠다.

사들에게 짓밟혀 목숨을 잃었다. 나머지 아군 병사들도 오직 위험을 피하겠다는 일념으로 똑같이 뛰어내려 동료들의 시체 위로 떨어졌다. 좌익의 병사들은 폼페이우스 군대가 눈앞까지 접근한 상황에서 동료 병사들이 달아나는 것을 보았다. 안팎의 적에게 포위되는 것이 두려워진 병사들은 안전한 곳을 찾기 위해 들어왔던 길로 퇴각하기 시작했다. 모든 곳이 소란과, 공포와, 패주하는 병사로 가득했다. 심지어 카이사르가 도망치는 기수들의 깃발을 움켜잡고 멈출 것을 명령할 때에도 어떤 기수들은 말고삐를 놓은 채 계속 달아났고, 또 어떤 기수들은 겁에 질린 나머지 깃발을 내팽개치기도 했다. 어느 누구도 멈출 생각을 하지 않았다.

70   이 혼란 속에서도 아군이 완전히 궤멸되지 않은 것은 몇 가지 상황 덕분이었다. 첫째, 본인[88]이 생각하기에 폼페이우스는 불과 얼마 전에 그의 병사들이 진영을 빠져나와 도망치는 것을 목격했으므로 이번에 자신의 예상과 정반대로 벌어지는 상황을 보고 아군의 매복 공격을 두려워한 것이 분명하다. 따라서 폼페이우스는 한동안 참호에 접근할 엄두를 내지 못했다. 둘째, 좁은 진문들이 기병의 추격을 가로막았고 진문에 몰려 있던 카이사르의 병사들도 그들의 진로를 가로막았다. 이렇게 사소한 상황들이 양쪽 군대에게 똑같이 중대한 영향을 미쳤다. 예를 들어 아군이 폼페이우스의 진영을 점령했을 때 진영에서 강으로 이어진 측벽 때문에 카이사르는 다 잡은 승리를 놓치고 말았다. 반면에 똑같은 이유로 추격하는 적군 기병의 속도가 늦춰져 아군 병사들이 목숨을 구할 수 있었다.

71 하루 동안 치른 두 번의 전투[89]로 카이사르는 960명의 병사와 많은 훌륭한 로마 기사를 잃었고, 원로원 의원의 아들인 투티카누스 갈루스, 플라켄티아 출신의 가이우스 플레기나스, 푸테올리 출신의 아울루스 그라니우스, 카푸아 출신의 마르쿠스 사크라티비르, 그리고 32명의 군관과 백인대장을 잃었다. 그러나 전사자들 중 대다수는 단 한 군데도 부상을 입지 않고 죽었는데, 그 이유는 겁에 질린 동료들이 한꺼번에 몰려 조급하게 도주하려다 참호와 강둑에서 압사한 경우가 대다수였기 때문이다. 카이사르는 33개의 부대기를 빼앗겼다. 전투가 끝난 후 폼페이우스 병사들은 그를 대장군이라 부르며 찬양했다. 폼페이우스는 그 후에도 대장군이란 칭호로 부르는 것은 허락했지만 급보의 첫머리에 대장군 호칭을 사용하거나 속간[90] 위에 월계관을 씌우지는 않았다.[91] 한편 라비에누스는 폼페이우스를 설득해 아군 포로들을 인도받았다. 그런 다음 포로들을 전시물처럼 세워놓고 〈전우 여러분〉이라는 호칭을 사용하면서 모욕적인 어조로 〈고참 군단병들이 어떻게 그런 꼬락서니로 도주할 수 있는가?〉라고 묻고는 모두가 보는 앞에서 포로들을 살해했다.[92] 라비에누스가 이런 행동을 한 것은 전향한 장교로서 폼페이우스의 신뢰를 다지기 위해서였다.

72 이 사건을 계기로 자신감과 사기가 오른 폼페이우스 병사들

---

88. 드물게 나오는 카이사르 자신을 1인칭으로 표현한 부분이다.

89. 기원전 48년 7월 6일에 모두 일어났다. 디라키움 전투 중에서도 가장 규모도 크고 치열한 전투였다. 이 전투는 명백히 폼페이우스의 승리로, 카이사르의 포위 작전은 실패로 돌아갔다.

90. 막대기 다발 사이에 양날 도끼를 끼운, 권위를 상징하는 표지를 말한다.

91. 폼페이우스는 승전의 명예를 로마 시민들에게 과시하는 것을 좋아하지 않았다.

92. 갈리아 전쟁을 치르면서 함께 동고동락했던 전우들을 살해한 것이다.

은 마치 전쟁에서 승리라도 한 것처럼 더 이상 작전 따위에 관심을 기울이지 않았다. 그들은 승리의 이유가 아군의 병력이 열세였던 것, 아군에게 지형이 불리했던 것, (그들이 진영을 점거하고 있었으므로) 공간이 협소했던 것, 포위망 안팎에서 협공을 당해 아군의 두려움이 배가 됐던 것, 아군이 둘로 분산되어 서로 협력할 수 없었던 것 등이었음을 돌이켜보지 않았다. 뿐만 아니라 결정적인 회전이나 전투가 없었고, 아군이 적에게 공격을 당해서라기보다는 적의 수적 우세와 협소한 공간 때문에 더 많은 피해를 입었다는 사실을 고려하지 않았다. 마지막으로 적은 전쟁에서 일반적으로 상황이 어떻게 벌어지는가를 생각하지 않았다. 즉 근거 없는 의심, 갑작스런 공포, 종교적 양심 같은 작은 요인들이 종종 커다란 피해로 이어지고, 사령관의 부적절한 판단이나 군관의 실수가 심각한 결과로 이어진다는 사실을 고려하지 않았다. 적은 마치 그날의 승리를 그들 자신의 용맹함으로 쟁취했으며, 따라서 역전은 결코 일어날 수 없는 것처럼 온 세상에 소문을 내고 급보를 보냈다.

73 이제 애초의 계획을 포기할 수밖에 없는 상황이 되었기 때문에 카이사르는 전체적인 전략을 수정하기로 결심했다. 그에 따라 포위 작전을 포기하고 모든 수비대를 포위망에서 철수시킨 다음 전 병력을 한자리에 모아 병사들을 격려했다. 카이사르는 병사들에게 한 번 패배했다 하여 낙담하거나 두려워하지 말 것과, 이번의 패배는 결코 심각한 것이 아니며 병사들이 지금까지 거둔 모든 승리에 비하면 하찮은 것에 불과하다고 말했다.

"병사들이여, 천운에 감사하라. 우리는 피 한 방울 흘리지 않고 이탈리아를 얻었고, 노련한 장군들과 가장 호전적인 부족들이 지키는 두 개의 히스파니아 속주를 평정했으며, 인근 지방의 속주들[93]도 복속시켜 그들로부터 식량을 공급받고 있다. 또한 모든 항구와 해안 전체가 적의 함대로 가득할 때 그 한가운데를 뚫고 안전하게 바다를 건넜으니 얼마나 운이 좋았단 말인가. 행여 하늘이 잠시 우리를 외면한다면, 우리 자신의 노력으로 천운을 만들어야 한다. 우리가 당한 패배는 누구의 잘못도 아닌 우리 자신의 잘못 때문이다. 본인은 유리한 지형에서 싸울 기회를 만들었고, 적의 진영을 점령했으며, 우세한 전투로 적을 몰아붙이고 제압했다. 그러나 그대들의 동요 때문이었는지, 그대들의 실수 때문이었는지, 혹은 운명의 손길 때문이었는지 우리는 다 잡은 승리의 기회를 놓치고 말았다. 따라서 이제는 그대들의 용맹함으로 패배를 만회하는 수밖에 없다. 그대들이 용맹함을 되찾는다면 게르고비아에서처럼 아군의 손실을 곧 승리로 이끌 것이다. 그대들이 용맹함을 보인다면 싸우기를 두려워했던 자들도 기꺼이 전장에 뛰어들 것이다."

74 이에 카이사르는 몇몇 기수들을 질책하고 강등시켰다. 그러나 모든 병사가 이번 패배에 분노를 금치 못했고 실추된 명예를 회복하고 싶어 했다. 어느 누구도 군관이나 백인대장의 명령을 기다리지 않고 자기 자신에 대한 징계로 더 힘든 노역을 자청했다. 사병들은 한마음으로 전투를 원했고 몇몇 장교들 역시 카이사르의 기존 전략에 따라 진지에 남아 적을 물리쳐야 한다고 생각했다. 그러나 카이사르

---

93. 시칠리아와 사르디니아를 가리킬 수도 있고 디라키움 인근 지방의 테살리아, 아이톨리아, 마케도니아를 가리킬 수도 있다.

는 사기가 떨어진 병사들을 믿기보다는 그들에게 활력을 되찾을 시간
을 줘야 한다고 생각했고, 식량 부족 문제도 크게 염려되어 결국 포위
망을 포기하기로 결정했다.

카이사르, 테살리아[94]로 가다

75 그에 따라 카이사르는 병자와 부상자 치료에 필요한 시간만
을 허락한 후 해질녘이 되자 전 수송대를 아폴로니아로 조용
히 출발시키고 목적지에 도착하는 순간까지 절대로 행군을 멈추지 말
라고 명령했다. 그리고 1개 군단을 함께 보내 수송대를 호위하게 했
다. 수송대의 출발 준비가 끝나자 카이사르는 2개 군단을 진영에 남기
고 제4야경시(03-06시)에 나머지 군단을 몇 개의 진문으로 내보내 수
송대와 똑같은 길로 이동하게 했다. 잠시 후 카이사르는 군사 규범[95]을
준수하는 동시에 아군의 출발을 최대한 오랫동안 노출시키지 않기 위
해, 진영을 거두고 즉시 출발해 본대의 후미를 따라잡고 적의 진영에
서 보이지 않는 곳으로 사라졌다. 카이사르의 작전을 알게 된 폼페이
우스는 지체하지 않고 추격을 시작했다. 그는 짐을 진 아군 병사들이
기습을 겁내며 행군하고 있을 때 덮치겠다는 희망을 품고 병력을 진영
에서 출동시키는 한편 아군 대열의 후미를 지체시키기 위해 기병을 먼
저 내보냈다. 그러나 가벼운 행군으로 멀리 앞서 간 카이사르를 따라
잡지는 못했다. 게누수스 강에 도착한 아군이 높은 강둑에 가로막혀
있을 때 폼페이우스의 기병이 대열의 후미를 따라잡고 싸움을 걸었다.

카이사르는 적의 기병을 쫓아버리기 위해 아군 기병과 함께 400명에 달하는 경보병 제1열 병사들을 파견했다. 아군은 손쉽게 적을 제압하고 많은 기병을 살해한 다음 무사히 본대로 귀환했다.

76 카이사르는 당일 계획했던 행군을 모두 마치고 게누수스 강을 건넌 후 아스파라기움의 옛 진영으로 들어갔다. 그는 모든 병사를 진영 안에 머물게 하고 기병을 내보내 마초를 구하게 했으며, 돌아올 때에는 후문으로 신속하게 들어오라고 명령했다. 폼페이우스도 그날의 행군을 마친 후 아스파라기움 근처의 옛 진영으로 들어갔다. 그의 진영은 방어 시설들이 온전히 남아 있어 공사를 따로 할 필요가 없었다. 그에 따라 일부 병력은 마초와 목재를 구하기 위해 아주 멀리까지 나갔고, 또 다른 병력은 갑작스런 출발 명령으로 군수품과 우마가 멀리 뒤처져 있고 이전 진영과의 거리도 가까웠기 때문에 수송을 돕기 위해 왔던 길을 되돌아갔다. 그들은 무기를 막사 안에 둔 채 참호를 비우고 떠났기 때문에 다시 추격 대열에 합류할 수 없게 되었다. 이런 상황을 예견한 카이사르는 정오경에 다시 출발 신호를 내렸다. 이날 두 번째 행군으로 카이사르는 약 12킬로미터를 더 전진했으나 병사들이 흩어져버린 폼페이우스 군대는 아군을 따라잡지 못했다.

---

94. 카이사르가 테살리아로 이동한 것은 그곳에 스키피오와 그의 2개 군단이 있기 때문이다. 폼페이우스는 카이사르가 스키피오를 공격하는 것을 막기 위해, 디라키움이 아무리 최대의 보급기지라 해도 그곳에서 나와 테살리아로 올 수밖에 없기 때문에 일종의 유인 작전을 편 것이다.
95. 로마군은 군사 교본에 적힌 규범들을 철저히 이행하기로 유명했다.

77   이튿날에도 카이사르는 같은 과정을 반복했다. 해질녘에 먼저 군수품을 보내고 본대는 제4야경시에 출발시켜 불가피하게 전투가 벌어질 경우 병사들이 짐에 대한 부담 없이 위급 사태에 대처하게 했다. 카이사르는 다음 며칠 동안에도 똑같은 방법을 이용했다. 그 결과 행군 도중에 마주친 강들의 수위가 높아 어려움을 겪긴 했지만 피해를 입지는 않았다. 첫날 아군을 따라잡았던 폼페이우스는 그 후에도 행군에 박차를 가하며 열심히 추격했지만 소용이 없었다. 넷째 날 폼페이우스는 추격을 포기하고 다른 작전을 구사하기로 결정했다.

78   카이사르가 아폴로니아에 간 이유는 그곳에 부상병을 남겨두고, 병사들의 봉급을 지급하고, 주변 도시들과의 동맹을 확인하고, 여러 도시에 수비 병력을 배치하기 위해서였다. 그러나 그에겐 충분한 시간이 없었다. 폼페이우스가 도미티우스의 진영[96]에 먼저 도착할 것을 염려한 카이사르는 그 모든 문제를 서둘러 처리한 다음 최강행군으로 도미티우스의 진영을 향해 이동했다. 카이사르의 전체적인 전략은 다음과 같았다. 첫째, 만일 폼페이우스가 똑같은 길을 따라오면 그의 모든 물자가 비축되어 있는 디라키움과 해안으로부터 가급적 멀리 그를 유인해 식량과 군수품 보급을 차단한다. 그러면 동등한 조건으로 폼페이우스와 싸울 수 있다. 둘째, 만일 폼페이우스가 바다를 건너 이탈리아로 가려 한다면 도미티우스의 병력과 합류한 후 일리리쿰을 거쳐 이탈리아로 건너가 로마를 사수한다. 셋째, 만일 폼페이우스가 아폴로니아와 오리쿰을 공격하여 카이사르를 해안 전체로부터 차단시키려 한다면 스키피오를 포위 공격해 폼페이우스가 스키피오를 지원하지 않을 수 없게 만든다. 이 같은 전략에 따라 카이사르는 도미티우스에게

작전 지시를 담은 급보를 보냈다.[97] 그런 다음 아폴로니아에 4개 대대, 리수스에 1개 대대, 오리쿰에 3개 대대를 수비 병력으로 배치하고, 여러 전투에서 부상을 당해 전투 능력을 상실한 병사들을 에피루스와 아타마니아에 남겨둔 후 다시 행군을 시작했다. 폼페이우스 역시 카이사르의 의중을 짐작하고 스키피오가 있는 쪽으로 이동해야 한다고 판단했다. 카이사르가 아시아로 진군할 경우 스키피오를 도와야 했다. 또한 카이사르가 오리쿰과 해안에 남아 이탈리아에서 올 지원 병력을 기다릴 경우 자신이 직접 전 병력을 이끌고 도미티우스를 칠 계획이었다.

79　　이런 이유로 두 사람은 서로 자신의 군대를 지원하고 상대의 기선을 제압할 기회를 잡기 위해 행군을 서둘렀다. 그러나 카이사르가 먼 길을 돌아 아폴로니아로 가야 했던 반면, 폼페이우스는 칸다비아를 통과하는 쉬운 길로 마케도니아에 도착했다. 더구나 예상치 못한 문제가 발생했다. 도미티우스가 며칠 전 아군 진영을 스키피오의 진영 근처로 옮긴 후 식량을 구하기 위해 칸다비아와 가까운 헤라클리아로 출동했으므로 여차하면 폼페이우스의 대열과 맞닥뜨릴 수가 있었다. 카이사르는 아직 그 사실을 모르고 있었다. 한편 폼페이우스는 모든 속주와 도시로 전령을 보내 디라키움에서의 전투를 사실보다 크게 과장하고 부풀려 전했기 때문에 카이사르가 거의 모든 병력을 잃고 패주하고 있다는 소문이 나돌고 있었다. 이 때문에 카이사르에게 우호적이었던 몇몇 부족들이 변절하여 카이사르를 곤경에 빠뜨렸다. 특히 카

---

96. 카이사르 군대의 수석 부사령관인 도미티우스는 그리스 중부에서 스키피오 군대의 진군을 막고 있었다.
97. 진영을 거두고 카이사르 군대와 합류하라는 내용의 급보다.

이사르가 여러 경로로 도미티우스에게 보낸 전령들과, 도미티우스가 카이사르에게 보낸 전령들이 단 한 명도 임무를 완수하지 못했다. 그런데 앞서 말한 대로 폼페이우스 진영으로 전향한 알로브로게스족의 로우킬루스와 에구스의 동료들이 길 위에서 도미티우스의 정찰병들을 발견하고는 그들에게 그간의 사정을 모두 이야기했다. 한편으로는 갈리아 전쟁을 함께 치르면서 안면을 익힌 자들이었기 때문이고, 다른 한편으로는 약자 앞에서 허세를 부리기 위해서였을 것이다. 그들은 도미티우스의 정찰병에게 카이사르가 아폴로니아로 이동 중이고 폼페이우스가 그 뒤를 쫓고 있다고 일러주었다. 이 말은 즉시 도미티우스에게 보고되었고, 적이 알려준 정보 덕분에 도미티우스는 불과 4시간 차이로 자신과 병사들의 목숨을 구하고 아이기니움 근처를 행군하던 카이사르를 만났다.[98] 아이기니움은 테살리아로 가는 길목에 있다.

80　도미티우스의 병력이 합류하자 카이사르는 테살리아의 도시 중 에피루스에서 가장 가까운 도시인 곰피[99]로 향했다. 곰피의 주민들은 몇 달 전에 자진해서 카이사르에게 사절을 보내, 그들의 모든 물자를 원하는 대로 이용하라는 말과 함께 자신들의 수비 병력을 보내 달라고 요청했다. 그러나 디라키움 전투에 관한 소문이 눈덩이처럼 불어나자 테살리아의 통치자인[100] 안드로스테네스는 역경에 처한 카이사르와의 동맹을 포기하고 승리를 눈앞에 둔 폼페이우스를 지지하기로 결정했다. 안드로스테네스는 농촌 지역에서 모든 노예와 해방 노예를 도시 안으로 불러모으고 성문들을 걸어 잠근 다음, 스키피오와 폼페이우스에게 전령을 보내 도움을 요청했다. 그는 급보를 통해 신속한 지원이 있으면 방어 시설을 이용해 카이사르의 공격을 막아낼 수 있으나

장기적인 포위 공격을 막아내기에는 역부족이라고 알렸다. 카이사르의 군대가 디라키움에서 출발했다는 사실을 전해들은 스키피오는 군단들을 이끌고 라리사[101]로 이동했다. 폼페이우스는 아직 테살리아 경계를 넘지 못한 상태였다. 카이사르는 곰피 앞에 진영을 세운 다음 지체 없이 공격을 개시하기 위해 공성용 사다리와 엄호차를 만들라고 명령하고 차단막을 준비시켰다. 그런 다음 물자와 돈이 풍부한 도시를 점령하면 아군이 겪고 있는 전반적인 어려움을 단번에 해결할 수 있음을 강조하고, 적의 지원군이 도착하기 전에 도시를 함락시켜 다른 도시들로 하여금 아군의 위용을 두려워하게 만들자고 병사들을 격려했다. 그에 따라 카이사르는 오직 병사들의 열의만 믿고, 도착한 날 이른 오후에 도시를 공격하기 시작했다.[102] 도시의 성벽은 매우 높았지만 카이사르는 일몰 전에 도시를 점령한 후 병사들에게 약탈을 허용했다. 그런 다음 즉시 곰피를 떠나 메트로폴리스로 향했다. 곰피가 함락되었다는 소식이 전령이나 소문을 통해 퍼지기 전에 메트로폴리스에 도착하기 위해서였다.

81 메트로폴리스의 주민들도 처음에는 디라키움 전투의 소문을 믿고 카이사르를 적대시했다. 그들 역시 곰피의 주민들처럼

---

98. 기원전 48년 7월 24일에 두 사람은 합류했다.

99. 오늘날의 곤피스를 말한다. 아이기니움에서 남동쪽으로 50킬로미터 떨어져 있다.

100. 카이사르는 프라이토르(praetor, 법무관)라는 로마식 용어를 사용했다. 그러나 그리스식 이름으로 보아 그는 그 지역 통치자였던 것이 분명하다. 〈통치자〉를 가리키는 그리스 말은 기원전 369년까지는 타고스 tagos였고 그 후에는 아르콘archon이었다.

101. 곰피에서 북동쪽으로 90킬로미터 떨어진 테살리아 지방의 대도시이다.

102. 기원전 48년 7월 26일 오후 3시 즈음에 공격을 시작했다. 공격은 반나절 만에 끝나버렸다.

모든 성문을 걸어 잠그고 성벽에 무장한 병사들을 배치했으나, 카이사
르가 성벽으로 보낸 포로들의 입을 통해 곰피의 운명을 전해듣자 성문
을 열고 카이사르를 맞아들였다. 카이사르는 메트로폴리스의 주민들을
매우 신중하게 보호했다. 그 결과 테살리아의 다른 도시들은 곰피의 운
명과 메트로폴리스의 운명을 비교한 후 카이사르의 명령에 따르기로
결정했지만, 스키피오의 대규모 병력이 주둔하고 있는 라리사만큼은
카이사르에게 복종하기를 거부했다. 카이사르는 들판의 곡식이 충분히
여물어가는 평원에 적당한 장소를 택한 후 폼페이우스가 도착하면 그
곳에서 최후의 결전을 치르기로 결심했다.[103]

폼페이우스의 추격

82　　며칠 후 폼페이우스도 테살리아에 도착했다. 그는 전 병사를
한곳에 집결시킨 후 자신의 병사들에게 고마움을 표하는 동
시에 스키피오의 병사들을 격려했다. 그리고 이제 승리가 눈앞에 있으
니 전리품과 보상금을 거머쥐라고 독려했다. 폼페이우스는 모든 군단
을 한 진영에 집결시킨 후 스키피오와 최고 지휘권을 공유하기로 합의
하고[104] 스키피오의 사령부와 그 자신을 위한 두 번째 사령부를 세울 자
리에서 나팔을 불라고 명령했다. 두 군대가 결합하자 폼페이우스 병력
은 그야말로 대군이 되어,[105] 병사들 각자가 품었던 애초의 생각은 더욱
강해지고 승리에 대한 희망은 더욱 분명해졌기에 더 이상의 기다림은
이탈리아로 돌아가는 시간만 지체시킬 뿐이라고 생각했다. 만일 폼페

이우스가 조금이라도 공격을 지체하거나 작전을 신중히 검토한다면 사람들 입에서는 그것이 병사들의 전의를 억누를 뿐이고, 폼페이우스가 전직 집정관들과 전직 법무관들을 노예처럼 부리면서 최고 지휘권을 즐기고 있다는 말이 나올 지경이었다. 그들은 이미 보상과 최고 제사장직을 놓고 공개적으로 말다툼을 벌이기 시작했고, 차기 집정관직에 오를 인물들을 따졌으며, 어떤 자들은 카이사르 진영의 사람들이 소유한 주택과 재산을 요구하고 나섰다.[106] 심지어 작전 회의에서는 차기 법무관 선거를 치를 때 폼페이우스의 명으로 파르티아에 파견된 루킬리우스 히루스에게 부재자 후보 등록을 허락해도 되는지에 대한 격렬한 논쟁이 벌어졌다. 히루스의 친구들은 폼페이우스에게, 히루스가 떠날 때 그에게 했던 약속을 지킬 것을 요구하면서 그렇지 않으면 히루스가 폼페이우스의 개인적 권위에 의해 기만당하는 것처럼 보일 것이라고 주장했다.[107] 그러나 다른 자들은 모두가 똑같이 고생하고 똑같은 위험을 겪고 있는 마당에 특정 사람에게 우선권을 부여한다는 것은 부당하다고 주장했다.

83 이미 에노발부스, 스키피오, 렌툴루스 스핀테르는 카이사르의 최고 제사장직을 놓고 매일같이 논쟁을 벌이면서[108] 서로에게

---

103. 카이사르는 지금까지의 행군 방향인 남동쪽에서 동쪽으로 방향을 틀었다. 그가 선택한 평원은 폼페이우스와의 최대 결전의 무대가 될 〈파르살루스〉였다.
104. 스키피오와 폼페이우스는 둘 다 전직 집정관이었기 때문에 공식적으로는 신분이 동등했다.
105. 총 4만 7,000명의 보병과 7,000기의 기병이 되었다.
106. 키케로에 의해 확인된 사실이다.
107. 히루스는 폼페이우스의 명으로 전쟁에 참전하지 않고 파르티아 수비에 파견되었으므로 전쟁에 참가하지 않았다는 이유로 승리 후 피해를 입어서는 안 된다는 의미다.
108. 최고 제사장은 종신직이었으나, 이들은 내전에서의 승리를 확신하면서 전쟁 후 카이사르를 최고 제사장에서 몰아낸 후 자신들이 그 자리에 앉으려는 흑심을 갖고 있었다.

적의에 찬 말들을 쏟아붓고 있었다. 렌툴루스는 연장자에 대한 존경을 요구했고, 에노발부스는 로마 시민들의 지지와 자신의 명성을 내세웠으며, 스키피오는 폼페이우스와의 개인적 관계에 의지하고 있었다.[109] 심지어 아쿠티우스 루푸스는 루키우스 아프라니우스가 히스파니아에서 병사들을 배신했다고 주장하면서 폼페이우스 앞에 그를 고소했다. 에노발부스는 작전 회의에서, 전쟁이 끝나면 전쟁에 참가했던 원로원 의원들에게 각각 석 장의 서판書板[110]을 부여하자고 주장했다. 그리고 우선 로마에 남았던 자들과 폼페이우스 진영에 가담했지만 군사 작전에 적극적으로 참여하지 않은 자들을 가려낸 다음, 그들의 처벌을 면제해 주기를 원하는 의원은 첫 번째 서판을, 그들의 시민권을 박탈하기를 원하는 의원은 두 번째 서판을, 그들에게 벌금형을 내리기를 원하는 의원은 세 번째 서판을 들게 하자고 제안했다.[111] 한마디로 모든 자들이 자신의 직위나 경제적 보상을 선점하기 위해 또는 개인적인 원한을 갚는 데 혈안이 되어 승리를 얻을 방법보다는 승리를 이용할 방법에 골몰했다.

84 디라키움에서의 패배 이후 병사들의 사기를 확신하지 못했던 카이사르는 일단 식량을 확보하고 병사들의 사기를 북돋우기 위해 충분한 시간이 지나기를 기다린 후, 폼페이우스가 과연 그의 도전에 응할 것인지 혹은 그와의 전투를 얼마나 원하는지를 타진해 볼 필요가 있다고 생각했다. 그에 따라 카이사르는 병력을 이끌고 진영 밖으로 나온 후, 첫날에는 폼페이우스의 진영에서 다소 멀리 떨어진 아군 진영 쪽에 전투대형을 갖추었지만 다음 날부터는 아군 진영에서 멀리 전진하여 폼페이우스가 점거하고 있는 언덕들 아래까지 대형을 이동시켰다. 이 작전은 하루하루 아군의 사기를 끌어올렸다. 그러나 기병에 대

해서는 앞서 말한 작전을 계속 유지했다.[112] 아군은 수적으로 크게 열세였기 때문에 카이사르는 제1열의 정예 부대 중에서도 특히 몸이 빠르고 젊은 경보병 부대를 선발해 기병들 사이에서 싸우게 하고 하루도 빠짐없이 경보병을 훈련시켜 카이사르의 작전에 맞는 기술을 익히게 했다. 그 결과 1천의 기병이 필요한 때라면 평지에서도 침착함을 잃지 않고 7천의 폼페이우스 기병을 능히 대적할 수 있게 되었다. 실제로 그간에도 카이사르는 효과적인 기병전을 통해 여러 명의 적을 살해했다. 살해된 적군 중에는 특히 앞에서 언급했던 폼페이우스 진영으로 전향한 두 명의 알로브로게스족 대장도 포함되었다.

최대의 결전, 파르살루스 대전투

85   언덕 위에 진영을 구축한 폼페이우스는 마치 카이사르가 불리한 지형에서 먼저 공격하기를 기다리는 것처럼 언제나 그 언덕의 돌출부들 중 가장 아래쪽 둔덕 위에 전투대형을 갖추었다.[113] 카

---

109. 폼페이우스와 사위, 장인 관계임을 말한다.

110. 원래는 나무, 돌, 상아 등으로 만들어 종이 대신 사용한 얇은 판을 말한다.

111. 이것은 정상적인 절차를 변형한 것이다. 정상적인 절차에서 세 번째 서판에는 N. L.(non liquet)이라고 적혀 있다. 대략 〈증거 불충분(non proven)〉이란 뜻에 해당하는 이 서판은 확실한 평결에 이를 때까지 재판을 연기하고 심리를 계속하겠다는 판결에 사용한다.

112. 기병과 함께 경보병 병사들을 파견했다. 경무장한 보병은 주로 기병과 보조를 맞춰 싸우거나 기병을 돕는 역할을 했다.

113. 폼페이우스는 언덕 위에 진영을 세웠고 카이사르는 그 아래 평야에 진영을 세웠기 때문에 카이사르가 공격을 하기에는 상당히 불리했다. 따라서 카이사르가 공격을 해 폼페이우스를 언덕에서 내려오게 하려 해도 폼페이우스는 능선에 포진할 뿐 평야로 내려가서 진을 치지는 않았다.

이사르는 폼페이우스가 결코 유인 작전에 넘어가지 않을 것이라는 판단에 진영을 철수하고 행군을 계속하기로 결정했다. 진영을 옮겨 여러 지역으로 이동함으로써 식량을 쉽게 확보하고 그 사이사이에 전투를 벌일 기회를 잡는 동시에, 힘든 일에 익숙하지 않은 폼페이우스 군대를 끝없는 행군으로 지치게 하는 것이 카이사르의 목적이었다. 카이사르가 이렇게 결정하고 출발 신호를 내린 후 병사들이 막사를 모두 거뒀을 무렵이었다. 때마침 폼페이우스의 전열이 평소보다 그들의 방벽에서 조금 더 앞쪽으로 포진해 있어 아군이 불리한 입장에서 싸우지 않아도 될 것처럼 보였다.[114] 아군 대열은 이미 진문을 빠져나가고 있었지만 카이사르는 즉시 병사들에게 다음과 같이 말했다.

"잠시 행군을 멈추어라.
그리고 그대들이 매일같이 바라던 적과의 전투를 생각하라.
우리 모두가 오랫동안 기다려 온 때가 찾아왔다.
그대들의 마음은 이미 전장에 있지 않은가?
이보다 좋은 기회는 쉽게 오지 않을 것이다."

그런 다음 총사령관의 장비도 갖추지 않은 채 즉시 병력을 이끌고 진영 밖으로 출동했다.

86   나중에 밝혀진 바에 따르면 폼페이우스 역시 전 병사의 확고한 결의를 확인하고 결전을 치르기로 마음을 정했다. 심지어 며칠 전 작전 회의에서는 제2열 병사들이 맞붙어 싸우기도 전에 카이사르 군대는 패주하게 될 것이라고 단언하기까지 했다. 폼페이우스는

다음과 같은 말로 지휘관들을 놀라게 했다.

"나의 장담이 거짓말처럼 들릴 것이오. 그러나 본인의 작전에 귀를 기울 인다면 더욱 확고한 신념을 품고 전투에 임하게 될 것이오. 본인은 기병 에게, 양쪽 군대의 간격이 좁아지면 카이사르의 우익으로 돌아 노출된 측면을 공격하고 후방의 제3열을 포위하여 카이사르의 군대를 혼란에 빠뜨리라고 명령했소. 그렇게 되면 적은 우리 군이 무기를 투척하기도 전에 패주하고 말 것이오. 이 작전이 맞아 떨어진다면 우리 군은 군단의 피해도 없고 사상자도 거의 없이 전쟁을 승리로 이끌 수 있소. 우리의 기병이 우세하므로 어렵지 않게 승리할 것이오."

폼페이우스는 또한 지휘관들에게 강인한 정신을 갖고 전투에 임하라고 격려하면서, 그토록 기다렸던 결전의 기회가 왔으므로 총사령관의 기 대와 모두의 희망을 저버리지 말라고 당부했다.

87 　다음으로 라비에누스가 말했다. 라비에누스는 카이사르의 군 대를 비하하는 동시에 폼페이우스의 작전을 침이 마르도록 칭찬했다.

"대장군께 감히 고하노니, 저들이 갈리아와 게르마니아를 정복한 군대 였다고는 생각하지 마십시오. 나는 모든 전투에 참가했으므로 지금 여

---

114. 좀 더 평원 쪽으로 내려왔다는 의미다.

기에서 그동안 직접 보고 들은 바에 따라 나의 견해를 밝히고자 합니다. 그때 살아남은 자는 극소수에 불과합니다. 대부분의 병사가 수많은 전투를 치르면서 목숨을 잃었습니다. 또한 이탈리아에서 가을을 보내는 동안 많은 자들이 건강을 잃어 고향으로 돌아가거나 본토에 남겨졌습니다. 병에 걸려 브룬디시움에 남은 자들만 해도 몇 대대에 이른다는 말을 듣지 못하셨습니까? 대장군님도 아시겠지만 적은 그 병력을 최근 몇 년 동안 갈리아 키살피나[115]에서 모집한 병사들[116]로 보충했는데, 그들 대부분은 포 강 너머의 식민지 출신입니다. 게다가 적군이 보유한 최고의 병사들은 디라키움에서 벌어진 두 번의 전투에서 모두 전사했습니다."

그런 다음 라비에누스는 승자가 되지 못하면 결코 돌아오지 않겠다고 맹세하며, 다른 사람들도 그와 똑같이 맹세하라고 촉구했다. 폼페이우스가 라비에누스를 치하하고 그와 똑같이 맹세하자 다른 자들도 주저하지 않고 맹세를 했다. 모든 자들이 기쁨과 희망에 사로잡혀 마음속으로 승리를 예견하기 시작했다. 백전노장의 대장군이 그토록 중대한 문제에 대해 호언장담을 했으므로 결코 잘못될 리가 없을 것처럼 보였다.

88　　적군과의 거리를 좁히자 카이사르의 시야에 적의 전열이 들어왔다. 좌익에는 분쟁 초기에 카이사르에게서 넘겨받은 2개 군단이 포진해 있었다. 1군단과 3군단이었다.[117] 폼페이우스는 그곳에 있었다. 전열 중앙에는 스키피오가 시리아에서 동원한 군단들이 포진해 있었다. 그리고 우익에는 킬리키아에서 온 1개 군단[118]과 앞서 말한 대로 아프라니우스로부터 넘겨받은 히스파니아 대대들이 포진해 있었다.[119] 폼페이우스는 이들을 최강의 군대로 믿고 있었다. 중앙과 양 날

개 사이에는 110개 대대로 구성된 나머지 병력이 배치되어 있었다. 폼페이우스 군은 총 4만 5,000의 병사 외에도 폼페이우스 휘하에서 만기 제대한 후 다시 소집된 약 2,000명의 고참병[120]이 특무 부대를 이루고 있었다. 폼페이우스는 고참병들을 전열 곳곳에 배치했다. 그리고 나머지 7개 대대로 하여금 진영과 근처의 요새들을 지키게 했다. 전열의 우익은 강과 가파른 강둑의 보호를 받고 있었으므로 폼페이우스는 전 기병과 궁수와 투석병을 우익에 배치했다.

89   카이사르는 이미 내린 전투 명령에 따라 우익과 좌익에 각각 10군단과 9군단을 배치했지만 9군단은 디라키움 전투로 인해 병력이 크게 감소한 상태였다. 따라서 카이사르는 좌익에 8군단을 보충해 필요한 병력을 채우고 두 군단에게 원활히 협조할 것을 명령했다. 이로써 카이사르는 80개 대대, 총 2만 2,000의 병력으로 전열을 갖추었다.[121] 진영에는 2개 대대를 남겨 방어를 맡겼다. 카이사르는 좌익에 마르쿠스 안토니우스를, 우익에 푸블리우스 술라를, 중앙에 그나이우스 도미티우스를 배치하고 그 자신은 폼페이우스의 맞은편에 자리를 잡았다. 바로 그때 위에서 말한 적군의 배치가 카이사르의 눈에 들어왔

---

115. 〈알프스 이쪽의 갈리아〉란 뜻이다.

116. 카이사르는 또한 움브리아와 피케눔을 비롯한 이탈리아의 몇몇 지방에서도 군대를 소집했다.

117. 카이사르의 휘하에 있을 때는 6군단과 15군단이었다.

118. 키케로가 기원전 51년과 50년에 전직 집정관 자격으로 지휘하던 2개 군단의 고참병들로 구성되었다.

119. 본문에 언급한 적이 없었다.

120. beneficiarii. 제대한 고참병들은 일반적인 군무를 면제받고 담당 장교 밑에서 특별한 임무들을 수행했다.

121. 파르살루스 전투에서의 두 진영의 병력을 비교해 보면 다음과 같다. 폼페이우스 군대는 보병 4만 7,000 명과 기병 7,000기를 합하여 도합 5만 4,000명이었고, 카이사르 군대는 보병 2만 2,000명과 기병 1,000기를 합하여 도합 2만 3,000명이었다. 수적으로 카이사르 측이 매우 열세였다.

파르살루스 전투 배치도

다. 그는 즉시 아군의 우익이 폼페이우스의 대규모 기병에게 둘러싸일
수 있음을 깨닫고 즉시 각 군단의 제3열에서 1개 대대씩 차출해 제4열
을 만들어 적의 기병 맞은편에 포진시켰다. 카이사르는 제4열 병사들
에게 작전[122]을 지시한 다음 그날의 승리는 바로 그들의 용맹함에 달려
있음을 강조했다. 카이사르는 또한 제3열뿐 아니라 모든 병사에게 그
가 명령을 내리기 전에는 돌격하지 말라고 명령하고, 카이사르가 원하
는 순간이 오면 그때 총사령관의 깃발로 전투 개시 신호를 내릴 것이라
고 말했다.

90

전투를 앞두고 언제나처럼 카이사르의 독려가 시작되었다.
카이사르는 병사들이 오랫동안 카이사르를 위해 헌신적으로
복무해 왔음을 지적한 다음 무엇보다 그가 강화를 위해 노력해 온 과정
을 강조하면서, 그는 바티니우스를 통해 타협을 시도했고 아울루스 클
로디우스를 통해 스키피오와 협상을 시도했으며, 오리쿰에서 폼페이우
스에게 대표단을 보내기 위해 리보와 협상을 벌였던 사실을 상기시켰
다. 병사들을 참혹한 전장으로 내모는 것은 결코 카이사르의 소망이 아
니었으며, 원로원으로 하여금 어느 한쪽 군대를 잃게 하는 것 또한 그
가 원하는 바가 아니었다. 연설을 마친 후 전의에 불타고 있는 병사들
의 요구에 따라 카이사르는 나팔을 불어 전투의 시작을 알렸다.

91

카이사르의 병사들 중에는 크라스티누스라는 이름의 재입대
한 고참병이 있었다. 지난해 10군단에서 수석 백인대장으로

---

122. 플루타르코스에 따르면 제4열 병사들은 폼페이우스 기병대의 정면을 치라는 명령을 받았다고 한다.

복무했던 그는 병사들 사이에서 용맹함으로 명성이 높았다. 신호가 울리자 그가 소리 높여 말했다.

"나의 부대에 있던 병사들이여, 나를 따르라.

그대들이 총사령관 앞에서 약속한 성실함과 용맹함을 보여라.

이것이 우리의 마지막 전투가 될 것이다.

이 전투가 끝나면 우리의 장군은 지위를 되찾을 것이고,

우리는 자유를 되찾을 것이다."

그런 다음 카이사르를 보며 이렇게 말했다.

"장군이시여, 나는 오늘 전장에서 쓰러지든 살아남든 장군의 치하를 받게 될 것입니다."

말을 마친 후 크라스티누스는 우익에서 가장 먼저 달려 나갔고 그 뒤를 따라 그와 같은 백인대 출신의 지원병으로 구성된 120명의 정예 부대가 적을 향해 돌격했다.[123]

92   아군과 적군 사이에는 병사들이 앞으로 진격해 교전을 벌일 만큼 충분한 공간이 있었다. 그러나 폼페이우스는 병사들에게 현재 위치를 벗어나거나 대열을 흐트리지 말고 카이사르의 공격을 기다리라고 명령했다. 이 작전에는 가이우스 트리아리우스의 조언이 큰 역할을 했다고 전한다. 그것은 아군의 선제 공격을 효과적으로 격파하고, 그들의 전열을 넓게 유지하여 아군 병사들이 여러 방향으로 흩어졌을 때 전투대형을 유지하여 아군을 공격하기 위해서였다. 폼페이우스는 또한 그의 병사들이 날아오는 무기를 뚫고 앞으로 진격할 때보다

는, 차라리 제자리에 서 있을 때 쏟아지는 창으로부터 오는 피해를 줄일 수 있다고 생각했다. 게다가 카이사르의 군대는 두 배의 거리를 달려야 했으므로 지치고 숨이 찰 수밖에 없었다.[124] 그러나 우리가 보기에 폼페이우스는 충분한 이유를 고려하지 않고 결정을 내린 것 같다. 〈전의에 불타는 병사라면 누구나 가슴속에 상당한 열정과 용맹함을 품고 있기 때문이다. 총사령관은 그 열정과 용맹함을 억누를 것이 아니라 최선을 다해 북돋워야 한다.〉 예로부터 전투가 시작되면 사방에서 공격 신호를 울리고 모든 병사들이 한 목소리로 함성을 질러 적을 두려움에 빠뜨리고 동료 병사들의 사기를 높이는 관습이 전해오는 데에도 다 충분한 이유가 있는 것이다.

93 신호가 울리자 아군 병사들은 적을 향해 창을 겨누고 앞으로 달려나갔다. 그러나 폼페이우스의 병사들이 도전에 응하지 않고 그 자리에 서 있자 아군 병사들은 체력이 고갈된 채 적과 맞닥뜨리는 것을 피하기 위해 돌격을 자제하고 중간에서 멈췄다. 이것은 지금까지의 수많은 전투에서 얻은 실전 경험과 훈련 덕분이었다. 그러나 병사들은 잠시 호흡을 가다듬은 후 또 다시 적을 향해 돌진하며 카이사르의 명령대로 창을 던지고 재빨리 검을 뽑아 들었다. 폼페이우스 군대도 기다렸다는 듯이 아군을 맞았다. 그들은 우박처럼 퍼붓는 무기 속에서도 제자리를 지키며 아군의 공격을 견뎌냈고, 신호가 떨어지자 대오를 유지한 채 창을 던지고 검을 뽑아 들었다. 바로 그때 폼페이우스의 전

---

123. 이로써 파르살루스 전투는 카이사르 군대가 먼저 공격하는 것으로 시작되었다.

124. 양쪽 군대가 동시에 출격을 하게 되면 두 군대는 중간 지점에서 만나 전투를 치르게 된다. 하지만 이 전투에서 폼페이우스 군대는 출격을 하지 않고 있었으므로 카이사르 군대가 공격을 하기 위해서는 폼페이우스 군의 진지까지 가야 했다. 따라서 카이사르 군대는 일반적인 전투 때보다 두 배의 거리를 달려야 했다.

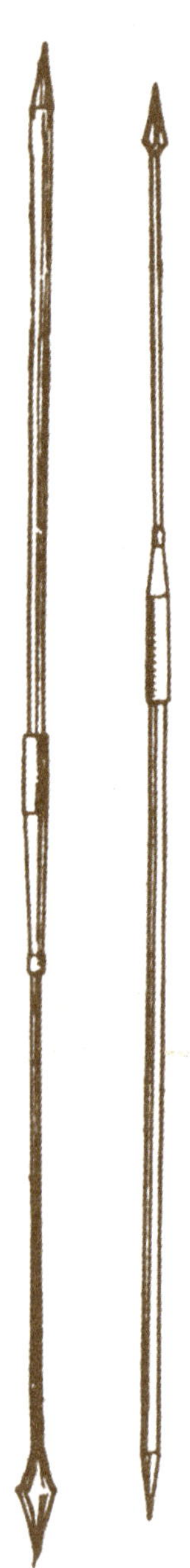

로마군이 사용하던 창과 검

기병이 지시받은 작전에 따라 일제히 좌익에서 앞으로 진격했고 그들과 함께 수많은 궁수들이 벌떼처럼 몰려나왔다. 아군 기병은 적의 돌격을 막아내지 못하고 열세를 보이며 뒤로 물러났다.[125] 그러자 폼페이우스의 기병은 더욱 맹렬히 공격을 퍼부으면서 소대별로 간격을 넓혀 아군의 노출된 우익을 공격하고 아군 전열을 포위하기 시작했다. 이것을 본 카이사르는 조금 전에 준비해 놓은 제4열 병력 6개 대대에게 공격 신호를 내렸다. 병사들은 즉시 부대기를 앞세우고 달려 나가 폼페이우스의 기병을 공격했다. 아군이 무서운 기세로 맹공을 퍼붓자 적의 기병은 단 한 명도 제자리를 지키지 못하고 등을 돌리더니, 단순히 퇴각하는 것이 아니라 저마다 높은 언덕을 향해 줄달음질치고 말았다. 기병이 물러나자 그 자리에는 궁수와 투석병들이 고스란히 남아 무기도 없고 기병의 보호도 없는 상태에서 죽음을 맞이했다. 제4열 대대들은 여기서 그치지 않고 아군에 맞서 맹렬하게 싸우며 저항하는 적의 좌익을 후방에서 공격하기 시작했다.

94 바로 그때 카이사르는 제자리를 지키며 대기 중이던 제3열 병사들에게 진군 명령을 내렸다. 부상을 당하지 않은 새 병력이 지친 병력의 자리를 메우고 또 다른 병력이 후방에서 공격을 퍼붓자 폼페이우스 군대는 더 이상 견디지 못하고 모두 등을 돌리고 도망치기 시작했다. 카이사르가 병사들을 독려하면서 단언했듯이 그날의 승리는 역시 기병을 막기 위해 제4열에 배치한 대대들에게 달려 있었다.[126] 폼

---

125. 카이사르 기병은 퇴각하는 척하면서 옆으로 빠져 적군 기병의 배후로 돌아가 공격했다.
126. 3-89에서 카이사르는 이날의 승리는 제4열 병사에게 달려 있음을 강조했다.

페이우스의 기병을 격퇴한 것도 그들이었고, 투석병과 궁수들을 쓸어버린 것도 그들이었으며, 폼페이우스의 좌익을 포위하고 적을 패주시킨 것도 그들이었다. 패주하는 기병의 모습과 가장 믿었던 병력이 공포에 빠져 우왕좌왕하는 것을 눈앞에서 목격한 폼페이우스는 다른 병력에 대한 자신감마저 잃고 전장을 떠났다. 폼페이우스는 말을 몰고 곧장 진영으로 돌아가 진문 앞에서 경계를 서고 있는 백인대장들을 향해 모든 병사가 들을 만큼 큰 소리로 이렇게 외쳤다. "적을 경계하고 온 힘을 다해 진영을 방어하라." 그런 다음 사령부로 돌아가 그의 전운에 먹구름이 몰려오는 것을 느끼며 결과를 기다렸다.

95   폼페이우스 군대는 아군의 공격에 밀려 방벽 안으로 퇴각했다. 공포에 빠진 적에게 쉴 틈을 허락하지 않겠다고 결심한 카이사르는 병사들에게 하늘의 뜻을 십분 활용하여 멈추지 말고 진영을 습격하라고 명령했다. 교전이 정오까지 계속된 탓에 무더위가 기승을 부렸지만 카이사르의 병사들은 어떤 고생이라도 견딜 각오가 되어 있었다. 폼페이우스 측은 방어를 위해 배치된 대대들이 치열하게 진영을 사수하는 가운데 특히 트라키아와 원주민 출신의 외인부대가 용맹하게 싸우며 항전을 계속했다. 그러나 전장에서 밀려들어 온 대부분의 병사들은 두려움에 사로잡히고 체력마저 바닥난 데다 대부분 무기와 부대기마저 잃어버린 상태였기 때문에 진영을 사수한다기보다는 도주를 계속하고 있다는 생각에 사로잡혀 있었다. 뿐만 아니라 방벽 위의 진지를 사수하고 있는 병사들도 빗발같이 쏟아지는 아군의 무기를 더 이상 견딜 수가 없었다. 부상자가 속출하자 폼페이우스 병사들은 진지를 포기하고 즉시 백인대장과 군관들의 뒤를 따라 가까운 언덕으로 달

아났다.

96 폼페이우스의 진영에는 군데군데 수목을 심어 그늘을 만들었고, 식탁 위엔 육중한 은 식기가 놓여 있었으며, 막사 안에는 파릇파릇한 잔디가 깔려 있었고, 루키우스 렌툴루스를 비롯한 몇몇 지휘관의 막사는 담쟁이 잎으로 덮여 있는 등 사치스런 낭비와 승리에 대한 자신감이 곳곳에 배어 있었다. 이렇듯 모두가 일신의 편안함을 추구한 것으로 보아 그들은 전투의 결과를 조금도 걱정하지 않은 것이 분명했다. 모든 종류의 군수품이 부족한 가운데 오랜 고생과 궁핍을 견디며 싸워온 카이사르의 군대를 제멋대로 비웃은 자들이 바로 그들이었다. 아군이 방벽을 돌파했을 때 폼페이우스는 총사령관의 표지를 거두고 말에 올라탄 다음 후문으로 빠져나가 라리사를 향해 전속력으로 질주했다. 그는 라리사에서도 말을 멈추지 않았고, 도주하는 중에 선발한 소수의 호위병과 30의 기병을 거느리고 밤중에도 계속 말을 달려 해안에 도착했다. 그곳에서 곡물 수송선에 몸을 실은 폼페이우스는 전하는 바에 따르면 자신이 엄청난 실수를 저질렀으며, 승리를 가져올 것으로 믿었으나 실제로는 가장 먼저 도주한 측근들에게 배신을 당한 것이나 마찬가지라며 줄곧 한탄했다 한다.

97 카이사르는 일단 폼페이우스 진영을 접수한 후 병사들에게 약탈에 정신이 팔려 남은 임무를 소홀히 하지 말라고 명령했다. 이 명령에 따라 병사들이 다시 임전 태세를 갖추자 카이사르는 언덕 주위로 진지를 구축하기 시작했다. 그 언덕에는 물이 없었으므로 폼페이우스의 병사들은 그곳에서 항전할 뜻을 포기하고 모두 언덕을 넘

어 라리사로 퇴각하기 시작했다. 즉시 적의 의도를 간파한 카이사르는 아군 병력을 셋으로 나눠 일부는 폼페이우스의 진영에 남기고, 또 다른 일부는 아군 진영으로 철수시킨 다음, 직접 나머지 4개 군단을 이끌고 폼페이우스 군대의 퇴각로를 가로막기 위해 보다 쉬운 길로 행군을 시작했다. 9킬로미터가량 전진한 후 카이사르는 전투대형을 갖췄다. 그러자 폼페이우스 군대는 강과 가까운 곳에 솟은 언덕 위에 자리를 잡았다. 카이사르는 병사들을 독려한 후, 비록 병사들이 하루 종일 계속된 전투로 피로가 쌓였고 어느덧 밤도 이슥해지고 있었지만 강과 언덕을 차단하는 참호를 파서 폼페이우스의 병사들이 밤중에 물을 공급할 수 없게 했다.[127] 참호가 완성되자 폼페이우스 군대는 사절을 보내 항복 조건에 대해 협상을 벌이기 시작했다. 적진에 가담했던 몇 명의 원로원 의원이 밤중에 카이사르에게 도망쳐 와서 목숨을 구걸하기도 했다.

98 동이 트자 카이사르는 언덕 위에 포진해 있던 모든 병사들에게 평지로 내려와 무기를 내려놓으라고 명령했다. 폼페이우스의 병사들은 순순히 카이사르의 명령을 따랐다. 그런 다음 모두 땅바닥에 엎드린 채 손바닥을 내보이고 눈물을 흘리면서 목숨만은 살려달라고 애원했다. 카이사르는 병사들을 일으켜 세운 후 카이사르의 자비에 대해 짤막하게 설명하여 두려움을 덜어주었다. 카이사르는 단 한 명의 목숨도 빼앗지 않았을 뿐 아니라 그의 병사들에게 누구에게도 폭력을 가하거나 재산상의 피해를 입히지 말라고 엄명을 내렸다.[128] 카이사르는 모든 문제를 처리한 후 진영에 남아 있던 군단들을 불러온 다음 그와 함께 출동했던 군단들은 진영으로 돌려보내 휴식을 취하게 했다. 그날 카이사르는 라리사에 도착했다.

99　이 전투에서 카이사르는 불과 200명의 병사를 잃었지만 그들
과 함께 약 30명에 달하는 용맹한 백인대장을 잃었다. 앞에서
말했던 크라스티누스[129]도 누구보다 용맹하게 싸우던 중 검이 얼굴을
관통하여 장렬히 전사했다. 전투에 임할 때 그가 외쳤던 말은 끝내 사
실이 되고 말았다. 결국 카이사르는 그 전투에서 크라스티누스의 용맹
함이 가장 뛰어났으며 그가 최고의 병사였다고 판단했다. 폼페이우스
군대에서는 약 1만 5,000의 병사가 쓰러졌지만 항복한 병사의 수는 그
보다 훨씬 많은 2만 4,000명 이상이었다. 여러 요새를 방비하던 대대들
도 술라에게 항복을 해왔기 때문이다. 또한 많은 자들이 목숨을 구하기
위해 인근 지역으로 도망쳤다. 전투에서 포획한 180개의 대대기와 9개
의 독수리 깃발이 카이사르 앞에 쌓였다.[130] 에노발부스는 진영을 벗어
나 산으로 도망치던 중 과로로 쓰러져 아군 기병에게 살해되었다.

100　그 무렵 데키우스 라일리우스가 앞에서 말했던 리보와 똑같
은 의도를 품고 자신의 함대를 이끌고 브룬디시움에 도착한
후 항구 맞은편에 떠 있는 섬 하나를 점거했다.[131] 그러자 브룬디시움을
지휘하고 있는 바티니우스는 몇 척의 가벼운 함선에 갑판과 무기를
갖추고 라일리우스의 배들을 멀리 유인하여 가장 멀리까지 쫓아 나온

---

127. 물길을 끊음으로써 적의 항복을 받아내려 한 것이다.

128. 총 2만 4,000명이 포로로 잡혔으나 카이사르는 그들 모두에게 거취 선택의 기회를 주었다.

129. 3-91에서 언급되었던 인물로, 아군 병사들의 사기를 북돋우며 가장 먼저 전장으로 달려나간 자이다. 그
는 이 전투가 자신의 〈마지막 전투〉가 되리라고 외쳤는데, 결국 그 말이 사실이 되고 말았다.

130. 〈파르살루스 전투〉로 역사에 남게 되는 이 전투는 결국 카이사르의 완승으로 끝났다. 이 전투는 기원전
48년 8월 9일에 치러졌다.

131. 바로 그 섬이 카이사르 군에 대해 해상을 봉쇄하기에 유리하다고 생각했다.

5단 군선과 두 척의 소형 범선을 항의 좁은 어귀에서 나포했다. 바티니우스는 또한 여러 지점에 기병을 배치해 라일리우스 함대의 물 공급을 차단했다. 그러나 라일리우스는 항해에 유리한 계절을 이용해 코르키라와 디라키움에서 화물선으로 물을 수송했다. 그리고 함선을 잃은 굴욕도, 군수품의 부족도 아랑곳하지 않고 섬에 남아 지속적으로 작전을 수행했다. 바로 그때 테살리아의 파르살루스 전투 소식이 당도했다.

101 거의 같은 시기에 폼페이우스 측의 가이우스 카시우스가 시리아 함대, 페네키아 함대, 킬리키아 함대를 이끌고 시칠리아에 당도했다. 카이사르의 함대는 둘로 나뉘어, 절반은 법무관 푸블리우스 술피키우스의 지휘하에 시칠리아 해협의 비보를 지켰고, 나머지 절반은 마르쿠스 폼포니우스의 지휘하에 메사나를 지키고 있었다. 카시우스는 적의 출현을 알지 못한 폼포니우스가 경계병을 배치하거나 함대를 정렬할 틈도 없이 메사나로 쳐들어가, 장작과 역청과 아마 부스러기를 비롯한 가연성 물질을 가득 실은 수송선들을 강한 순풍을 이용해 폼포니우스의 함대 쪽으로 떠내려 보냈다. 결국 그는 갑판을 댄 20척의 배를 포함해 35척의 아군 함선을 모두 불태웠다. 메사나에는 1개 군단 병력이 주둔하고 있었지만 병사들은 이 사건에 넋을 잃고 도시를 방어할 생각조차 하지 못했다. 카이사르의 승전보가 파발마를 통해 신속히 도착하지 않았다면 모든 병사가 패배를 인정했을 것이다. 때마침 전령이 도착하자 병사들은 용기를 내어 도시를 방어했다. 그러자 카시우스는 비보를 지키고 있는 술피키우스의 함대를 노렸다. 비보의 아군 함대도 메사나의 함대처럼 해변 위에 정박해 있었으므로 모든 배가 똑같은 운명을 맞았다. 카시우스는 순풍을 이용해 가연성 물질을 가득 실

은 약 40척의 수송선을 떠내려 보냈다. 아군 함대의 양쪽 날개에서 불길이 치솟고 다섯 척이 화염에 휩싸였다. 그러나 불길이 강한 바람을 타고 더 많은 배에 번지기 시작할 무렵, 부상 때문에 그곳에 남아 함대 경비를 맡게 된 고참 군단병들이 더 이상 굴욕을 참지 못하고 자리에서 일어났다. 고참병들은 저마다 먼저 배에 올라 밧줄을 끊고 배를 띄운 후 카시우스의 함대를 공격하여 두 척의 5단 군선을 나포했다. 그 중 한 척에는 카시우스가 타고 있었지만 그는 재빨리 작은 배를 타고 도망쳤다. 아군은 그 외에도 3단 군선 두 척을 나포했다. 얼마 후 파르살루스 전투 소식이 당도하자 그제서야 폼페이우스의 병사들도 사실을 믿기 시작했다. 그때까지 그들은 파르살루스 전투가 카이사르의 장교들과 측근들이 꾸며낸 이야기라고 생각했다. 카이사르의 승전보를 들은 카시우스는 함대를 이끌고 시칠리아 해협을 떠났다.

폼페이우스의 최후

102 카이사르는 만사를 제쳐두고 폼페이우스를 추격하기로 결심했다.[132] 그에 따라 병력을 보강하거나 물자를 보충하지도 않은 채 기병과 함께 매일 최대한의 거리를 이동했고, 그와 동시에 1개 군단에게 가까운 거리를 유지하여 뒤를 따르라고 명령했다. 폼페이우

---

132. 폼페이우스가 군대를 재편성하여 내전이 계속되는 것을 막기 위해서였다. 카이사르는 6군단만 데리고 육로로 폼페이우스를 추격했다.

스는 자신의 이름으로, 그리스인이나 로마 시민을 막론하고 속주 내의 모든 젊은이를 소집해 군무 서약을 하게 하는 포고령을 내렸다. 그러나 폼페이우스가 카이사르의 의심을 다른 곳으로 돌려 더욱 은밀히 도주하기 위해 이런 포고를 내렸는지, 혹은 아무도 그를 가로막지 않으면 새 병력으로 마케도니아를 정복할 심산이었는지는 확인할 길이 없다. 폼페이우스는 배 위에서 하룻밤을 머문 뒤 암피폴리스의 귀족들을 불러들여 필요한 경비를 거둬들인 다음 카이사르가 도착했다는 소식이 들리자 곧바로 그곳을 떠나 며칠 후 미틸레네에 도착했다. 그런 후 폭풍 때문에 이틀간 그곳에 머물면서 더 빠른 배들을 징발해 함대를 보강하여 킬리키아로 건너간 다음 키프루스에 도착했다. 그곳에서 폼페이우스는 안티오크의 전 주민과 도시에서 용무를 보던 로마 시민들이 단합하여 그를 들이지 않을 목적으로 성채를 점거했으며, 또한 인근 지역으로 도망쳤다고 알려진 자들에게도 안티오크로 들어오지 말라는 전갈을 보냈음을 알게 되었다. 만일 성문을 열었다면 그들은 분명 큰 위험에 처했을 것이다. 로도스에서도 전년도 집정관인 루키우스 렌툴루스와 과거의 집정관인 푸블리우스 렌툴루스를 비롯한 몇몇 사람들에게 안티오크와 똑같은 일이 일어났다. 그들은 모두 파르살루스 전투가 끝난 후 폼페이우스를 따라 도주하는 중이었다. 그들이 로도스 섬에 도착했을 때 주민들은 패장들에게 도시와 항구의 출입을 허락하지 않았다. 도시에서 보낸 사자가 찾아와 섬을 떠나라는 전갈을 전하자 그들은 마지못해 돛을 올렸다. 게다가 카이사르가 오고 있다는 소문이 여러 도시에 퍼지고 있었다.

103　　　이 사실을 알고 폼페이우스는 시리아로 건너갈 계획을 포기

했다. 그는 자영 농민들과 몇몇 개인들에게서 돈을 거둔 다음 군자금으로 쓸 엄청난 액수의 동화銅貨를 배에 실었다. 이와 함께 자영 농가에서 선발하거나 상인들로부터 강제 징집한 1천의 병력과, 특정인들이 폼페이우스의 계획에 맞춰 자신의 동족들 중에서 선발해 준 자들을 배에 실은 다음 펠루시움[133]으로 건너갔다. 때마침 그곳에는 아직 어린 소년에 불과한 이집트의 프톨레마이오스 왕[134]이 대군을 이끌고 자신의 누이 클레오파트라와 전쟁을 치르고 있었다.[135] 몇 달 전 동생인 프톨레마이오스 왕은 측근들과 총신들의 도움으로 누이인 클레오파트라를 이집트 왕국에서 몰아냈다. 클레오파트라의 진영은 동생의 진영으로부터 멀지 않은 곳에 있었다.[136] 폼페이우스는 프톨레마이오스 왕에게 사자를 보내, 자신이 왕의 부친인 선왕 프톨레마이오스 아울레테스에게 보여준 호의와 환대를 기억하여 자신이 알렉산드리아에 들어갈 수 있도록 허락해 주고, 곤경에 빠진 그가 보호받을 수 있도록 선처해 줄 것을 요청했다. 그러나 폼페이우스가 보낸 사자들은 임무를 마친 후에 왕의 병사들과 솔직한 대화를 나누기 시작했고, 그 와중에 왕의 병사들에게 폼페이우스의 불운을 비웃지 말고 그의 군대에 들어오라고 설득했다. 이집트 왕의 병사들 중에는 폼페이우스의 군대에서 복무했던 자들도 있었다. 그들은 시리아에서 복무하던 중 아울루스 가비니우스를 따라 알렉

---

133. 나일 강의 지류인 펠루시아 강변에 있으며 이집트의 알렉산드리아로 가는 길목에 위치해 있다.
134. 프톨레마이오스 13세로 당시 나이는 대략 열네 살이었다. 부왕인 프톨레마이오스 아울레테스는 기원전 59년에 자신의 신하들에 의해 폐위된 후 이탈리아로 건너갔다. 폼페이우스는 그를 손님으로 맞이했고 그를 이집트 왕으로 복위시키기 위한 자금을 라비리우스 포스투무스에게서 제공받아 시리아의 총독 아울루스 가비니우스에게 실질적인 임무를 맡겼다. 당시 폼페이우스는 대규모 군대를 이집트 왕국으로 파병하여 군주제를 재건했다.
135. 기원전 51년부터 이집트 왕실의 왕권을 두고 오누이가 다투는 이집트의 내전을 말한다.
136. 클레오파트라는 수도 알렉산드리아에서 쫓겨나, 병사들을 모아 왕위 찬탈을 모의하고 있었다.

산드리아로 건너와 전쟁이 끝난 후 어린 왕의 부친인 프톨레마이오스 아울레테스와 함께 그곳에 남겨진 자들이었다.

104 어린 왕을 대신해 왕국을 다스리던 총신들이 이 사실을 알게 되었다. 나중에 그들이 주장한 것처럼 폼페이우스가 왕의 군대를 사주하여 알렉산드리아와 이집트를 점령할지도 모른다는 두려움 때문이었는지, 아니면 친구가 곤경에 빠지면 적으로 돌변하는 일반적인 경향처럼 불운한 패장에 대한 모멸감 때문이었는지는 알 수 없으나, 그들은 우선 폼페이우스가 보낸 사절들을 극진히 대접한 후 폼페이우스에게 직접 왕을 찾아오라고 전하게 했다. 그리고 은밀히 회의를 연 다음 왕의 무관이자 대담함으로 명성이 높은 아킬라스와 군관인 루키우스 셉티미우스를 불러 폼페이우스를 살해하도록 지시했다. 그들은 폼페이우스를 정중하게 맞이했다. 폼페이우스는 해적들과 전쟁을 치를 당시 자신의 휘하에서 백인대장으로 복무했던 셉티미우스와 안면이 있었으므로 그들에게 접근해도 될 것이라 생각했다. 그에 따라 폼페이우스는 몇 명의 동료와 함께 작은 배에 몸을 실었는데, 그는 그 배 위에서 아킬라스와 셉티미우스에 의해 살해되었다.[137] 루키우스 렌툴루스도 왕의 병사들에게 붙잡힌 후 감옥에서 살해됐다.

105 아시아에 도착한 카이사르는 티투스 암피우스가 에페수스의 다이아나 신전에서 돈을 옮기려 했다는 사실과 이를 위해 액수를 확인하는 증인으로 속주의 모든 원로원 의원을 소환했다는 사실, 그리고 카이사르가 도착하자 계획을 포기하고 도시를 탈출했다는 사실을 하나씩 알게 되었다. 결국 카이사르는 다이아나 신전의 돈을

두 번이나 구한 셈이 되었다.[138] 또한 엘리스에서도 날짜를 거슬러 올라가며 확인한 결과, 카이사르가 파르살루스 평원에서 승리를 거둔 바로 그날 미네르바의 신전에서는 그때까지 미네르바 여신상을 마주보고 서 있던 빅토리[139]의 동상을 신전의 문과 입구 쪽으로 돌려놓았다는 사실을 알게 되었다. 같은 날 시리아의 안티오크에서는 병사들의 함성과 나팔소리가 두 번이나 울려 모든 주민이 무장을 하고 저마다 성벽 위의 진지로 달려가는 일이 벌어졌다. 프톨레마이스와 페르가뭄에서도 그와 비슷한 일이 일어났다. 사제들만 찾아갈 수 있도록 법으로 규정되어 있으며 그리스 사람들이 아디타라 부르는 비밀스런 신전들에서 북소리가 요란하게 울려퍼진 것이다. 또한 카이사르의 동상을 모시고 있던 트랄레스의 빅토리 신전에서는 거리의 포석 사이에서 자라던 야자나무[140]가 며칠 동안 신전 안으로 가지를 뻗는 일이 발생했다.

알렉산드리아, 그리고 클레오파트라

106 며칠 동안 아시아에 머물고 있던 카이사르는 폼페이우스가 키프루스에 나타났다는 소식을 들었다. 폼페이우스는 이집트와의 관계가 특별했고 그밖에도 몇 가지 유리한 점이 있었으므로 카

---

137. 기원전 48년 9월 28일에 일어난 일이다. 폼페이우스의 나이 58세였다.
138. 한 번은 스키피오가 신전에서 돈을 빼내려 했었다. (3-33 참조.)
139. 승리의 여신이다.
140. 야자나무는 승리를 상징한다.

목이 잘린 채 살해된 폼페이우스

이사르는 그가 이집트로 건너갈 것으로 판단했다. 그에 따라 카이사르는 테살리아에서부터 그를 뒤따라오게 한 군단과, 아카이아에 주둔하고 있는 부장 퀸투스 푸피우스에게서 불러들인 1개 군단과 약 800의 기병, 10척의 로도스 군선, 아시아 함대에서 차출한 몇 척의 군선을 거느리고 알렉산드리아로 진군했다.[141] 두 군단의 병력은 약 3,200명이었다.[142] 나머지 병사들은 전투 중에 부상을 입거나 길고 힘든 행군에 지쳐 카이사르를 따르지 못했다. 그러나 카이사르는 자신의 위업과 명성에 의지하면 어디에서든 위험에 부딪히는 일은 없을 것이라 믿고 주저 없이 취약한 병력을 이끌고 출발했다. 〈카이사르는 알렉산드리아에서 폼페이우스의 죽음을 알았다.[143]〉 카이사르가 배에서 내리려는 순간 이집트의 왕이 도시를 방어하기 위해 주둔시킨 병사들의 함성 소리가 들렸고 그들이 카이사르를 향해 돌격해 오는 것이 보였다. 이것은 집정관의 호위병들이 카이사르를 선도했기 때문인데[144] 그들의 눈에는 그것이 이집트의 왕권을 모독하는 상황으로 보였다.[145] 소란은 곧 가라앉았지만 그 후에도 며칠 동안 알렉산드리아 곳곳에서 군중이 모일 때면 종종 그런 소란이 일어났고 그 와중에 몇 명의 병사가 목숨을 잃었다.

107

따라서 카이사르는 폼페이우스의 병사들로 구성하여 아시아에 주둔시켜 놓은 다른 군단들을 불러오라고 명령했다.

141. 카이사르는 폼페이우스가 살해된 지 엿새째 되는 기원전 48년 10월 4일 알렉산드리아에 상륙했다.
142. 이론적으로 1개 군단의 정규 병력은 6천 명이었지만 카이사르의 군단들은 최대 3,600명을 넘지 못했다.
143. 이집트인들은 폼페이우스의 목을 잘라 항아리에 담아 카이사르에게 주었다. 카이사르는 그 목을 폼페이우스의 아내 코르넬리아에게 보냈다.
144. 12명의 호위병이 속간을 들고 집정관을 선도했다.
145. 이집트는 로마의 속주가 아닌 이른바 〈독립국〉이었고 로마의 권력을 직접 목격한 적이 없기 때문이다.

알렉산드리아에 상륙한 로마군

클레오파트라와 처음 만나는 카이사르

알렉산드리아에서 돛을 올리는 자들에게 가장 불리한 계절풍[146] 때문에 그곳에서 발이 묶여버렸기 때문이다.[147] 한편 이집트 왕가의 다툼이 로마와 로마의 집정관인 카이사르와 관련되어 있으며, 로마가 법령과 원로원 포고를 통해 선왕인 프톨레마이오스와 동맹을 맺은 것이 카이사르가 집정관을 지내던 시절[148]이었으므로 그에게도 문제를 해결할 책임이 있다고 생각한 카이사르는 프톨레마이오스 왕과 그의 누이인 클레오파트라가 무력으로 충돌할 것이 아니라 군대를 해산하고 카이사르에게 판단을 일임하는 방식으로 왕권 다툼을 해결해야 한다고 선언했다.

108 왕이 어렸기 때문에[149] 이집트 왕국은 왕의 개인 교사이자 환관인 포티누스의 통치를 받고 있었다. 포티누스는 먼저 자신의 지지자들에게 불만과 분노를 터뜨린 후 왕을 모셔와 자신의 뜻을 간원하겠노라고 선언했다. 그런 다음 왕의 충신들 중 자신의 음모에 동조하는 자들을 규합한 후 펠루시움에 주둔해 있는 군대의 총지휘권을 앞에서 말한 그 아킬라스라는 자[150]에게 맡겨 은밀히 알렉산드리아로 이동시켰다. 아킬라스는 포티누스와 왕에게서 쏟아지는 칭찬과 약속에 들떠 있었다. 포티누스는 전령과 급보를 통해 아킬라스에게 지시사항을 전달하기 시작했다.

선왕인 프톨레마이오스의 유언장에는 두 아들 중 첫째 왕자와 두 딸

---

146. 해마다 정기적으로 부는 무역풍을 가리킨다.
147. 카이사르가 알렉산드리아에 다소 오랫동안 머문 이유에 대해서는 학자마다 의견이 분분하다. 이집트 왕실의 내분과 계절풍 때문이기도 하지만 클레오파트라의 매력에 끌려서였을 것이라고도 한다.
148. 첫 번째로 집정관을 지낸 기원전 59년을 말한다.
149. 열네 살이었다. 누이인 클레오파트라는 스물한 살이었다.
150. 폼페이우스 살해자 중 한 명이다.

중 첫째 공주가 공동으로 왕국을 통치하라고 적혀 있었다. 또한 이 유언장에서 선왕은 모든 신의 섭리와 그가 로마에서 맺은 협정에 따라 로마인에게 유언의 집행을 맡기겠노라고 말했다. 유언장 한 부는 선왕의 사자가 로마로 가져왔으며 애초에는 국고에 보관할 계획이었으나 정치적 사정 때문에 폼페이우스에게 맡겨졌다. 따라서 봉인이 된 채 알렉산드리아에 보관 중인 또 한 부의 유언장이 공개된 것이다.

109 문제가 논의되는 동안 카이사르는 양 당사자의 친구이자 왕권 분쟁을 해결해야 할 중재인으로서 원만한 해결을 고대하고 있었다. 바로 그때 왕의 군대와 전 기병이 알렉산드리아를 향해 다가오고 있다는 보고가 들어왔다.[151] 카이사르의 군대는 도시 밖으로 나가 전투에 응할 정도로 병력이 많지 않았다.[152] 따라서 알렉산드리아에 머물면서 아킬라스의 계획을 탐색하는 수밖에 없었다. 그럼에도 카이사르는 모든 병사를 무장시키고, 왕에게 가장 유력한 측근들을 아킬라스에게 보내 그의 요구가 무엇인지 파악하라고 촉구했다. 왕은 로마에 특사로 온 적이 있으며 선왕의 조정에서 중요한 직책을 수행한 디오스코리데스와 세라피온을 뽑아 아킬라스에게 보냈다. 사자들이 나타나자 아킬라스는 사자들의 말은 듣지도 않고 그들이 파견된 이유도 묻지 않

---

151. 카이사르는 기원전 48년 10월 7일에 다음과 같은 해결책을 내놓았다. 즉 선왕의 유언에 따라 두 오누이는 서로 화해하여 다시 공동으로 나라를 통치하라는 판결이었다. 이에 대해 클레오파트라를 밀쳐내고 어린 프톨레마이오스를 왕으로 추대한 사람들은 카이사르의 판결에 불만을 품고 한 달 후 군사 행동을 일으킨다.
152. 애초부터도 병력이 많지 않았던 데다가, 3-107에서 언급한 아시아에서 오기로 되어 있는 지원군도 아직 도착하지 않았다.

알렉산드리아 모습

은 채 그들을 체포해 죽이라고 명령했다. 한 사람은 부상을 입은 후[153] 아킬라스의 부하들에게 붙잡혀 끌려 나갔고, 다른 한 사람은 그 자리에서 살해되었다. 이 사실을 보고받은 카이사르는 왕을 직접 움직일 필요가 있다고 판단했다. 한편으로는 왕의 이름이 백성들에게 절대적인 권한을 지니고 있기 때문이었고, 또 한편으로는 전쟁이 몇몇 무법자들의 사사로운 결정에 좌우되는 것이 아니라 왕의 명령에 따라 수행되는 것처럼 보이도록 하기 위해서였다.

110 아킬라스는 수적으로나 질적으로 또는 실전 경험에 있어 결코 무시할 수 없는 병력을 보유하고 있었다. 무장 병력이 2만 명에 달했다.[154] 그 중에는 가비니우스의 군대에서 복무한 후 알렉산드리아의 방종한 생활에 깊이 젖어든 로마 병사들도 있었다.[155] 그들은 자신을 로마인으로 생각하지 않았고, 로마인의 규범을 모두 잊었으며, 대부분 그곳에서 결혼하여 자녀를 두고 있었다. 그들 외에도 시리아와 킬리키아 속주 그리고 그 인근 지역의 산적과 해적들에서 끌어모은 자들이 있었고, 유죄 판결을 받은 범죄자들과 유배자들도 다수 포함되어 있었다. 로마의 탈주 노예들도 군인으로 등록하면 안전한 피난처와 생활을 보장받았다. 만일 탈주한 노예가 주인에게 붙잡히거나 그들 중 누구라도 폭행을 당해 목숨이 위태로워지면 같은 처지에 있는 동료들끼리 힘을 합쳐 그를 구하곤 했다. 이 무장 세력은 수시로 충신들의 처형을 요구하고, 부유한 자들의 재산을 약탈하고, 왕궁을 에워싸고 봉급 인상을 요구하고, 왕을 내쫓고 다른 왕을 추대했다. 그 외에도 2천의 기병이 있었다. 모두가 알렉산드리아에서 수많은 전쟁을 치른 노련한 기병들이었다. 그들은 선왕인 프톨레마이오스를 권좌에 복위시켰

고, 비불루스의 두 아들을 죽였으며, 이집트인을 상대로 전쟁을 일으킬 정도로[156] 전투 경험이 풍부한 자들이었다.

111 자신의 병력을 신뢰한 동시에 카이사르의 소규모 병력을 얕잡아 본 아킬라스는 카이사르의 군대가 주둔해 있는 곳을 제외한 알렉산드리아 전 지역을 장악하고 있었다. 그는 도시를 습격한 직후 카이사르의 저택을 침입하려 했으나 거리 곳곳에 배치된 카이사르의 대대들이 그의 공격을 막아냈다. 같은 시각에 항구에서도 도심의 전투보다 훨씬 더 심각한 전투가 벌어졌다. 도시 여러 곳에 분산된 병력들이 거리 곳곳에서 전투를 벌이는 동안 적은 수적 우위를 앞세워 군선들을 빼앗으려 했기 때문이다. 항구에는 폼페이우스를 지원하기 위해 출항했다가 파르살루스 전투가 끝난 후 돌아온 50척의 군선이 있었다. 이 배들은 모두 4단 또는 5단 군선이었고 전투에 필요한 모든 장비와 무기를 갖추고 있었다. 그밖에도 알렉산드리아 항구를 순찰하는 22척의 갑판을 댄 함선이 있었다. 만일 이 배들을 빼앗긴다면 카이사르는 함대뿐 아니라 항구와 바다까지 빼앗기게 되어 보급품과 지원군을 수송하지 못할 수 있었다. 이렇듯 항구에서 벌어진 공방전은 양군이 각각 신속한 승리와 생존 자체를 놓고 벌인 싸움이었으므로 상상을 뛰어넘을 정도로 치열하게 전개되었다. 그러나 승리는 카이사르 쪽으로 기울

---

153. 저항을 하던 중 부상을 입은 것으로 추정된다.

154. 이에 반해 카이사르는 3,200명의 병력을 갖고 있었다. 기병은 800기밖에 없었다.

155. 선왕인 프톨레마이오스 아울레테스가 다시 이집트 왕위에 오를 때 그를 보호하기 위해 폼페이우스가 파견한 로마 병사들이다.

156. 외인 기병이라면 가능했을 것이다. 그러나 또 다른 영역본에는 〈이집트인들과 함께 전쟁을 일으켰다(일으킬 정도로)〉로 번역되어 있다.

파로스 등대
로키아스 곶
왕의 항구
극장
카노푸스 성문
파로스 섬
주항
박물관과 도서관
습지
에우노스토스 항구
제방
운하
마레오티스 호수

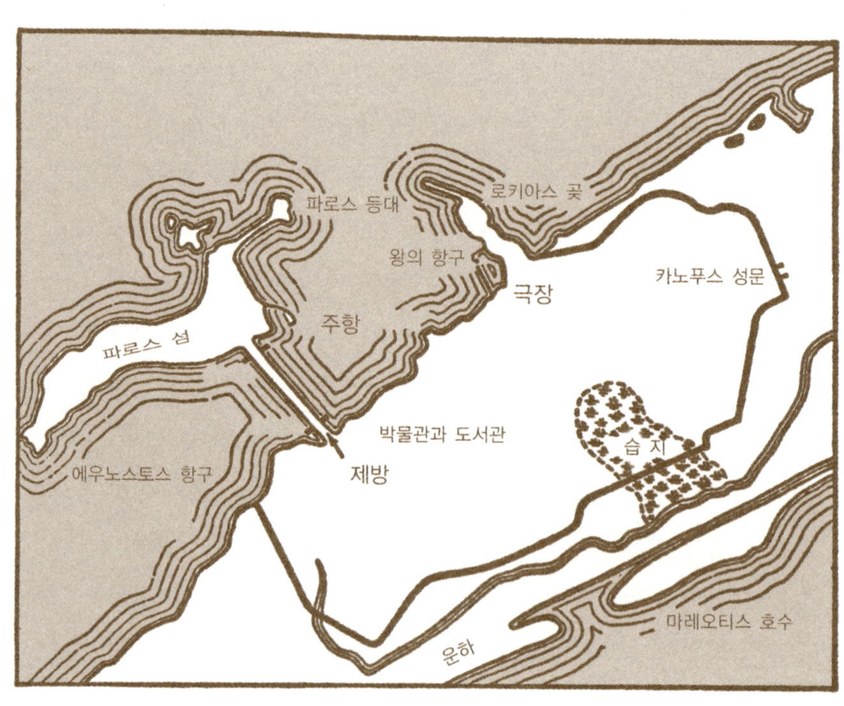

알렉산드리아 지도

었다. 카이사르는 적은 병력으로 광범위한 지역을 지킬 수 없었으므로 부두에 정박해 있는 적군 함선 50척을 모두 불태운 후[157] 서둘러 그의 병사들을 파로스로 이동시켰다.

112

파로스 섬에는 경탄할 만한 건축물이자 그 섬의 이름을 따 〈파로스〉라 불리는 매우 높은 등대[158]가 서 있다. 알렉산드리아 앞바다에 떠 있는 파로스 섬은 항구의 일부를 이루고 있다. 이집트의 선왕들은 이 섬에서 도시까지 약 1.4킬로미터의 제방을 쌓았다. 섬 위에는 이집트인들의 집과 도시 규모의 주거지가 있는데, 앞바다를 항해하던 배가 부주의나 궂은 날씨 탓에 조금이라도 길을 잘못 들면 섬 주민들이 마치 해적처럼 달려들어 배를 약탈한다. 또한 섬과 육지 사이의 해협이 워낙 좁아 파로스 섬을 지배하는 자들이 허락하지 않으면 어떤 배도 항구로 드나들 수가 없다. 카이사르는 이 점을 고려하여 적이 전투에 몰두하고 있는 동안에 조심스럽게 병력을 이동시켜 파로스 섬을 점령하고 수비대를 배치했다. 그 결과 아군의 식량과 지원군을 실은 배들이 안전하게 출입할 수 있게 되었다. 카이사르는 이미 근방의 모든 속주에 급보를 보내 지원군을 불러들이고 있었다. 도시의 다른 곳에서는 양쪽 군대가 산발적인 전투를 계속했으나 결국 협소한 공간 때문에 승부를 가리지 못하고 양쪽 모두 몇 명의 사상자를 낸 후 각자의 진영으로 물러났다. 카이사르는 가장 중요한 진지들 주위로 비상선을 치고

---

157. 전해오는 이야기에 따르면 이 불이 걷잡을 수 없이 번져 알렉산드리아 도서관과 그 속에 보관돼 있던 수십만 권의 장서를 불태웠다고 한다. 그러나 그렇게 큰 도서관이 부두 근처에 있었는지는 매우 의심스럽다. 문제의 장서들은 부두 근처의 창고에 보관돼 있었을 가능성이 높다.

158. 고대 세계의 7대 불가사의 중 하나다.

밤사이에 방어 시설을 구축했다. 방어선 안에는 애초에 카이사르의 숙소로 지정된 왕궁의 일부 그리고 그 건물과 맞닿은 극장이 포함되었다. 그 건물은 요새 역할을 하는 동시에 항구와 부두로 나가는 통로 역할을 했다. 카이사르는 이후 며칠 동안 방어 시설들을 확장하여 성벽을 대신하는 장벽으로 활용하고 그럼으로써 뜻하지 않게 전투에 휘말리는 사태를 방지했다.

한편 선왕 프톨레마이오스의 작은 딸[159]은 공석이 된 왕좌에 오를 희망을 품고 왕궁을 떠나 아킬라스 진영에 합류하여 그와 함께 전쟁을 지휘하기 시작했다. 그러나 두 사람은 곧 지휘권을 놓고 다툼을 벌이기 시작했는데 이것은 병사들에게 큰 이득이 되었다. 두 사람이 병사들의 지지를 얻기 위해 경쟁적으로 많은 돈을 뿌렸기 때문이다. 적의 진영에서 이런 일이 벌어지고 있는 동안 왕의 가정교사이자 섭정인 포티누스는 카이사르가 주둔하고 있는 지역에서 아킬라스에게 전령을 보내 노력을 게을리 하거나 용기를 잃지 말라고 격려하고 있었다. 그러나 그의 전령들이 고발당하고 체포됨으로써 결국 포티누스는 카이사르의 손에 죽음을 맞이했다. 이것이 알렉산드리아 전쟁의 시작이었다.[160]

<hr>

159. 클레오파트라의 여동생 아르시노에 공주를 말한다. 아르시노에의 명령으로 아킬라스는 살해된다. 결국 카이사르는 클레오파트라 편에 서서 왕가의 싸움에 말려든 셈이 되었다.
160. 카이사르가 직접 쓴 『내전기』는 이렇게 끝을 맺는다. 카이사르는 『내전기』를 이후 알렉산드리아 전쟁을 치른 후 클레오파트라와의 2달에 걸친 여행 기간 동안에 집필했다는 추측도 있고, 내전이 종료된 후 집필했다는 추측도 있다.

클레오파트라와 유람하는 카이사르

카이사르 연표

기원전 100년 7월 12일 아버지 율리우스 카이사르와 어머니 아우렐리아 사이에서 외아들로 태어났다. 7월을 가리키는 영문 July는 그의 이름에서 유래되었다.

86년 _14세 민중파인 고모부 마리우스의 후광으로 사제직에 선출된다.

84년 _16세 아버지가 돌아가셨으며, 민중파 킨나의 딸 코르넬리아와 결혼한다.

82년 _18세 원로원파인 술라의 이혼 명령을 거부하고 소아시아로 도피하여 군에 입대한다.

80년 _20세 레스보스 공방전에서 아군을 구한 공로로 떡갈나무 잎으로 만든 〈시민관 市民冠〉을 수여받는다.

78년 _22세 로마로 돌아와 변호사로 개업하여 소아시아 속주 총독을 지낸 바 있는 돌라벨라를 부정 축재 혐의로 기소했으나 키케로에게 참패해 변호사로서 참담한 실패를 겪는다.

76년 _24세 로도스 섬으로 가는 도중 해적에게 붙잡혀 인질이 되었으나 몸값을 지불하고 풀려난 뒤 군사를 빌려 해적을 소탕하고 모두 처형했다.

74년 _26세 제사장에 선출된다. 동시에 대대장으로도 선출되어 어느 군단에 지원하든 대대를 지휘할 수 있는 자격을 획득한다.

69년 _31세 재무관(또는 회계감사관)에 선출되어 정치 경력의 첫발을 내
딛고 히스파니아에서 1년 임기를 보낸다. 이후 원로원 의석
을 차지하게 된다.

68년 _32세 로마 귀국 후 첫 번째 아내 코르넬리아의 죽음을 겪는다.

67년 _33세 폼페이아와 두 번째 결혼을 한다.

65년 _35세 공공 시설물을 관리하고 국가 행사를 감독하는 안찰관에 선
출된다. 자비를 들여 도시 시설을 수리하고 검투사 대회도 개
최한다.

63년 _37세 최고 제사장에 선출된다. 카틸리나 역모 사건에 대해 원로원
에서 연설을 했으나 받아들여지지 않는다. 민중파 입장을 확
실히 한다.

62년 _38세 법무관에 선출된다. 두 번째 아내와 이혼한다.

61년 _39세 전직 법무관 자격으로 히스파니아 남부 총독으로 부임한다.

60년 _40세 폼페이우스, 크라수스와 제1차 삼두 동맹을 맺는다.

59년 _41세 삼두 동맹을 배경으로 로마 공화정의 최고 자리인 집정관에
선출된다. 딸 율리아가 폼페이우스와 결혼한다. 카이사르 자
신은 원로원파 피소의 딸과 세 번째 결혼을 한다. 공직자 윤
리법, 농지법, 조세법 등 각종 개혁 법안을 채택한다.

58년 _42세 갈리아 속주 총독으로 기원전 50년까지 8년 동안 갈리아 전
쟁을 수행한다. 이 과정에서 두 차례에 걸쳐 라인 강을 건너
게르만인을 침공하고 역시 두 차례 도버 해협을 건너 브리타
니아 섬을 침공했으며 수많은 갈리아 부족들과 전투를 벌여
갈리아 지방을 서서히 정복해 나간다.

55년 _45세 어머니 아우렐리아가 세상을 떠난다.

54년 _46세 폼페이우스와 결혼한 딸 율리아가 세상을 뜨게 되면서 삼두
동맹이 점차 소원해진다.

53년 _47세 크라수스가 전사함으로써 삼두 동맹이 깨지고 원로원의 지지
를 받게 된 폼페이우스와 마찰을 빚기 시작한다.

52년 _48세 갈리아의 젊은 반란군 베르킨게토릭스의 주도로 일어난 갈리
아 대반란을 진압하여 사실상 전 갈리아를 정복한다.

49년 _51세 군대 해산을 명하는 원로원 포고가 결의되자 "주사위는 던져
졌다!"는 말과 함께, 1월 12일 1개 군단을 이끌고 갈리아와
이탈리아의 경계인 루비콘 강을 건너 로마로 진격해 반기를
든다. 1월 17일 폼페이우스는 로마를 탈출한다.

48년 _52세 3개월 동안의 디라키움 공방전에서는 패배하였으나, 9월 폼
페이우스가 알렉산드리아에서 살해되면서 내전은 새로운 양
상을 띠게 된다. 알렉산드리아로 간 후 이집트 왕위 계승에

휘말려 이듬해까지 알렉산드리아 전쟁을 치른다. 전쟁에서 승리한 후 클레오파트라를 왕위에 올리고 그녀와의 사이에서 아들 카이사리온을 낳는다.

47년 _53세　소아시아에서 파르나케스를 격파한 후 "왔노라, 보았노라, 이겼노라."의 세 마디로 된 보고서를 원로원에 보낸다. 『내전기』를 완성한다. 로마로 돌아와 독재관에 임명된다.

46년 _54세　폼페이우스의 잔여 세력을 아프리카에서 소탕하고 원로원 지배 체제를 종식시킨다.

45년 _55세　폼페이우스의 두 아들을 히스파니아에서 격파하고 5년에 걸친 내전에 종지부를 찍었다. 제정帝政으로 바꾸기 위한 각종 개혁 작업을 착수한다.

율리우스력을 채택하고, 해방된 노예에게 관직을 주고, 포로 로마노를 새롭게 개발하는 각종 공공 사업을 추진하고, 새 화폐도 발행한다.

44년 _56세　종신 독재관으로서 각종 권력이 그에게 집중되자 공화정 지지파에 의해 원로원 회의장인 폼페이우스 극장에서 암살되어 생을 마친다.